Domingo Faustino Sarmiento

Facundo

Civilización y Barbarie
en Las Pampas Argentinas

Prólogo:
JUAN CARLOS
CASAS

STOCKCERO

A863   Sarmiento, Domingo Faustino
SAR   Facundo – ó Civilización y Barbarie en las Pampas Argentinas–
            1ª. ed.–
            Buenos Aires : Stock Cero, 2003.
            216 p.; 23x16 cm.
            ISBN 987–1136–00–5
            I. Título – 1. Narrativa Argentina

Reproducciones fotográficas: Graciela García Romero

1º edición: 2003
Stockcero
ISBN Nº 987–1136–00–5
Libro de Edición Argentina.

Hecho el depósito que prevé la ley 11.723.
Printed in the United States of America.

stockcero.com
Viamonte 1592 C1055ABD
Buenos Aires Argentina
54 11 4372 9322
stockcero@stockcero.com

Domingo Faustino Sarmiento

Facundo

Civilización y Barbarie en Las Pampas Argentinas

Retrato Ecuestre del general Facundo Quiroga.
Litografía de C. H. Bacle.

Indice

Prólogo a esta edición

En su primer libro, escrito en 1845, Domingo Faustino Sarmiento da plenamente prueba de su enorme talento literario. Tanto que todavía en 1881, en carta al profesor Matías Calandrelli, autor del Diccionario etimológico de la lengua castellana, Sarmiento le escribía que su "*Vida de Facundo Quiroga es reputada generalmente como el escrito más peculiar mío*".

Facundo es a la vez un texto de geografía, economía, sociología, política, historia y donde el programa de gobierno de quien fuera futuro presidente de la República fue expuesto con más de 15 años de antelación. Todo ello en relación a la época en que fue escrito, 1845, y referido al país del autor, la República Argentina, que llevaba 35 años de vida independiente, de los cuales 12 bajo la tiranía del gobernador de Buenos Aires, Juan Manuel de Rosas.

Facundo es principalmente un panfleto contra los caudillos, en especial contra los que para Sarmiento eran los dos mayores: Facundo Quiroga, de La Rioja y de todo el oeste argentino, sobre todo La Rioja y Cuyo, y Juan Manuel de Rosas, de Buenos Aires y que muerto el primero, pasó a dominar todos los demás. Sin decirlo directamente, Sarmiento da a entender que el asesinato de Quiroga había sido instigado por Rosas.

Otro mérito de Facundo, es que el autor tan sólo conocía las provincias del oeste cuando lo escribió, pero dotado de una imaginación e intuición portentosas, describe la pampa húmeda como si la hubiera conocido íntimamente, incluyendo sus caracteres humanos –los gauchos en particular– y algunos tipos en especial, como el rastreador, el domador, el gaucho malo, etc. El autor, debe decirse, tiene escaso respeto por el gaucho, destacando mucho más sus defectos, que son innegables, que sus virtudes, que también las tuvo. En ese sentido se diferencia netamente del famoso naturalista Charles Darwin y otros viajeros ingleses, que recorrieron la pampa en la mismo época y adjudicaron al gaucho muchos aspectos positivos.

Sarmiento insiste hasta el hartazgo en marcar la similitud del gaucho con los cosacos, calmucos, mongoles, árabes, y otros habitantes del Asia Central y del norte de África. Obviamente tampoco los conoció, apelando aquí nuevamente a su imaginación y a lecturas sobre ellos. Muy poco después, sin embargo, conocería personalmente a los árabes argelinos.

Terminados los aspectos geográficos y sociológicos de su libro, no sin antes ocuparse someramente de los habitantes de las ínfimas ciudades que jalonaban los oasis a los pies de los Andes, Sarmiento entra a describir la vida de Quiroga, el arquetipo del gaucho malo, valiente, cruel, ineducado, dominante, gran jinete, que construye un alto prestigio entre las masas rurales de catadura semejante.

La nómina de atropellos, amenazas, saqueos de ciudades, confiscaciones de los humildes ciudadanos de La Rioja, San Luis, San Juan, Mendoza, Córdoba y Tucumán es inacabable, cada uno de esos hechos siendo descripto en detalle por Sarmiento, oriundo de San Juan, uno de esos oasis. Las amenazas a su vida determinaron la emigración de Sarmiento a Chile, cruzando la cordillera de los Andes.

Pero luego, habiendo obtenido el predominio en ocho provincias del noroeste y Cuyo (Mendoza, San Juan y San Luis), Quiroga se encamina a Buenos Aires cuando comenzaba el dominio en esa ciudad y su provincia por el gobernador Juan Manuel de Rosas.

La lucha entre unitarios y federales había destruido todo vestigio de autoridad. Rosas domina la campaña, donde contaba con el apoyo indeclinable del gauchaje, sobre el que gozaba de gran prestigio, por su insuperable destreza con el caballo, y autoridad por la forma que utilizaba para hacer trabajar a los gauchos, peones de sus numerosas estancias, que administraba con gran eficiencia y métodos en ese entonces modernos. Los porteños vieron en él la figura de quien podría impo—ner similares métodos en la ciudad y pidieron a Rosas que asumiera la gobernación. Pero el astuto Rosas condicionó su aceptación a que la legislatura provincial le confiriera la suma del poder público. Que los porteños, no sin cierta desconfianza por parte de muchos, otorgaron bajo el título de Restaurador de las Leyes. Rosas fue poco a poco minando a los opositores, gracias al terror que instauró la Sociedad de la Mazorca, formada por verdaderos esbirros de quien pasó a ser cruel y sanguinario tirano. Los mazorqueros imponían el terror a los opositores y a aquellos sobre quienes se sospechara la infidelidad al dictador. Las casas eran violadas, sus dueños asesinados si no habían tenido la precaución de haber antes emigrado a Montevideo. Tan sólo la propiedad era respetada, ya que Rosas fue un empecinado defensor de la propiedad privada.

Rosas establece su popularidad entre el gauchaje también por su superioridad en cuanto al manejo del caballo. *"El amado capitán de los Gauchos podía atraer a gusto sus corazones con su habilidad de jinete; nadie montó como Rosas; nadie como él fue capaz de hablar su jerga o comprender su misterio"*, escribió John Masefield*. Rosas se pechaba con sus peones y los enlazaba, volteándolos del caballo y arrastrándolos un trecho, según relata el mismo Lynch (op. .cit.pág.109). También con ellos galopaba en campos plagados de vizcacheras, donde rodaban, produciéndose gran número de contusiones, pero el dictador, por ser mejor jinete, caía de pié sin lesionarse nunca.

Sobre esto de la jerga, es del caso comentar que Rosas escribió un diccionario pampa y mapuche–español, lo que explica también su supremacía sobre los indios pampeanos, que devastaron la pampa hasta 1879 cuando el general Roca conquistó los dominios de los indios pampas y ranqueles que vivían en ellos.

Asesinado Quiroga en Barranca Yaco, paraje en las sierras del norte de Córdoba (la descripción del hecho es digna de la mejor nove–la de misterio), Rosas hereda el imperio de las ocho provincias que le eran fieles, con lo que su dominio se extiende a las 14 provincias que por entonces formaban la República Argentina. Las estadísticas que incluye en su biografía de Rosas el autor inglés John Lynch dan cuenta de los miles de víctimas de los fusilamientos y degollamientos producidos como consecuencia del sistema rosista. Cifras oficiales rosistas correspondientes al período 1829–43 dan cuenta de 400 ejecuciones. Cuando Rosas fue juzgado in absentia por los tribunales porteños tras ser derrotado en Caseros, las investigaciones de ninguna manera imparciales informaron de 2.354 condenas, pero no discriminan las condenas a muerte de otras. Lynch estima que las muertes fueron *"más de 250, menos de 6.000 y, tal vez, en el orden de 2.000, para todo el período de 1829–52)"* Op. cit, pág. 232) sin incluir los muertos en batallas o tras ellas. En éstas, era corriente degollar a los vencidos, tanto por parte de un bando como del otro. En la batalla de India Muerta, en 1845, un viajero inglés comenta que Urquiza habría degollado a cien prisioneros riveristas vencidos más 300 indios, siendo éstos lanceados mientras que el degüello fue reservado a los primeros (mencionado por Lynch, op. cit. pág 232).

"Para Sarmiento, la barbarie era la llanura de las tribus aborígenes y del gaucho; la civilización, las ciudades. El gaucho ha sido reemplazado por colonos y obreros; la barbarie no sólo está en el campo sino en la plebe de las grandes ciudades y el demagogo cumple la función del antiguo caudillo, que era también un demagogo. La disyuntiva no ha cambiado. Sub specie aeternitatis, el Facundo es aún la mejor historia argentina", escribió Jorge Luis Borges en el prólogo a una anterior edición de Facundo, en 1975.

Hoy. 158 años después de escrito el Facundo, y a casi 30 del citado prólo-

---

*   John Masefield, citado por John Lynch, Juan Manuel de Rosas, Emecé, 1981, pág.16).

go de Borges, la Argentina es nuevamente teatro de los actos de barbarie a que se refería Sarmiento Ya no, es cierto, promovidos por el gobierno, como fue el caso de Rosas, pero algunos, como el accionar de los piqueteros, es tolerado por el gobierno de Eduardo Duhalde. Lo notable es que la acción policial no se puede ejercer por la presión de los medios televisivos, cuyos conductores condenan firmemente lo que denominan "represión", que consideran, cualquiera sea su forma, un acto contrario a los derechos humanos.

De tal modo, los llamados piqueteros cortan rutas en el campo, avenidas y calles en las ciudades, en demanda de propósitos diversos, casi todos vinculados con los pedidos de subsidios a los desocupados, y cualquier cantidad que se les asigne bien pronto les parece irrisorio, demandando más. Entretanto, las prestaciones laborales a que se condicionan esos subsidios no se realizan en infinidad de casos y los políticos encargados de su control hacen la vista gorda.

Las limitaciones impuestas a la labor policial tiene como consecuencia el auge de los robos, seguidos de los asesinatos de las víctimas, de los secuestros con exigencias de crecidos rescates, del tráfico de drogas, a veces con el beneplácito y complicidad policial. Los políticos se acoplan a este desmadre del orden con su accionar abusivo y arbitrario. Caso de la reciente elección a gobernador de la provincia de Catamarca, la que debió ser anulada por la violencia desencadenada por un candidato que había sido inhabilitado por la justicia. El candidato es senador y la mayoría peronista en el Senado se negó a expulsarlo.

El imperio de la violencia quedó demostrado otra vez en estos días cuando hinchas de fútbol del club Newell's Old Boys de Rosario, se cruzaron con los de River Plate de Buenos Aires en una autopista. Los ómnibus que los conducían se detuvieron en un puesto de peaje en la autopista que une las dos ciudades, aprovechando los 900 hinchas–pasajeros para descender de sus vehículos para agredirse salvajemente con cuchillos y alguna arma de fuego, con un saldo de dos rosarinos degollados. Uno de ellos con 11 puñaladas, asestadas en hechos que recuerdan los casos de Quiroga y de Rosas descriptos en Facundo.

Es de esperar que la renovación presidencial que tendrá lugar el 25 de mayo próximo ponga fin o reduzca al menos estos casos de barbarie en la que todavía está inmersa la República Argentina 158 años después de escrito el gran libro de Sarmiento, pero quién sabe: los dos candidatos presidenciales son peronistas.

El Facundo no es, por supuesto, imparcial, sino que fue escrito con todo el nervio y la emoción de una víctima del vandalismo de los caudillos, que el Facundo quiso –¡y vaya que lo logró!– desprestigiar. Como premio a sus desvelos, hoy se pretende hermanar a Sarmiento con su principal enemigo, cambiando el nombre de un tramo de la gran avenida que lleva el nombre del primero por el del sanguinario Restaurador de las Leyes, como si una estatua próxima y su retrato que debemos soportar en los billetes de 20 pesos no fuera de por sí homenaje inmotivado y excesivo. Es una muestra de la manía argentina de rendir culto a los afortunadamente derrotados. Es como pretender que los Estados Unidos hermanaran a Washington y a Benedict Arnold y Francia a De Gaulle y a Petain.

Juan Carlos Casas
29 de abril de 2003

Advertencia del autor

Después de terminada la publicación de esta obra, he recibido de varios amigos rectificaciones de varios hechos referidos en ella. Algunas inexactitudes han debido necesariamente escaparse en un trabajo hecho de prisa, lejos del teatro de los acontecimientos, y sobre un asunto de que no se había escrito nada hasta el presente. Al coordinar entre sí sucesos que han tenido lugar en distintas y remotas provincias, y en épocas diversas, consultando un testigo ocular sobre un punto, registrando manuscritos formados a la ligera, o apelando a las propias reminiscencias, no es extraño que de vez en cuando el lector argentino eche de menos algo que él conoce, o disienta en cuanto a algún nombre propio, una fecha, cambiados o puestos fuera de lugar.

Pero debo declarar que en los acontecimientos notables a que me refiero, y que sirven de base a las explicaciones que doy, hay una exactitud intachable de que responderán los documentos públicos que sobre ellos existen.

Quizá haya un momento en que, desembarazado de las preocupaciones que han precipitado la redacción de esta obrita, vuelva a refundirla en un plan nuevo, desnudándola de toda digresión accidental, y apoyándola en numerosos documentos oficiales, a que sólo hago ahora una ligera referencia.

1845

A fines del año 1840, salía yo de mi patria desterrado por lástima, estropeado, lleno de cardenales, puntazos y golpes recibidos el día anterior en una de esas bacanales sangrientas de soldadesca y mazorqueros. Al pasar por los baños de Zonda, bajo las Armas de la Patria que en días más alegres había pintado en una sala, escribí con carbón estas palabras:

On ne tue point les idées.

El Gobierno, a quien se comunicó el hecho, mandó una comisión encargada de descifrar el jeroglífico, que se decía contener desahogos innobles, insultos y amenazas. Oída la traducción, "¡y bien!", dijeron, "¿qué significa esto?"

....

Significaba simplemente, que venía a Chile, donde la libertad brillaba aún, y que me proponía hacer proyectar los rayos de las luces de su prensa hasta el otro lado de los Andes. Los que conocen mi conducta en Chile saben si he cumplido aquella protesta.

On ne tue point les idées.
Fortoul

Introducción

"Je demande à l'historien l'amour de l'humanité ou de la liberté; sa justice impartiale ne doit pas être impassible. Il faut, au contraire, qu'il souhaite, qu'il espère, qu'il souffre, ou soit heureux de ce qu'il raconte".

VILLEMAIN. Cours de littérature.

RECLAMO AL HISTORIADOR EL AMOR A LA HUMANIDAD O A LA LIBERTAD; SU JUSTICIA IMPARCIAL NO DEBE SER IMPASIBLE. ES NECESARIO, AL CONTRARIO, QUE DESEE, QUE ESPERE, QUE SUFRA O SEA FELIZ CON LO QUE NARRA.

¡Sombra terrible de Facundo, voy a evocarte, para que sacudiendo el ensangrentado polvo que cubre tus cenizas, te levantes a explicarnos la vida secreta y las convulsiones internas que desgarran las entrañas de un noble pueblo! Tú posees el secreto: ¡revélanoslo! Diez años aún después de tu trágica muerte, el hombre de las ciudades y el gaucho de los llanos argentinos, al tomar diversos senderos en el desierto, decían: "¡No, no ha muerto! ¡Vive aún! ¡El vendrá!" ¡Cierto! Facundo no ha muerto; está vivo en las tradiciones populares, en la política y revoluciones argentinas; en Rosas, su heredero, su complemento: su alma ha pasado a este otro molde, más acabado, más perfecto; y lo que en él era sólo instinto, iniciación, tendencia, convirtióse en Rosas en sistema, efecto y fin; la naturaleza campestre, colonial y bárbara, cambióse en esta metamorfosis en arte, en sistema y en política regular capaz de presentarse a la faz del mundo como el modo de ser de un pueblo encarnado en un hombre que ha aspirado a tomar los aires de un genio que domina los acontecimientos, los hombres y las cosas. Facundo, provinciano, bárbaro, valiente, audaz, fue reemplazado por Rosas, hijo de la culta Buenos Aires, sin serlo él; por Rosas, falso, corazón helado, espíritu calculador, que hace el mal sin pasión, y organiza lentamente el despotismo con toda la inteligencia de un Maquiavelo. Tirano sin rival hoy en la tierra, ¿por qué sus enemigos quieren disputarle el título de Grande que le prodigan sus cortesanos? Sí; grande y muy grande es para gloria y vergüenza de su patria; porque si ha encontrado millares de seres degradados que se unzan a su carro para arrastrarlo por encima de cadáveres, también se hallan a millares las almas generosas que en quince años de lid sangrienta no han desesperado de vencer al monstruo que nos propone el enigma de la organización política de la República. Un día vendrá, al fin, que lo resuelvan; y la Esfinge Argentina, mitad mujer por lo cobarde, mitad tigre por lo sanguinario, morirá a sus plantas, dando a la Tebas del Plata el rango elevado que le toca entre las naciones del Nuevo Mundo.

Necesítase, empero, para desatar este nudo que no ha podido cortar la espada, estudiar prolijamente las vueltas y revueltas de los hilos que lo forman, y buscar en los antecedentes nacionales, en la fisonomía del suelo, en las costumbres y tradiciones populares, los puntos en que están pegados.

La República Argentina es hoy la sección hispanoamericana que en sus manifestaciones exteriores ha llamado preferentemente la atención de las naciones europeas, que no pocas veces se han visto envueltas en sus extravíos, o atraídas, como por una vorágine, a acercarse al centro en que remolinean elementos tan contrarios. La Francia estuvo a punto de ceder a esta atracción, y no sin grandes esfuerzos de remo y vela, no sin perder el gobernalle, logró alejarse y mantenerse a la distancia. Sus más hábiles políticos no han alcanzado a comprender nada de lo que sus ojos han visto al echar una mirada precipitada sobre el poder americano que desafiaba a la gran nación. Al ver las lavas ardientes que se revuelcan, se agitan, se chocan bramando en este gran foco de lucha intestina, los que por más avisados se tienen han dicho: "Es un volcán subalterno, sin nombre, de los muchos que aparecen en la América; pronto se extinguirá"; y han vuelto a otra parte sus miradas, satisfechos de haber dado una solución tan fácil como exacta de los fenómenos sociales que sólo han visto en grupo y superficialmente. A la América del Sur en general, y a la República Argentina sobre todo, le ha hecho falta un Tocqueville[1], que, premunido del conocimiento de las teorías sociales, como el viajero científico de barómetros, octantes y brújulas, viniera a penetrar en el interior de nuestra vida política, como en un campo vastísimo y aún no explorado ni descrito por la ciencia, y revelase a la Europa, a la Francia, tan ávida de fases nuevas en la vida de las diversas porciones de la humanidad, este nuevo modo de ser que no tiene antecedentes bien marcados y conocidos. Hubiérase entonces explicado el misterio de la lucha obstinada que despedaza a aquella República; hubiéranse clasificado distintamente los elementos contrarios, invencibles, que se chocan; hubiérase asignado su parte a la configuración del terreno, y a los hábitos que ella engendra; su parte a las tradiciones españolas, y a la conciencia nacional, íntima, plebeya, que han dejado la Inquisición y el absolutismo hispano; su parte a la influencia de las ideas opuestas que han trastor-

---

1   *Tocqueville*: Alexis de (1805-1859) político e historiador francés quien en 1831 emprende un viaje con un amigo a Estados Unidos, donde permanece nueve meses. De ese viaje escribe *El sistema penitenciario de Estados Unidos y su aplicación en Francia*. Pero unos años después publica *La democracia en América*, un estudio sobre el sistema americano. Entre 1839 y 1848 perteneció a la Cámara Diputados francesa. Abogó por la descentralización del gobierno y la independencia del poder judicial. En 1849 fue elegido vicepresidente de la Asamblea Nacional y luego ministro de Asuntos exteriores.

nado el mundo político; su parte a la barbarie indígena; su parte a la civilización europea; su parte, en fin, a la democracia consagrada por la revolución de 1810; a la igualdad, cuyo dogma ha penetrado hasta las capas inferiores de la sociedad. Este estudio que nosotros no estamos aún en estado de hacer por nuestra falta de instrucción filosófica e histórica, hecho por observadores competentes, habría revelado a los ojos atónitos de la Europa un mundo nuevo en política, una lucha ingenua, franca y primitiva entre los últimos progresos del espíritu humano y los rudimentos de la vida salvaje, entre las ciudades populosas y los bosques sombríos. Entonces se habría podido aclarar un poco el problema de la España, esa rezagada a la Europa, que echada entre el Mediterráneo y el Océano, entre la Edad Media y el siglo XIX, unida a la Europa culta por un ancho istmo y separada del Africa bárbara por un angosto estrecho, está balanceándose entre dos fuerzas opuestas, ya levantándose en la balanza de los pueblos libres, ya cayendo en la de los despotizados; ya impía, ya fanática; ora constitucionalista declarada, ora despótica impudente; maldiciendo sus cadenas rotas, a veces ya cruzando los brazos, y pidiendo a gritos que le impongan el yugo, que parece ser su condición y su modo de existir. ¡Qué! ¿El problema de la España europea, no podría resolverse examinando minuciosamente la España americana, como por la educación y hábitos de los hijos se rastrean las ideas y la moralidad de los padres? ¡Qué! ¿No significa nada para la historia y la filosofía esta eterna lucha de los pueblos hispanoamericanos, esa falta supina de capacidad política e industrial que los tiene inquietos y revolviéndose sin norte fijo, sin objeto preciso, sin que sepan por qué no pueden conseguir un día de reposo, ni qué mano enemiga los echa y empuja en el torbellino fatal que los arrastra mal de su grado y sin que les sea dado sustraerse a su maléfica influencia? ¿No valía la pena de saber por qué en el Paraguay, tierra desmontada por la mano *sabia* del jesuitismo, un *sabio*[2] educado en las aulas de la antigua Universidad de Córdoba abre una nueva página en la historia de las aberraciones del espíritu humano, encierra a un pueblo en sus límites de bosques primitivos, y borrando las sendas que conducen a esta China recóndita, se oculta y esconde durante treinta años su presa en las profundidades del continente americano, y sin dejarla lanzar un solo grito, hasta que muerto él mismo por la edad y la quieta fatiga de estar inmóvil pisando un suelo sumiso, éste puede al fin, con voz extenuada y apenas inteligible, decir a los que vagan por sus inmediaciones: ¡Vivo aún!, ¡pero cuánto he sufrido, *quantum mutatus ab illo*![3] ¡Qué transformación ha sufrido el Paraguay; qué cardenales y llagas ha dejado el yugo sobre su cuello, que no oponía resistencia! ¿No merece estudio el espectáculo de la República Argentina que después de veinte años de convulsión interna, de ensayos de organización de todo género, produce al fin del fondo de sus entrañas, de lo íntimo de su corazón, al mismo Dr. Francia en la persona de Rosas, pero más grande, más desenvuelto y más hostil, si se puede, a las ideas, costumbres

2   José Gaspar Rodríguez de Francia, dictador del Paraguay entre los años 1816 y 1840. La bastardilla en el original subraya la ironía del Autor

3   ¡Cuántos cambios para ellos!

y civilización de los pueblos europeos? ¿No se descubre en él el mismo rencor contra el elemento extranjero, la misma idea de la autoridad del Gobierno, la misma insolencia para desafiar la reprobación del mundo, con más su originalidad salvaje, su carácter fríamente feroz y su voluntad incontrastable, hasta el sacrificio de la patria, como Sagunto[4] y Numancia[5], hasta abjurar el porvenir y el rango de nación culta, como la España de Felipe II[6] y de Torquemada?[7] ¿Es éste un capricho accidental, una desviación mecánica causada por la aparición de la escena, de un genio poderoso; bien así como los planetas se salen de su órbita regular, atraídos por la aproximación de algún otro, pero sin sustraerse del todo a la atracción de su centro de rotación, que luego asume la preponderancia y les hace entrar en la carrera ordinaria? M. Guizot[8] ha dicho desde la tribuna francesa: "Hay en América dos partidos: el partido europeo y el partido americano; éste es el más fuerte"; y cuando le avisan que los franceses han tomado las armas en Montevideo y han asociado su porvenir, su vida y su bienestar al triunfo del partido europeo civilizado, se contenta con añadir: "Los franceses son muy entrometidos y comprometen a su nación con los demás gobiernos." ¡Bendito sea Dios! M. Guizot, el historiador de la *civilización* europea, el que ha deslindado los elementos nuevos que modificaron la civilización romana y que ha penetrado en el enmarañado laberinto de la Edad Media para mostrar cómo la nación francesa ha sido el crisol en que se ha estado elaborando, mezclando y refundiendo el espíritu moderno; M. Guizot, ministro del rey de Francia, da por toda solución a esta manifestación de simpatías profundas entre los franceses y los enemigos de Rosas: "¡Son muy entrometidos los franceses!" Los otros pueblos americanos, que indiferentes e impasibles miran esta lucha y estas alianzas de un partido argentino con todo elemento europeo que venga a prestarle su apoyo, exclaman a su vez llenos de indignación: "¡Estos argentinos son muy amigos de los europeos!" Y el tirano de la República Argentina se encarga oficiosamente de completarles la frase, añadiendo: "¡Traidores a la causa americana!" ¡Cierto!, dicen todos; ¡traidores!, ésta es la palabra. ¡Cierto!, de-

4   *Sagunto*: poblado en la Hispania romana. Resistió heroicamente ante las tropas cartaginesas de Aníbal en el año 218 a.C, quien finalmente la conquistó convertida en una ruina repleta de cadáveres. La toma de Saguntum motivó la declaración de guerra de Roma a Cartago, lo que inició la Segunda Guerra Púnica.

5   *Numancia*: ciudad celtibérica sitiada por Escipión en el año 134 a.C. Sin ayuda exterior y sin posibilidad de resistencia, Numancia tuvo que rendirse tras más de nueve meses de asedio

6   *Felipe II*: (1527 – 1598) rey de España, hijo del emperador Carlos V y doña Isabel de Portugal. Gobernó durante cincuenta años recurriendo al Tribunal de la Inquisición con frecuencia. Políticamente dicho tribunal fue utilizado para acabar con brotes de protestantismo descubiertos en Castilla.

7   *Torquemada*: Tomás de (1420–1498), monje español famoso por su implacable administración de la Inquisición. A partir de 1487 y por once años se dedicó a investigar y castigar a marranos (falsos conversos procedentes del judaísmo), moros, apóstatas y otros a una escala sin precedentes. Durante su mandato casi 2.000 personas fueron quemadas en la hoguera por un amplio abanico de delitos que incluían la herejía, la brujería, la bigamia y la usura.

8   M. *Guizot*: François Guizot (1787 –1874) Político francés, historiador de profesión. Apoyó la Revolución de julio de 1830, que llevó al Trono a Luis Felipe de Orléans; fue uno de los políticos claves de la monarquía liberal moderada. En 1823 publicó su *Historia de la civilización en Europa*

cimos nosotros; ¡traidores a la causa americana, española, absolutista, bárbara! ¿No habéis oído la palabra *salvaje,* que anda revoloteando sobre nuestras cabezas? De eso se trata, de ser o no ser *salvajes.* ¿Rosas, según esto, no es un hecho aislado, una aberración, una monstruosidad? ¿Es, por el contrario, una manifestación social; es una fórmula de una manera de ser de un pueblo? ¿Para qué os obstináis en combatirlo pues, si es fatal, forzoso, natural y lógico? ¡Dios mío! ¡Para qué lo combatís!... ¿Acaso porque la empresa es ardua, es por eso absurda? ¿Acaso porque el mal principio triunfa, se le ha de abandonar resignadamente el terreno? ¿Acaso la civilización y la libertad son débiles hoy en el mundo, porque la Italia gima bajo el peso de todos los despotismos, porque la Polonia [9] ande errante sobre la tierra mendigando un poco de pan y un poco de libertad? ¡Por qué lo combatís!... ¿Acaso no estamos vivos los que después de tantos desastres sobrevivimos aún, o hemos perdido nuestra conciencia de lo justo y del porvenir de la patria porque hemos perdido algunas batallas? ¡Qué! ¿se quedan también las ideas entre los despojos de los combates? ¿Somos dueños de hacer otra cosa que lo que hacemos, ni más ni menos, como Rosas no puede dejar de ser lo que es? ¿No hay nada de providencial en estas luchas de los pueblos? ¿Concedióse jamás el triunfo a quien no sabe perseverar? Por otra parte, ¿hemos de abandonar un suelo de los más privilegiados de la América a las devastaciones de la barbarie, mantener cien ríos navegables, abandonados a las aves acuáticas que están en quieta posesión de surcarlos ellas solas *ab initio* ? ¿Hemos de cerrar voluntariamente la puerta a la inmigración europea que llama con golpes repetidos para poblar nuestros desiertos y hacernos, a la sombra de nuestro pabellón, pueblo innumerable como las arenas del mar? ¿Hemos de dejar ilusorios y vanos los sueños de desenvolvimiento, de poder y de gloria con que nos han mecido desde la infancia, los pronósticos que con envidia nos dirigen los que en Europa estudian las necesidades de la humanidad? Después de la Europa, ¿hay otro mundo cristiano civilizable y desierto que la América? ¿Hay en la América muchos pueblos que estén, como el argentino, llamados por lo pronto a recibir la población europea que desborda como el líquido en un vaso? ¿No queréis, en fin, que vayamos a invocar la ciencia y la industria en nuestro auxilio, a llamarlas con todas nuestras fuerzas, para que vengan a sentarse en medio de nosotros, libre la una de toda traba puesta al pensamiento, segura la otra de toda violencia y de toda coacción? ¡Oh! Este porvenir no se renuncia así no más; no se renuncia porque un ejército de 20.000 hombres guarde la entrada de la patria: los soldados mueren en los combates, desertan o cambian de bandera. No se renuncia porque la fortuna haya favorecido a un tirano durante largos y pesados años: la fortuna es ciega, y un día que no acierte a encontrar a su favorito, entre el humo denso y la polvareda sofocante de los comba–tes, ¡adiós tirano!; ¡adiós tiranía! No se renuncia porque to-

9 *Polonia*: Al momento de escribirse Facundo la situación era que en 1772 Austria se había apoderado de Galitzia, Rusia de Lituania y Prusia de la Pomerania oriental. En 1793 ante la posibilidad del renacimiento de Polonia, Rusia y Prusia habían intervenido militarmente repartiéndose territorios. En 1795 estallada una revolución polaca contra Rusia, se produce su intervención y la de Austria y Prusia que se reparten el país haciéndolo desaparecer como estado.

das las brutales e ignorantes tradiciones coloniales hayan podido más en un momento de extravío en el ánimo de masas inexpertas: las convulsiones políticas traen también la experiencia y la luz, y es ley de la humanidad que los intereses nuevos, las ideas fecundas, el progreso, triunfen al fin de las tradiciones envejecidas, de los hábitos ignorantes y de las preocupaciones estacionarias. No se renuncia porque en un pueblo haya millares de hombres candorosos que toman el bien por el mal, egoístas que sacan de él su provecho, indiferentes que lo ven sin interesarse, tímidos que no se atreven a combatirlo, corrompidos, en fin, que no conociéndolo se entregan a él por inclinación al mal, por depravación: siempre ha habido en los pueblos todo esto, y nunca el mal ha triunfado definitivamente. No se renuncia porque los demás pueblos americanos no puedan prestarnos su ayuda; porque los gobiernos no ven de lejos sino el brillo del poder organizado, y no distinguen en la oscuridad humilde y desamparada de las revoluciones los elementos grandes que están forcejeando por desenvolverse; porque la oposición pretendida liberal abjure de sus principios, imponga silencio a su conciencia, y por aplastar bajo su pie un insecto que la importuna, huelle la noble planta a que ese insecto se apegaba. No se renuncia porque los pueblos en masa nos den la espalda a causa de que nuestras miserias y nuestras grandezas están demasiado lejos de su vista para que alcancen a conmoverlos. ¡No!, no se renuncia a un porvenir tan inmenso, a una misión tan elevada, por ese cúmulo de contradicciones y dificultades: ¡las dificultades se vencen, las contradicciones se acaban a fuerza de contradecirlas!

Desde Chile, nosotros nada podemos dar *a los que perseveran* en la lucha bajo todos los rigores de las privaciones y con la cuchilla exterminadora que, como la espada de Damocles, pende a todas horas sobre sus cabezas. ¡Nada!, excepto ideas, excepto consuelos, excepto estímulos, arma ninguna nos es dado llevar a los combatientes, si no es la que la *prensa libre* de Chile suministra a todos los hombres libres. ¡La prensa!, ¡la prensa! He aquí, tirano, el enemigo que sofocaste entre nosotros; he aquí el vellocino de oro que tratamos de conquistar; he aquí cómo la prensa de Francia, Inglaterra, Brasil, Montevideo, Chile, Corrientes va a turbar tu sueño en medio del silencio sepulcral de tus víctimas; he aquí que te has visto compelido a robar el don de lenguas[10] para paliar el mal, don que sólo fue dado para predicar el bien; he aquí que desciendes a justificarte, y que vas por todos los pueblos europeos y americanos mendigando una pluma venal y fra–tricida, para que por medio de la prensa defienda al que la ha encadenado! ¿Por qué no permites en tu patria la discusión que mantienes en todos los otros pueblos? ¿Para qué, pues, tantos millares de víctimas sacrificadas por el puñal; para qué tantas batallas, si al cabo habías de concluir por la pacífica discusión de la prensa?

El que haya leído las páginas que preceden creerá que es mi ánimo trazar un cuadro apasionado de los actos de barbarie que han deshonrado el nom-

---

10   Por ese entonces Rosas había hecho publicar en diversas revistas del exterior una serie de alegatos favorables a su gobierno

bre de D. Juan Manuel de Rosas. Que se tranquilicen los que abriguen este temor. Aún no se ha formado la última página de esta biografía inmoral; aún no está llena la medida; los días de su héroe no han sido contados aún. Por otra parte, las pasiones que subleva entre sus enemigos son demasiado rencorosas aún para que pudieran ellos mismos poner fe en su imparcialidad o en su justicia. Es de otro personaje de quien debo ocuparme: Facundo Quiroga es el caudillo cuyos hechos quiero consignar en el papel.

Diez años ha que la tierra pesa sobre sus cenizas, y muy cruel y emponzoñada debiera mostrarse la calumnia que fuera a cavar los sepulcros en busca de víctimas. ¿Quién lanzó la bala oficial que detuvo su carrera? ¿Partió de Buenos Aires o de Córdoba? La historia explicará este arcano. Facundo Quiroga, empero, es el tipo más ingenuo del carácter de la guerra civil de la República Argentina; es la figura más americana que la revolución presenta. Facundo Quiroga enlaza y eslabona todos los elementos de desorden que hasta antes de su aparición estaban agitándose aisladamente en cada provincia; él hace de la guerra local la guerra nacional, argentina, y presenta triunfante, al fin de diez años de trabajos, de devastaciones y de combates, el resultado de que sólo supo aprovecharse el que lo asesinó.

He creído explicar la revolución argentina con la biografía de Juan Facundo Quiroga, porque creo que él explica suficientemente una de las tendencias, una de las dos fases diversas que luchan en el seno de aquella sociedad singular.

He evocado, pues, mis recuerdos, y buscado para completarlos los detalles que han podido suministrarme hombres que lo conocieron en su infancia, que fueron sus partidarios o sus enemigos, que han visto con sus ojos unos hechos, oído otros, y tenido conocimiento exac–to de una época o de una situación particular. Aún espero más datos de los que poseo, que ya son numerosos. Si algunas inexactitudes se me escapan, ruego a los que las adviertan que me las comuniquen; porque en Facundo Quiroga no veo un caudillo simplemente, sino una manifestación de la vida argentina tal como la han hecho la colonización y las peculiaridades del terreno, a lo cual creo necesario consagrar una seria atención, porque sin esto la vida y hechos de Facundo Quiroga son vulgaridades que no merecerían entrar sino episódicamente en el dominio de la historia. Pero Facundo en relación con la fisonomía de la naturaleza grandiosamente salvaje que prevalece en la inmensa extensión de la República Argentina; Facundo, expresión fiel de una manera de ser de un pueblo, de sus preocupaciones e instintos; Facundo, en fin, siendo lo que fue, no por un accidente de su carácter, sino por antecedentes inevitables y ajenos de su voluntad, es el personaje histórico más singular, más notable, que puede presentarse a la contemplación de los hombres que comprenden que un caudillo que encabeza un gran movimiento social no es más que el espejo en que se reflejan en dimensiones colosales las creencias, las necesidades, preocupaciones y hábitos de una nación en una época dada de su historia. Alejandro es la pintura, el reflejo de la Grecia guerrera, literaria, política y artística; de la Grecia escéptica, filosófica y emprendedora, que se derrama sobre el Asia, para extender la esfera de su acción civilizadora.

Por esto nos es necesario detenernos en los detalles de la vida interior del pueblo argentino, para comprender su ideal, su personificación.

Sin estos antecedentes, nadie comprenderá a Facundo Quiroga, como nadie, a mi juicio, ha comprendido todavía al inmortal Bolívar, por la incompetencia de los biógrafos que han trazado el cuadro de su vida. En la *Enciclopedia Nueva* he leído un brillante trabajo sobre el general Bolívar, en el que se hace a aquel caudillo americano toda la justicia que merece por sus talentos, por su genio; pero en esta biografía, como en todas las otras que de él se han escrito, he visto al general europeo, los mariscales del Imperio, un Napoleón menos colosal; pero no he visto al caudillo americano, al jefe de un levantamiento de las masas; veo el remedo de la Europa y nada que me revele la América.

Colombia tiene llanos, vida pastoril, vida bárbara, americana pura, y de ahí partió el gran Bolívar; de aquel barro hizo su glorioso edificio.

¿Cómo es, pues, que su biografía lo asemeja a cualquier general europeo de esclarecidas prendas? Es que las preocupaciones clásicas europeas del escritor desfiguran al héroe, a quien quitan el *poncho* para presentarlo desde el primer día con el frac, ni más ni menos como los litógrafos de Buenos Aires han pintado a Facundo con casaca de solapas, creyendo impropia su chaqueta, que nunca abandonó. Bien: han hecho un general, pero Facundo desaparece. La guerra de Bolívar pueden estudiarla en Francia en la de los *chouanes*[11]: Bolívar es un Charette[12] de más anchas dimensiones. Si los españoles hubieran penetrado en la República Argentina el año 11, acaso nuestro Bolívar habría sido Artigas[13], si este caudillo hubiese sido tan pródigamente dotado por la naturaleza y la educación.

La manera de tratar la historia de Bolívar de los escritores europeos y americanos conviene a San Martín y a otros de su clase. San Martín no fue caudillo popular; era realmente un general. Habíase educado en Europa y llegó a América, donde el Gobierno era el revolucionario, y podía formar a sus anchas el ejército europeo, disciplinarlo y dar batallas regulares según las reglas de la ciencia. Su expedición sobre Chile es una conquista en regla, como la de Italia por Napoleón. Pero si San Martín hubiese tenido que encabezar *montoneras,* ser vencido aquí, para ir a reunir un grupo de llaneros por allá, lo habrían colgado a su segunda tentativa.

El drama de Bolívar se compone, pues, de otros elementos de los que hasta hoy conocemos: es preciso poner antes las decoraciones y los trajes americanos para mostrar en seguida el personaje. Bolívar es todavía un cuento for-

---

11   *Chouanes*: facción campesina y pro–católica enfrentada con los jacobinos en la guerra civil de la Vendée (1793–96)

12   *Charette*: Françoise Athanase Charette de la Contrie (1763–1796) oficial de marina retirado quien en 1793 aceptó ponerse a la cabeza de los sublevados contra la revolución francesa

13   *Artigas*: José Gervasio (1764-1850) Militar y político uruguayo; actuó en la época revolucionaria; luchó sucesivamente contra españoles, el gobierno porteño y el expansionismo portugués

jado sobre datos ciertos: Bolívar, el verdadero Bolívar, no lo conoce aún el mundo, y es muy probable que, cuando lo traduzcan a su idioma natal, aparezca más sorprendente y más grande aún.

Razones de este género me han movido a dividir este precipitado trabajo en dos partes: la una en que trazo el terreno, el paisaje, el teatro sobre que va a representarse la escena; la otra en que aparece el personaje con su traje, sus ideas, su sistema de obrar; de manera que la primera esté ya revelando a la segunda sin necesidad de comentarios ni explicaciones.

Carta–prólogo de la edición de 1851

Señor Valentín Alsina[14]:

Conságrole, mi caro amigo, estas páginas que vuelven a ver la luz pública, menos por lo que ellas valen, que por el conato de usted de amenguar con sus notas los muchos lunares que afeaban la primera edición. Ensayo y revelación para mí mismo de mis ideas, el *Facundo* adoleció de los defectos de todo fruto de la inspiración del momento, sin el auxilio de documentos a la mano, y ejecutada no bien era concebida, lejos del teatro de los sucesos y con propósitos de acción inmediata y militante. Tal como era, mi pobre librejo ha tenido la fortuna de hallar en aquella tierra cerrada a la verdad y a la discusión, lectores apasionados, y de mano en mano deslizándose furtivamente, guardado en algún secreto escondite, para hacer alto en sus peregrinaciones, emprender largos viajes, y ejemplares por centenas llegar, ajados y despachurrados de puro leídos, hasta Buenos Aires, a las oficinas del pobre tirano, a los campamentos del soldado y a la cabaña del gaucho, hasta hacerse él mismo, en las hablillas populares, un mito como su héroe.

He usado con parsimonia de sus preciosas notas, guardando las más sustanciales para tiempos mejores y más meditados trabajos, temeroso de que por retocar obra tan informe, desapareciese su fisonomía primitiva y la lozana y voluntariosa audacia de la mal disciplinada concepción.

Este libro, como tantos otros que la lucha de la libertad ha hecho nacer,

14 *Valentín Alsina*: (1802–1869) Jurisconsulto y político argentino. Sucesivamente ocupó diversos cargos en la magistratura. Redactó el Código Rural. Juan Manuel de Rosas lo hizo aprehender por sus ideas liberales, pero logró escapar a Montevideo, desde donde combatió, como periodista y soldado. Con el triunfo de Urquiza, Alsina ocupó varios ministerios, distinguiéndose como defensor de la autonomía de la provincia de Buenos Aires. Fue el jefe civil de la revolución del 11 de setiembre de 1852 contra Urquiza, seguidamente fue elegido gobernador, pero renunció a los pocos meses ante una sublevación militar. En 1857, elegido gobernador, renovó las hostilidades contra la política de Urquiza, pero éste, vencedor en la batalla de Cepeda sobre las fuerzas porteñas, lo obligó a renunciar (1859). Más tarde ocupó otros altos cargos, entre ellos el de presidente del Senado Nacional.

irá bien pronto a confundirse en el fárrago inmenso de materiales, de cuyo caos discordante saldrá un día, depurada de todo resabio, la historia de nuestra patria, el drama más fecundo en lecciones, más rico en peripecias y más vivaz que la dura y penosa transformación americana ha presentado. ¡Feliz yo, si como lo deseo, puedo un día consagrarme con éxito a tarea tan grande! Echaría al fuego entonces de buena gana cuantas páginas precipitadas he dejado escapar en el combate en que usted y tantos otros valientes escritores han cogido los más frescos laureles, hiriendo de más cerca, y con armas mejor templadas, al poderoso tirano de nuestra patria.

He suprimido la introducción como inútil, y los dos capítulos últimos como ociosos hoy, recordando una indicación de usted, en 1846 en Montevideo, en que me insinuaba que el libro estaba terminado en la muerte de Quiroga.

Tengo una ambición literaria, mi caro amigo, y a satisfacerla consagro muchas vigilias, investigaciones prolijas y estudios meditados. Facundo murió corporalmente en Barranca–Yaco; pero su nombre en la historia podía escaparse y sobrevivir algunos años, sin castigo ejemplar como era merecido. La justicia de la historia ha caído ya sobre él, y el reposo de su tumba, guárdanlo la supresión de su nombre y el desprecio de los pueblos. Sería agraviar a la historia escribir la vida de Rosas, y humillar a nuestra patria recordarla, después de rehabilitada, las degradaciones por que ha pasado. Pero hay otros pueblos y otros hombres que no deben quedar sin humillación y sin ser aleccionados. ¡Oh! La Francia, tan justamente erguida por su suficiencia en las ciencias históricas, políticas y sociales; la Inglaterra, tan contemplativa de sus intereses comerciales; aquellos políticos de todos los países, aquellos escritores que se precian de entendidos, si un pobre narrador americano se presentase ante ellos como un libro, para mostrarles, como Dios muestra las cosas que llamamos evidentes, que se han prosternado ante un fantasma, que han contemporizado con una sombra impotente, que han acatado un montón de basura, llamando a la estupidez energía; a la ceguedad talento, virtud a la crápula, e intriga y diplomacia a los más groseros ardides; si pudiera hacerse esto, como es posible hacerlo, con unción en las palabras, con intachable imparcialidad en la justipreciación de los hechos, con exposición lucida y animada, con elevación de sentimientos, y con conocimiento profundo de los intereses de los pueblos, y presentimiento fundado en deducción lógica, de los bienes que sofocaron con sus errores y de los males que desarrollaron en nuestro país e hicieron desbordar sobre otros ¿no siente usted que el que tal hiciera podría presentarse en Europa con su libro en la mano, y decir a la Francia y a la Inglaterra, a la Monarquía y a la República, a Palmerston[15] y a Guizot, a Luis Felipe y a Luis Napoleón, al *Times* y a la *Presse* : ¡Leed, miserables, y humillaos! ¡He ahí vuestro hombre; y hacer efectivo aquel Ecce Homo, tan mal señalado por los poderosos al desprecio y al asco de los pueblos!

La historia de la tiranía de Rosas es la más solemne, la más sublime y la

---

15   *Palmerston*: Henry John Temple, Vizconde de Palmerston (1784–1865) político inglés quien fuera Secretario de Guerra entre 1809 y 1829, y Primer Ministro entre 1855 y 1865.

más triste página de la especie humana, tanto para los pueblos que de ella han sido víctimas como para las naciones, gobiernos y políticos europeos o americanos que han sido actores en el drama o testigos interesados.

Los hechos están ahí consignados, clasificados, probados, documentados; fáltales, empero, el hilo que ha de ligarlos en un solo hecho, el soplo de vida que ha de hacerlos enderezarse todos a un tiempo a la vista del espectador y convertirlos en cuadro vivo, con primeros planos palpables y lontananzas necesarias; fáltales el colorido que dan el paisaje, los rayos del sol de la patria; fáltales la evidencia que trae la estadística que cuenta las cifras, que impone silencio a los fraseadores presuntuosos y hace enmudecer a los poderosos impudentes. Fáltame para intentarlo interrogar el suelo y visitar los lugares de la escena; oír las revelaciones de los cómplices, las deposiciones de las víctimas, los recuerdos de los ancianos, las doloridas narraciones de las madres que ven con el corazón; fáltame escuchar el eco confuso del pueblo, que ha visto y no ha comprendido, que ha sido verdugo y víctima, testigo y actor; falta la madurez del hecho cumplido y el paso de una época a otra, el cambio de los destinos de la nación, para volver con fruto los ojos hacia atrás, haciendo de la historia ejemplo y no venganza.

Imagínese usted, mi caro amigo, si codiciando para mí este tesoro, prestaré grande atención a los defectos e inexactitudes de la vida de Juan Facundo Quiroga, ni de nada de cuanto he abandonado a la publicidad. Hay una justicia ejemplar que hacer y una gloria que adquirir como escritor argentino: fustigar al mundo y humillar la soberbia de los grandes de la tierra, llámense sabios o gobiernos. Si fuera rico, fundara un premio Monthion[16] para aquel que lo consiguiera.

Envíole, pues, el *Facundo* sin otras atenuaciones, y hágalo que continúe la obra de rehabilitación de lo justo y de lo digno que tuvo en mira al principio. Tenemos lo que Dios concede a los que sufren, años por delante y esperanzas; tengo yo un átomo de lo que a usted y a Rosas, a la virtud y al crimen concede a veces: perseverancia. Perseveremos, amigo, muramos, usted ahí, yo acá; pero que ningún acto, ninguna palabra nuestra revele que tenemos la conciencia de nuestra debilidad y de que nos amenazan para hoy o para mañana tribulaciones y peligros. Queda de usted su afectísimo amigo

Domingo F. Sarmiento.
Yungay, 7 de abril de 1851.

---

16   *Premios Monthyon*: también conocidos como "Premios a la Virtud"; instituidos en Francia por un legado del Baron de Monthyon, concedía dos premios de 10.000 Francos por avances relacionados con la salud y dos premios también de 10.000 Francos, uno por actos virtuosos realizados por una persona de escasos recursos y otro por publicaciones beneficiosas a la moral respectivamente. Los dos primeros eran otorgados por la Academias Francesa de Ciencias y los dos últimos por la Academia Francesa.

Parte Primera

Capítulo I

Aspecto físico de la República Argentina, y caracteres, hábitos e ideas que engendra.

L'étendue des Pampas est si prodigieuse, qu'au nord elles sont bornées par des bosquets de palmiers, et au midi par des neiges éternelles.

Head

La extensión de las pampas es tan prodigiosa, que al norte están limitadas por bosques de palmeras, y al sur, por nieves eternas.

El Continente Americano termina al Sud en una punta en cuya extremidad se forma el Estrecho de Magallanes. Al Oeste, y a corta distancia del Pacífico, se extienden paralelos a la costa los Andes chilenos. La tierra que queda al Oriente de aquella cadena de montañas y al occidente del Atlántico, siguiendo el Río de la Plata hacia el interior por el Uruguay arriba, es el territorio que se llamó Provincias Unidas del Río de la Plata, y en el que aún se derrama sangre por denominarlo República Argentina o Confederación Argentina. Al Norte están el Paraguay, el Gran Chaco y Bolivia, sus límites presuntos.

La inmensa extensión de país que está en sus extremos, es enteramente despoblada, y ríos navegables posee que no ha surcado aún el frágil barquichuelo. El mal que aqueja a la República Argentina es la extensión: el desierto la rodea por todas partes y se le insinúa en las entrañas; la soledad, el despoblado sin una habitación humana, son, por lo general, los límites incuestionables entre unas y otras provincias. Allí la inmensidad por todas partes: inmensa la llanura, inmensos los bosques, inmensos los ríos, el horizonte siempre incierto, siempre confundiéndose con la tierra, entre celajes y vapores tenues, que no dejan, en la lejana perspectiva, señalar el punto en que el mundo acaba y principia el cielo. Al sud y al norte acéchanla los salvajes, que aguardan las noches de luna para caer, cual enjambre de hienas, sobre los ganados que pacen en los campos y sobre las indefensas poblaciones. En la solitaria caravana de carretas que atraviesa pesadamente las Pampas, y que se detiene a reposar por momentos, la tripulación reunida en torno del escaso fuego vuelve maquinalmente la vista hacia el sud al más ligero susurro del viento que agita las yerbas secas, para hundir sus miradas en las tinieblas profundas de la noche, en busca de los bultos siniestros de la horda salvaje que puede de un momento a otro sorprenderla desapercibida. Si el oído no escucha rumor alguno, si la vista no alcanza a calar el velo oscuro que cubre la callada soledad, vuelve sus miradas, para tranquilizarse del todo, a las orejas de algún caballo que está inmediato al fogón, para observar si están inmóviles y negligentemente inclinadas hacia atrás. Entonces continúa la conversación interrumpida, o lleva a la boca el tasajo[17] de carne medio sollamado[18] de que se alimenta. Si no es la proximidad del salvaje lo que inquieta al hombre del campo, es el temor de un tigre que lo acecha, de una víbora que no puede pisar. Esta inseguridad de la vida, que es habitual y permanente en las campañas, imprime, a mi parecer, en el carácter argentino cierta resignación estoica para la muerte violenta, que hace de ella uno de los percances inseparables de la vida, una manera de morir como cualquiera otra; y puede quizá explicar en parte la indiferencia con que dan y reciben la muerte, sin dejar en los que sobreviven impresiones profundas y duraderas.

La parte habitada de este país privilegiado en dones y que encierra todos los climas, puede dividirse en tres fisonomías distintas, que imprimen a la población condiciones diversas, según la manera como tiene que entenderse con la naturaleza que la rodea. Al norte, confundiéndose con el Chaco, un espeso bosque cubre con su impenetrable ramaje extensiones que llamaríamos inauditas, si en formas colosales hubiese nada inaudito en toda la extensión de la América. Al centro, y en una zona paralela, se disputan largo tiempo el terreno la Pampa y la Selva: domina en partes el bosque, se degrada en matorrales enfermizos y espinosos, preséntase de nuevo la selva a merced de algún río que la favorece, hasta que al fin al sud triunfa la Pampa, y ostenta su lisa y velluda frente, infinita, sin límite conocido, sin accidente notable: es la imagen del mar en la tierra; la tierra como en el mapa; la tierra aguardando todavía que se la mande producir las plantas y toda clase de simiente. Pudiera señalarse, como un rasgo notable de la fisonomía de este país, la aglomeración de ríos navegables que al Este se dan cita de todos los rumbos del horizonte, para reunirse en el Plata, y presentar dignamente su estupendo tributo al Océano, que lo recibe en sus flancos, no sin muestras visibles de turbación y de respeto. Pero estos inmensos canales excavados por la solícita mano de la naturaleza no introducen cambio ninguno en las costumbres nacionales. El hijo de los aventureros españoles que colonizaron el país detesta la navegación, y se considera como aprisionado en los estrechos límites del bote o de la lancha. Cuando un gran río le ataja el paso, se desnuda

17 *Tasajo*: carne deshidratada y salada (charqui)
18 *Sollamado*: apenas calentado sobre llama.

tranquilamente, apresta su caballo y lo endilga nadando a algún islote que se divisa a lo lejos; arribado a él, descansan caballo y caballero, y de islote en islote se completa al fin la travesía. De este modo, el favor más grande que la Providencia depara a un pueblo, el gaucho argentino lo desdeña, viendo en él más bien un obstáculo opuesto a sus movimientos, que el medio más poderoso de facilitarlos: de este modo la fuente del engrandecimiento de las naciones, lo que hizo la celebridad remotísima del Egipto, lo que engrandeció a la Holanda y es la causa del rápido desenvolvimiento de Norte–América, la navegación de los ríos, o la canalización, es un elemento muerto, inexplotado por el habitante de las márgenes del Bermejo, Pilcomayo, Paraná, Paraguay y Uruguay. Desde el Plata remontan aguas arriba algunas navecillas tripuladas por italianos y carcamanes[19]; pero el movimiento sube unas cuantas leguas y cesa casi de todo punto. No fue dado a los españoles el instinto de la navegación, que poseen en tan alto grado los sajones del norte. Otro espíritu se necesita que agite esas arterias en que hoy se estagnan los fluidos vivificantes de una nación. De todos estos ríos que debieran llevar la civilización, el poder y la riqueza hasta las profundidades más recónditas del continente, y hacer de Santa Fe, Entre Ríos, Corrientes, Córdoba, Salta, Tucumán y Jujuy otros tantos pueblos nadando en riquezas y rebosando población y cultura, sólo uno hay que es fecundo en beneficio para los que moran en sus riberas: el Plata, que los resume a todos juntos. En su embocadura están situadas dos ciudades, Montevideo y Buenos Aires, cosechando hoy alternativamente las ventajas de su envidiable posición. Buenos Aires está llamada a ser un día la ciudad más gigantesca de ambas Américas. Bajo un clima benigno, señora de la navegación de cien ríos que fluyen a sus pies, reclinada muellemente sobre un inmenso territorio, y con trece provincias interiores que no conocen otra salida para sus productos, fuera ya la Babilonia Americana, si el espíritu de la Pampa no hubiese soplado sobre ella, y si no ahogase en sus fuentes el tributo de riqueza que los ríos y las provincias tienen que llevarla siempre. Ella sola en la vasta extensión argentina, está en contacto con las naciones europeas; ella sola explota las ventajas del comercio extranjero; ella sola tiene poder y rentas. En vano le han pedido las provincias que les deje pasar un poco de civilización, de industria y de población europea: una política estúpida y colonial se hizo sorda a estos clamores. Pero las provincias se vengaron, mandándole en Rosas mucho y demasiado de la barbarie que a ellas les sobraba. Harto caro la han pagado los que decían: "la República Argentina acaba en el Arroyo del Medio." Ahora llega desde los Andes hasta el mar: la barbarie y la violencia bajaron a Buenos Aires más allá del nivel de las provincias. No hay que quejarse de Buenos Aires, que es grande y lo será más, porque así le cupo en suerte. Debiéramos quejarnos antes de la Providencia, y pedirle que rectifique la configuración de la tierra. No siendo esto posible, demos por bien hecho lo que de mano de Maestro está hecho. Quejémonos de

---

19 *Carcamán*: (Arg.) Francés; (Arg. y Perú) persona vieja, de muchas pretensiones y poco mérito

la ignorancia de este poder brutal que esteriliza para sí y para las provincias los dones que natura prodigó al pueblo que extravía. Buenos Aires, en lugar de mandar ahora luces, riqueza y prosperidad al interior, mándale sólo cadenas, hordas exterminadoras y tiranuelos subalternos. ¡También se venga del mal que las provincias le hicieron con preparale a Rosas!

He señalado esta circunstancia de la posición monopolizadora de Buenos Aires, para mostrar que hay una organización del suelo, tan central y unitaria en aquel país, que aunque Rosas hubiera gritado de buena fe: "¡Federación o muerte!" habría concluido por el sistema unitario que hoy ha establecido. Nosotros, empero, queríamos la unidad en la civilización y en la libertad, y se nos ha dado la unidad en la barbarie y en la esclavitud. Pero otro tiempo vendrá en que las cosas entren en su cauce ordinario. Lo que por ahora interesa conocer, es que los progresos de la civilización se acumulan en Buenos Aires sólo: la Pampa es un malísimo conductor para llevarla y distribuirla en las provincias, y ya veremos lo que de aquí resulta. Pero sobre todos estos accidentes peculiares a ciertas partes de aquel territorio, predomina una facción general, uniforme y constante; ya sea que la tierra esté cubierta de la lujosa y colosal vegetación de los trópicos, ya sea que arbustos enfermizos, espinosos y desapacibles revelen la escasa porción de humedad que les da vida; ya en fin, que la Pampa ostente su despejada y monótona faz, la superficie de la tierra es generalmente llana y unida, sin que basten a interrumpir esta continuidad sin límites las Sierras de San Luis y Córdoba en el centro, y algunas ramificaciones avanzadas de los Andes al Norte. Nuevo elemento de unidad para la nación que pueble un día aquellas grandes soledades, pues que es sabido que las montañas que se interponen entre unos y otros países y los demás obstáculos naturales, mantienen el aislamiento de los pueblos y conservan sus peculiaridades primitivas. Norte–América está llamada a ser una federación, menos por la primitiva independencia de las plantaciones, que por su ancha exposición al Atlántico y las diversas salidas que al interior dan: el San Lorenzo al norte, el Mississippi al sud, y las inmensas canalizaciones al centro. La República Argentina es "una e indivisible".

Muchos filósofos han creído también que las llanuras preparaban las vías al despotismo, del mismo modo que las montañas prestaban asidero a las resistencias de la libertad. Esta llanura sin límites que, desde Salta a Buenos Aires y de allí a Mendoza por una distancia de más de setecientas leguas, permite rodar enormes y pesadas carretas sin encontrar obstáculo alguno, por caminos en que la mano del hombre apenas ha necesitado cortar algunos árboles y matorrales, esta llanura constituye uno de los rasgos más notables de la fisonomía interior de la República. Para preparar vías de comunicación, basta sólo el esfuerzo del individuo y los resultados de la naturaleza bruta; si el arte quisiera prestarle su auxilio, si las fuerzas de la sociedad intentaran suplir la debilidad del individuo, las dimensiones colosales de la obra arredrarían a los más emprendedores, y la incapacidad del esfuerzo lo haría inoportuno. Así, en materia de caminos, la naturaleza salvaje dará la ley por mucho tiempo, y la acción de la civilización permanecerá débil e ineficaz.

Esta extensión de las llanuras imprime por otra parte a la vida del interior cierta tintura asiática que no deja de ser bien pronunciada. Muchas veces al salir la luna tranquila y resplandeciente por entre las yerbas de la tierra, la he saludado maquinalmente con estas palabras de Volney[20] en su descripción de las Ruinas: *"La pleine lune à l'Orient s'élevait sur un fond bleuâtre aux plaines rives de l'Euphrate"*. Y en efecto, hay algo en las soledades argentinas que trae a la memoria las soledades asiáticas; alguna analogía encuentra el espíritu entre la Pampa y las llanuras que median entre el Tigris y el Eúfrates; algún parentesco en la tropa de carretas solitaria que cruza nuestras soledades para llegar, al fin de una marcha de meses, a Buenos Aires, y la caravana de camellos que se dirige hacia Bagdad o Esmirna. Nuestras carretas viajeras son una especie de escuadra de pequeños bajeles, cuya gente tiene costumbres, idiomas y vestidos peculiares que la distinguen de los otros habitantes, como el marino se distingue de los hombres de tierra. Es el capataz un caudillo, como en Asia el jefe de la caravana: necesítase para este destino una voluntad de hierro, un carácter arrojado hasta la temeridad, para contener la audacia y turbulencia de los filibusteros de tierra que ha de gobernar y dominar él solo en el desamparo del desierto. A la menor señal de insubordinación, el capataz enarbola su *chicote* [21] de fierro, y descarga sobre el insolente golpes que causan contusiones y heridas: si la resistencia se prolonga, antes de apelar a las pistolas, cuyo auxilio por lo general desdeña, salta del caballo con el formidable cuchillo en mano, y reivindica bien pronto su autoridad por la superior destreza con que sabe manejarlo. El que muere en estas ejecuciones del capataz no deja derecho a ningún reclamo, considerándose legítima la autoridad que lo ha asesinado. Así es como en la vida argentina empieza a establecerse por estas peculiaridades el predominio de la fuerza brutal, la preponderancia del más fuerte, la autoridad sin límites y sin responsabilidad de los que mandan, la justicia administrada sin formas y sin debates. La tropa de carretas lleva además armamento, un fusil o dos por carreta, y a veces un cañoncito giratorio en la que va a la delantera. Si los bárbaros la asaltan, forma un círculo atando unas carretas con otras, y casi siempre resisten victoriosamente a las codicias de los salvajes ávidos de sangre y de pillaje. La árrea de mulas cae con frecuencia indefensa en manos de estos beduinos americanos, y rara vez los troperos escapan de ser degollados. En estos largos viajes, el proletario argentino adquiere el hábito de vivir lejos de la sociedad y de luchar individualmente con la naturaleza, endurecido en las privaciones, y sin contar con otros recursos que su capacidad y maña personal para precaverse de todos los riesgos que le cercan de continuo.

El pueblo que habita estas extensas comarcas se compone de dos razas

---

20   *Volney*: Constantino Francisco de Chasseboeuf, conde de Volney (1757-1820), historiador y filósofo ilustrado francés autor del libro *Las ruinas de Palmira,* que tuvo gran influencia en la literatura del siglo XIX

21   *Chicote*: látigo; probablemente se refiera al *talero*, látigo corto, compuesto de cabo, general-mente de madera dura, lonja y manija

diversas, que mezclándose, forman medios tintes imperceptibles, españoles e indígenas. En las campañas de Córdoba y San Luis predomina la raza española pura, y es común encontrar en los campos, pastoreando ovejas, muchachas tan blancas, tan rosadas y hermosas, como querrían serlo las elegantes de una capital. En Santiago del Estero el grueso de la población campesina habla aún la *Quichua,* que revela su origen indio. En Corrientes los campesinos usan un dialecto español muy gracioso. "Dame, general, un chiripá", decían a Lavalle sus soldados. En la campaña de Buenos Aires se reconoce todavía el soldado andaluz; y en la ciudad predominan los apellidos extranjeros. La raza negra, casi extinta ya –excepto en Buenos Aires–, ha dejado sus zambos[22] y mulatos[23], habitantes de las ciudades, eslabón que liga al hombre civilizado con el palurdo, raza inclinada a la civilización, dotada de talento y de los más bellos instintos del progreso.

Por lo demás, de la fusión de estas tres familias ha resultado un todo homogéneo, que se distingue por su amor a la ociosidad e incapacidad industrial, cuando la educación y las exigencias de una posición social no vienen a ponerle espuela y sacarla de su paso habitual. Mucho debe haber contribuido a producir este resultado desgraciado la incorporación de indígenas que hizo la colonización. Las razas americanas viven en la ociosidad, y se muestran incapaces, aun por medio de la compulsión, para dedicarse a un trabajo duro y seguido. Esto sugirió la idea de introducir negros en América, que tan fatales resultados ha producido. Pero no se ha mostrado mejor dotada de acción la raza española cuando se ha visto en los desiertos americanos abandonada a sus propios instintos. Da compasión y vergüenza en la República Argentina comparar la colonia alemana o escocesa del Sud de Buenos Aires, y la villa que se forma en el interior: en la primera las casitas son pintadas, el frente de la casa siempre aseado, adornado de flores y arbustillos graciosos; el amueblado sencillo, pero completo, la vajilla de cobre o estaño reluciente siempre, la cama con cortinillas graciosas; y los habitantes en un movimiento y acción continuos. Ordeñando vacas, fabricando mantequilla y quesos, han logrado algunas familias hacer fortunas colosales y retirarse a la ciudad a gozar de las comodidades. La villa nacional es el reverso indigno de esta medalla: niños sucios y cubiertos de harapos viven en una jauría de perros; hombres tendidos por el suelo en la más completa inacción, el desaseo y la pobreza por todas partes, una mesita y petacas por todo amueblado, ranchos miserables por habitación, y un aspecto general de barbarie y de incuria los hacen notables.

Esta miseria, que ya va desapareciendo, y que es un accidente de las campañas pastoras, motivó sin duda las palabras que el despecho y la humillación de las armas inglesas arrancaron a Walter Scott: "Las vastas llanuras de Buenos Aires, dice, no están pobladas sino por cristianos salvajes, conocidos bajo el nombre de Guachos (por decir *Gauchos*), cuyo principal amueblado consiste en cráneos de caballos, cuyo alimento es carne cruda y agua, y cuyo pa-

---

22 *Zambo:* mestizo de raza negra e india
23 *Mulato:* mestizo de raza blanca y negra

satiempo favorito es reventar caballos en carreras forzadas. Desgraciadamente –añade el buen gringo– prefirieron su independencia nacional, a nuestros algodones y muselinas[24]". ¡Sería bueno proponerle a la Inglaterra por ver no más, cuántas varas de lienzo y cuántas piezas de muselina daría por poseer estas llanuras de Buenos Aires!

Por aquella extensión sin límites tal como la hemos descrito, están esparcidas aquí y allá catorce ciudades capitales de provincia, que si hubiéramos de seguir el orden aparente, clasificáramos por su colocación geográfica: Buenos Aires, Santa Fe, Entre Ríos y Corrientes a las márgenes del Paraná; Mendoza, San Juan, Rioja, Catamarca, Tucumán, Salta y Jujuy, casi en línea paralela con los Andes chilenos; Santiago, San Luis y Córdoba al centro. Pero esta manera de enumerar los pueblos argentinos no conduce a ninguno de los resultados sociales que voy solicitando. La clasificación que hace a mi objeto, es la que resulta de los medios de vivir del pueblo de las campañas, que es lo que influye en su carácter y espíritu. Ya he dicho que la vecindad de los ríos no imprime modificación alguna, puesto que no son navegados sino en una escala insignificante y sin influencia. Ahora, todos los pueblos argentinos, salvo San Juan y Mendoza, viven de los productos del pastoreo; Tucumán explota además la agricultura; y Buenos Aires, a más de un pastoreo de millones de cabezas de ganado, se entrega a las múltiples y variadas ocupaciones de la vida civilizada.

Las ciudades argentinas tienen la fisonomía regular de casi todas las ciudades americanas: sus calles cortadas en ángulos rectos, su población diseminada en una ancha superficie, si se exceptúa a Córdoba, que edificada en corto y limitado recinto, tiene todas las apariencias de una ciudad europea, a que dan mayor realce la multitud de torres y cúpulas de sus numerosos y magníficos templos. La ciudad es el centro de la civilización argentina, española, europea; allí están los talleres de las artes, las tiendas del comercio, las escuelas y colegios, los juzgados, todo lo que caracteriza, en fin, a los pueblos cultos. La elegancia en los modales, las comodidades del lujo, los vestidos europeos, el frac y la levita tienen allí su teatro y su lugar conveniente. No sin objeto hago esta enumeración trivial. La ciudad capital de las provincias pastoras existe algunas veces ella sola sin ciudades menores, y no falta alguna en que el terreno inculto llegue hasta ligarse con las calles. El desierto las circunda a más o menos distancia, las cerca, las oprime; la naturaleza salvaje las reduce a unos estrechos oasis de civilización enclavados en un llano inculto de centenares de millas cuadradas, apenas interrumpido por una que otra villa de consideración. Buenos Aires y Córdoba son las que mayor número de villas han podido echar sobre la campaña, como otros tantos focos de civilización y de intereses municipales: ya esto es un hecho notable. El hombre de la ciudad viste el traje europeo, vive de la vida civilizada tal como la conocemos en todas partes: allí están las leyes, las ideas de progreso, los medios de instrucción, alguna

<hr>

24   Vida de Napoleón Bonaparte, tomo II, cap. I . *N. del A.*

organización municipal, el gobierno regular, etc. Saliendo del recinto de la ciudad todo cambia de aspecto: el hombre de campo lleva otro traje, que llamaré americano por ser común a todos los pueblos; sus hábitos de vida son diversos, sus necesidades peculiares y limitadas: parecen dos sociedades distintas, dos pueblos extraños uno de otro. Aún hay más; el hombre de la campaña, lejos de aspirar a semejarse al de la ciudad, rechaza con desdén su lujo y sus modales corteses; y el vestido del ciudadano, el frac, la silla, la capa, ningún signo europeo puede presentarse impunemente en la campaña. Todo lo que hay de civilizado en la ciudad está bloqueado allí, proscrito afuera; y el que osara mostrarse con levita, por ejemplo, y montado en silla inglesa, atraería sobre sí las burlas y las agresiones brutales de los campesinos.

Estudiemos ahora la fisonomía exterior de las extensas campañas que rodean las ciudades, y penetremos en la vida interior de sus habitantes. Ya he dicho que en muchas provincias el límite forzoso es un desierto intermedio y sin agua. No sucede así por lo general con la campaña de una provincia, en la que reside la mayor parte de su población. La de Córdoba, por ejemplo, que cuenta ciento sesenta mil almas, apenas veinte de éstas están dentro del recinto de la aislada ciudad; todo el grueso de la población está en los campos, que así como por lo común son llanos, casi por todas partes son pastosos, ya estén cubiertos de bosques, ya desnudos de vegetación mayor, y en algunas con tanta abundancia y de tan exquisita calidad, que el prado artificial no llegaría a aventajarles. Mendoza, y San Juan sobre todo, se exceptúan de esta peculiaridad de la superficie inculta, por lo que sus habitantes viven principalmente de los productos de la agricultura. En todo lo demás, abundando los pastos, la cría de ganados es, no la ocupación de los habitantes, sino su medio de subsistencia. Ya la vida pastoril nos vuelve impensadamente a traer a la imaginación el recuerdo del Asia, cuyas llanuras nos imaginamos siempre cubiertas aquí y allá de las tiendas del Kalmuko[25], del Cosaco[26] o del Arabe. La vida primitiva de los pueblos, la vida eminentemente bárbara y estacionaria, la vida de Abraham, que es la del beduino de hoy, asoma en los campos argentinos, aunque modificada por la civilización de un modo extraño. La tribu árabe, que vaga por las soledades asiáticas, vive reunida bajo el mando de un anciano de la tribu o un jefe guerrero; la sociedad existe, aunque no esté fija en un punto determinado de la tierra; las creencias religiosas, las tradiciones inmemoriales, la invariabilidad de las costumbres, el respeto a los ancianos, forman reunidos un código de leyes, de usos y de prácticas de gobierno, que mantiene la moral tal como la comprenden, el orden y la asociación de la tribu. Pero el progreso está sofocado, porque no puede haber progreso sin la posesión permanente del suelo, sin la ciudad, que es la que desenvuelve la capacidad industrial del hombre y le permite extender sus adquisiciones.

En las llanuras argentinas no existe la tribu nómade: el pastor posee el suelo con títulos de propiedad, está fijo en un punto que le pertenece; pero

25 *Kalmuko*: habitante de mongolia perteneciente a la etnia kalmuka

26 *Cosacos*: pastores nómadas de la zona de Kazaj, oeste de China, Uzbekistán y Tayikistán, Mongolia, que en el siglo XIII ayudaron a las hordas mongolas de Gengis Khan a conquistar las mesetas de Asia central

para ocuparlo, ha sido necesario disolver la asociación y derramar las familias sobre una inmensa superficie. Imaginaos una extensión de dos mil leguas cuadradas, cubierta toda de población, pero colocadas las habitaciones a cuatro leguas de distancia unas de otras, a ocho a veces, a dos las más cercanas. El desenvolvimiento de la propiedad mobiliaria no es imposible, los goces del lujo no son del todo incompatibles con este aislamiento: puede levantar la fortuna un soberbio edificio en el desierto; pero el estímulo falta, el ejemplo desaparece, la necesidad de manifestarse con dignidad, que se siente en las ciudades, no se hace sentir allí en el aislamiento y la soledad. Las privaciones indispensables justifican la pereza natural, y la frugalidad en los goces trae en seguida todas las exterioridades de la barbarie. La sociedad ha desaparecido completamente; queda sólo la familia feudal, aislada, reconcentrada; y no habiendo sociedad reunida, toda clase de gobierno se hace imposible: la municipalidad no existe, la policía no puede ejercerse, y la justicia civil no tiene medios de alcanzar a los delincuentes. Ignoro si el mundo moderno presenta un género de asociación tan monstruoso como éste. Es todo lo contrario del municipio romano, que reconcentraba en un recinto toda la población, y de allí salía a labrar los campos circunvecinos. Existía, pues, una organización social fuerte, y sus benéficos resultados se hacen sentir hasta hoy, y han preparado la civilización moderna. Se asemeja a la antigua Sloboda Esclavona[27], con la diferencia que aquélla era agrícola, y por tanto, más susceptible de gobierno: el desparramo de la población no era tan extenso como éste. Se diferencia de la tribu nómade, en que aquélla anda en sociedad siquiera ya que no se posesiona del suelo. Es, en fin, algo parecido a la feudalidad de la Edad Media, en que los barones residían en el campo, y desde allí hostilizaban las ciudades y asolaban las campañas; pero aquí falta el barón y el castillo feudal. Si el poder se levanta en el campo, es momentáneamente, es democrático; ni se hereda, ni puede conservarse, por falta de montañas y posiciones fuertes. De aquí resulta que aun la tribu salvaje de la Pampa está organizada mejor que nuestras campañas para el desarrollo moral.

Pero lo que presenta de notable esta sociedad en cuanto a su aspecto social, es su afinidad con la vida antigua, con la vida espartana o romana, si por otra parte no tuviese una desemejanza radical. El ciudadano libre de Esparta o de Roma echaba sobre sus esclavos el peso de la vida material, el cuidado de proveer a la subsistencia, mientras que él vivía libre de cuidados en el foro, en la plaza pública, ocupándose exclusivamente de los intereses del Estado, de la paz, la guerra, las luchas de partido. El pastoreo proporciona las mismas ventajas, y la función inhumana del Ilota antiguo la desempeña el ganado. La procreación espontánea forma y acrece indefinidamente la fortuna; la mano del hombre está por demás; su trabajo, su inteligencia, su tiem-

---

27 *Sloboda Esclavona*: Jorge Luis Borges en sus notas para la edición de El Ateneo (Buenos Aires, 1974) la aclara como "aldea eslava". *Sloboda* ("Libertad" en idioma eslavo) es una ciudad en Latvia; *Esclavona* es sinónimo de *Eslava*, una de las doce familias lingüísticas principales: Céltica, Grecolatina, Tudesca, o Germánica; Slava o Esclavona, Lituaniana, Finnesa o Uraliana; Tárlaro-mongólica, Caucásica, Turca, Semítica, Vascónica o Ibérica; y Cíngaro.

po no son necesarios para la conservación y aumento de los medios de vivir. Pero si nada de esto necesita para lo material de la vida, las fuerzas que economiza no puede emplearlas como el romano: fáltale la ciudad, el municipio, la asociación íntima, y por tanto, fáltale la base de todo desarrollo social; no estando reunidos los estancieros, no tienen necesidades públicas que satisfacer: en una palabra, no hay *res publica*.

El progreso moral, la cultura de la inteligencia descuidada en la tribu árabe o tártara, es aquí no sólo descuidada, sino imposible. ¿Dónde colocar la escuela para que asistan a recibir lecciones los niños diseminados a diez leguas de distancia en todas direcciones? Así, pues, la civilización es del todo irrealizable, la barbarie es normal[28], y gracias si las costumbres domésticas conservan un corto depósito de moral. La religión sufre las consecuencias de la disolución de la sociedad: el curato es nominal, el púlpito no tiene auditorio, el sacerdote huye de la capilla solitaria o se desmoraliza en la inacción y en la soledad; los vicios, el simoniaquismo[29], la barbarie normal penetran en su celda, y convierten su superioridad moral en elementos de fortuna y de ambición, porque al fin concluye por hacerse caudillo de partido. Yo he presenciado una escena campestre, digna de los tiempos primitivos del mundo, anteriores a la institución del sacerdocio. Hallábame en 1838 en la Sierra de San Luis, en casa de un estanciero cuyas dos ocupaciones favoritas eran rezar y jugar. Había edificado una capilla en la que los domingos por la tarde rezaba él mismo el rosario, para suplir al sacerdote, y al oficio divino de que por años habían carecido. Era aquél un cuadro homérico: el sol llegaba al ocaso; las majadas que volvían al redil hendían el aire con sus confusos balidos; el dueño de la casa, hombre de sesenta años, de una fisonomía noble, en que la raza europea pura se ostentaba por la blancura del cutis, los ojos azulados, la frente espaciosa y despejada, hacía coro, a que contestaban una docena de mujeres y algunos mocetones, cuyos caballos, no bien domados aún, estaban amarrados cerca de la puerta de la capilla. Concluido el rosario, hizo un fervoroso ofrecimiento. Jamás he oído voz más llena de unción, fervor más puro, fe más firme, ni oración más bella, más adecuada a las circunstancias, que la que recitó. Pedía en ella a Dios lluvia para los campos, fecundidad para los ganados, paz para la República, seguridad para los caminantes... Yo soy muy propenso a llorar, y aquella vez lloré hasta sollozar, porque el sentimiento religioso se había despertado en mi alma con exaltación y como una sensación desconocida, porque nunca he visto escena más religiosa; creía estar en los tiempos de Abraham, en su presencia, en la de Dios y de la naturaleza que lo revela. La voz de aquel hombre candoroso e inocente me hacía vibrar todas las fibras, y me penetraba hasta la médula de los huesos.

He aquí a lo que está reducida la religión en las campañas pastoras, a la religión natural: el cristianismo existe, como el idioma español, en clase de

28 "En el año 1826, durante una residencia de un año en la sierra de San Luis, enseñaba a leer a seis jóvenes de familias pudientes, el menor de los cuales tenía 22 años" *N. del A.*

29 *Simoniaquismo*: o *simonía*, compra-venta de cosas espirituales, por Simón Mago, de quien se dice en *Hechos de los Apóstoles 8,18-19* que "ofreció dinero a los apóstoles para comprar un poder espiritual"

tradición que se perpetúa, pero corrompido, encarnado en supersticiones groseras, sin instrucción, sin culto y sin convicciones. En casi todas las campañas apartadas de las ciudades ocurre que cuando llegan comerciantes de San Juan o de Mendoza, les presentan tres o cuatro niños de meses y de un año para que los bauticen, satisfechos de que por su buena educación podrán hacerlo de un modo válido; y no es raro que a la llegada de un sacerdote se le presenten mocetones que vienen domando un potro a que les ponga el óleo y administre el bautismo *sub conditione*.[30]

A falta de todos los medios de civilización y de progreso, que no pueden desenvolverse sino a condición de que los hombres estén reunidos en sociedades numerosas, ved la educación del hombre del campo. Las mujeres guardan la casa, preparan la comida, trasquilan las ovejas, ordeñan las vacas, fabrican los quesos, y tejen las groseras telas de que se visten: todas las ocupaciones domésticas, todas las industrias caseras las ejerce la mujer: sobre ella pesa casi todo el trabajo; y gracias si algunos hombres se dedican a cultivar un poco de maíz para el alimento de la familia, pues el pan es inusitado como mantención ordinaria. Los niños ejercitan sus fuerzas y se adiestran por placer en el manejo del lazo y de las bolas, con que molestan y persiguen sin descanso a las terneras y cabras: cuando son jinetes, y esto sucede luego de aprender a caminar, sirven a caballo en algunos quehaceres: más tarde, y cuando ya son fuertes, recorren los campos cayendo y levantando, rodando a designio en las vizcacheras, salvando precipicios, y adiestrándose en el manejo del caballo: cuando la pubertad asoma, se consagran a domar potros salvajes, y la muerte es el castigo menor que les aguarda, si un momento les faltan las fuerzas o el coraje. Con la juventud primera viene la completa independencia y la desocupación.

Aquí principia la vida pública, diré, del gaucho, pues que su educación está ya terminada. Es preciso ver a estos españoles por el idioma únicamente y por las confusas religiosas que conservan, para saber apreciar los caracteres indómitos y altivos que nacen de esta lucha del hombre aislado con la naturaleza salvaje, del racional con el bruto; es preciso ver estas caras cerradas de barbas, estos semblantes graves y serios, como los de los árabes asiáticos, para juzgar del compasivo desdén que les inspira la vista del hombre sedentario de las ciudades, que puede haber leído muchos libros, pero que no sabe aterrar un toro bravío y darle muerte, que no sabrá proveerse de caballo a campo abierto, a pie y sin el auxilio de nadie, que nunca ha parado un tigre, y recibídolo con el puñal en una mano y el poncho envuelto en la otra para meterle en la boca, mientras le traspasa el corazón y lo deja tendido a sus pies. Este hábito de triunfar de las resistencias, de mostrarse siempre superior a la naturaleza, desafiarla y vencerla, desenvuelve prodigiosamente el sentimiento de la importancia individual y de la superioridad. Los argentinos, de cualquier clase que sean, civilizados o ignorantes, tienen una alta conciencia de

---

30 *Sub conditione*: (lat.) sujeto a condiciones; fórmula del derecho eclesiástico utilizada para denotar —entre otros actos— bautismos de personas sin familia o conversos a la religión católica, cuya validez está sujeta a la verificación de determinada condición imposible de realizar al momento.

su valer como nación; todos los demás pueblos americanos les echan en cara esta vanidad, y se muestran ofendidos de su presunción y arrogancia. Creo que el cargo no es del todo infundado, y no me pesa de ello. ¡Ay del pueblo que no tiene fe en sí mismo! ¡Para ése no se han hecho las grandes cosas! ¿Cuánto no habrá podido contribuir a la independencia de una parte de la América la arrogancia de estos gauchos argentinos que nada han visto bajo el sol, mejor que ellos, ni el hombre sabio, ni el poderoso? El europeo es para ellos el último de todos, porque no resiste a un par de corcovos del caballo[31]. Si el origen de esta vanidad nacional en las clases inferiores es mezquino, no son por eso menos nobles las consecuencias; como no es menos pura el agua de un río porque nazca de vertientes cenagosas e infectas. Es implacable el odio que les inspiran los hombres cultos, e invencible su disgusto por sus vestidos, usos y maneras. De esta pasta están amasados los soldados argentinos; y es fácil imaginarse lo que hábitos de este género pueden dar en valor y sufrimiento para la guerra. Añádase que desde la infancia están habituados a matar las reses, y que este acto de crueldad necesaria los familiariza con el derramamiento de sangre, y endurece su corazón contra los gemidos de las víctimas.

La vida del campo, pues, ha desenvuelto en el gaucho las facultades físicas, sin ninguna de las de la inteligencia. Su carácter moral se resiente de su hábito de triunfar de los obstáculos y del poder de la naturaleza: es fuerte, altivo, enérgico. Sin ninguna instrucción, sin necesitarla tampoco, sin medios de subsistencia, como sin necesidades, es feliz en medio de la pobreza y de sus privaciones, que no son tales para el que nunca conoció mayores goces, ni extendió más altos sus deseos. De manera que si esta disolución de la sociedad radica hondamente la barbarie por la imposibilidad y la inutilidad de la educación moral e intelectual, no deja, por otra parte, de tener sus atractivos. El gaucho no trabaja; el alimento y el vestido lo encuentra preparado en su casa; uno y otro se lo proporcionan sus ganados, si es propietario; la casa del patrón o pariente, si nada posee. Las atenciones que el ganado exige se reducen a correrías y partidas de placer; la hierra, que es como la vendimia de los agricultores, es una fiesta cuya llegada se recibe con transportes de júbilo: allí es el punto de reunión de todos los hombres de veinte leguas a la redonda, allí la ostentación de la increíble destreza en el lazo. El gaucho llega a la hierra al paso lento y mesurado de su mejor *parejero*[32], que detiene a distancia apartada; y para gozar mejor del espectáculo, cruza la pierna sobre el pescuezo del caballo. Si el entusiasmo lo anima, desciende lentamente del caballo, desarrolla su lazo y lo arroja sobre un toro que pasa con la velocidad del rayo a cuarenta pasos de distancia: lo ha cogido de una uña, que era lo que se proponía, y vuelve tranquilo a enrollar su *cuerda*.

---

31   "El general Mansilla decía en la Sala de Representantes durante el bloqueo Francés ¿Y qué nos han de hacer esos europeos que no saben galoparse una noche?" Y la inmensa barra plebeya ahogó la voz del orador con el estrépito de los aplausos". N. del A

32   *Parejero*: caballo adiestrado para correr carreras parejas (cuadreras, de dos competidores)

Capítulo II

ORIGINALIDAD Y CARACTERES ARGENTINOS

*Ainsi que l'océan, les steppes remplissent l'esprit
du sentiment de l'infini.*

Humboldt

COMO EL OCÉANO, LAS ESTEPAS LLENAN AL ESPÍRITU DEL SEN-
TIMIENTO DE LO INFINITO.

Si de las condiciones de la vida pastoril tal como la ha constituido la colonización y la incuria[33], nacen graves dificultades para una organización política cualquiera, y muchas más para el triunfo de la civilización europea, de sus instituciones y de la riqueza y libertad, que son sus consecuencias, no puede por otra parte negarse que esta situación tiene su costado poético, y faces dignas de la pluma del romancista. Si un destello de literatura nacional puede brillar momentáneamente en las nuevas sociedades americanas, es el que resultará de la descripción de las grandiosas escenas naturales, y sobre todo, de la lucha entre la civilización europea y la barbarie indígena, entre la inteligencia y la materia: lucha imponente en América, y que da lugar a escenas tan peculiares, tan características y tan fuera del círculo de ideas en que se ha educado el espíritu europeo, porque los resortes dramáticos se vuelven desconocidos fuera del país donde se toman, los usos sorprendentes, y originales los caracteres.

El único romancista norteamericano que haya logrado hacerse un nombre europeo, es Fenimore Cooper, y eso, porque transportó la escena de sus descripciones fuera del círculo ocupado por los plantadores, al límite entre la vida bárbara y la civilizada, al teatro de la guerra en que las razas indígenas y la raza sajona están combatiendo por la posesión del terreno.

No de otro modo nuestro joven poeta Echeverría ha logrado llamar la

---

33 *Incuria*: negligencia, falta de cuidado

atención del mundo literario español con su poema titulado *La Cautiva*. Este bardo argentino dejó a un lado a Dido y Argia, que sus predecesores los Varela[34] trataron con maestría clásica y estro poético, pero sin suceso y sin consecuencia, porque nada agregaban al caudal de nociones europeas, y volvió sus miradas al Desierto, y allá en la inmensidad sin límites, en las soledades en que vaga el salvaje, en la lejana zona de fuego que el viajero ve acercarse cuando los campos se incendian, halló las inspiraciones que proporciona a la imaginación el espectáculo de una naturaleza solemne, grandiosa, inconmensurable, callada; y entonces el eco de sus versos pudo hacerse oír con aprobación aun por la península española.

Hay que notar de paso un hecho que es muy explicativo de los fenómenos sociales de los pueblos. Los accidentes de la naturaleza producen costumbres y usos peculiares a estos accidentes, haciendo que donde estos accidentes se repiten, vuelvan a encontrarse los mismos medios de parar a ellos, inventados por pueblos distintos. Esto me explica por qué la flecha y el arco se encuentran en todos los pueblos salvajes, cualesquiera que sean su raza, su origen y su colocación geográfica. Cuando leía en *El último de los Mohicanos* de Cooper, que Ojo de Halcón y Uncas habían perdido el rastro de los Mingos en un arroyo, dije para mí: van a tapar el arroyo. Cuando en *La Pradera* el Trampero mantiene la incertidumbre y la agonía mientras el fuego los amenaza un argentino habría aconsejado lo mismo que el Trampero sugiere al fin, que es limpiar un lugar para guarecerse, e incendiar a su vez, para poderse retirar del fuego que invade sobre las cenizas del punto que se ha incendiado. Tal es la práctica de los que atraviesan la Pampa para salvarse de los incendios del pasto. Cuando los fugitivos de *La Pradera* encuentran un río, y Cooper describe la misteriosa operación del Pawnie con el cuero de búfalo que recoge: va a hacer la *pelota*[35], me dije a mí mismo: lástima es que no haya una mujer que la conduzca, que entre nosotros son las mujeres las que cruzan los ríos con la *pelota* tomada con los dientes por un lazo. El procedimiento para asar una cabeza de búfalo en el desierto, es el mismo que nosotros usamos para *batear*[36] una cabeza de vaca o un lomo de ternera. En fin, mil otros accidentes que omito, prueban la verdad de que modificaciones análogas del suelo traen análogas costumbres, recursos y expedientes. No es otra la razón de hallar en Fenimore Cooper descripciones de usos y costumbres que parecen plagiadas de la Pampa; así, hallamos en los hábitos pastoriles de la América, reproducidos hasta los trajes, el semblante grave y hospitalidad árabes.

Existe, pues, un fondo de poesía que nace de los accidentes naturales del país y de las costumbres excepcionales que engendra.

La poesía, para despertarse (porque la poesía es como el sentimiento religioso, una facultad del espíritu humano), necesita el espectáculo de lo bello, del poder terrible, de la inmensidad, de la extensión, de lo vago, de lo incomprensible; porque sólo donde acaba lo palpable y vulgar empiezan las menti-

---

34 *Los Varela*.: los hermanos Florencio (1807-1848), publicista, y Juan Cruz Varela (1794-1839) poeta y autor de las tragedias *Dido*, publicada en 1823 y *Argia* (1824)

35 *Pelota*: flotador improvisado de cuero

36 *Batear*: (metáf.) rociar para cocinar; de *batear*, bautizar,

ras de la imaginación, el mundo ideal. Ahora yo pregunto: ¿Qué impresiones ha de dejar en el habitante de la República Argentina el simple acto de clavar los ojos en el horizonte, y ver... no ver nada; porque cuanto más hunde los ojos en aquel horizonte incierto, vaporoso, indefinido, más se le aleja, más lo fascina, lo confunde, y lo sume en la contemplación y la duda? ¿Dónde termina aquel mundo que quiere en vano penetrar? ¡No lo sabe! ¿Qué hay más allá de lo que ve? ¡La soledad, el peligro, el salvaje, la muerte! He aquí ya la poesía: el hombre que se mueve en estas escenas, se siente asaltado de temores e incertidumbres fantásticas, de sueños que le preocupan despierto.

De aquí resulta que el pueblo argentino es poeta por carácter, por naturaleza. ¿Ni cómo ha de dejar de serlo, cuando en medio de una tarde serena y apacible una nube torva y negra se levanta sin saber de dónde, se extiende sobre el cielo mientras se cruzan dos palabras, y de repente el estampido del trueno anuncia la tormenta que deja frío al viajero, y reteniendo el aliento por temor de atraerse un rayo de dos mil que caen en torno suyo? La oscuridad se sucede después a la luz: la muerte está por todas partes; un poder terrible, incontrastable le ha hecho en un momento reconcentrarse en sí mismo, y sentir su nada en medio de aquella naturaleza irritada; sentir a Dios, por decirlo de una vez, en la aterrante magnificencia de sus obras. ¿Qué más colores para la paleta de la fantasía? Masas de tinieblas que anublan el día, masas de luz lívida, temblorosa, que ilumina un instante las tinieblas, y muestra la Pampa a distancias infinitas, cruzándola vivamente el rayo, en fin, símbolo del poder. Estas imágenes han sido hechas para quedarse hondamente grabadas. Así, cuando la tormenta pasa, el gaucho se queda triste, pensativo, serio, y la sucesión de luz y tinieblas se continúa en su imaginación, del mismo modo que cuando miramos fijamente el sol nos queda por largo tiempo su disco en la retina.

Preguntadle al gaucho a quién matan con preferencia los rayos, y os introducirá en un mundo de idealizaciones morales y religiosas mezcladas de hechos naturales pero mal comprendidos, de tradiciones supersticiosas y groseras. Añádase que si es cierto que el fluido eléctrico entra en la economía de la vida humana, y es el mismo que llaman fluido nervioso, el cual excitado subleva las pasiones y enciende el entusiasmo, muchas disposiciones debe tener para los trabajos de la imaginación el pueblo que habita bajo una atmósfera recargada de electricidad hasta el punto que la ropa frotada chisporrotea como el pelo contrariado del gato.

¿Cómo no ha de ser poeta el que presencia estas escenas imponentes?

"Gira en vano, reconcentra
Su inmensidad, y no encuentra
La vista en su vivo anhelo
Do fijar su fugaz vuelo,

Como el pájaro en la mar.
Doquier campo y heredades
Del ave y bruto guaridas;
Doquier cielo y soledades
De Dios sólo conocidas,
Que él sólo puede sondear".

(Echeverría). [37]

¿O el que tiene a la vista esta naturaleza engalanada?

"De las entrañas de América
Dos raudales se desatan;
El Paraná, faz de perlas,
Y el Uruguay, faz de nácar.
Los dos entre bosques corren
O entre floridas barrancas,
Como dos grandes espejos
Entre marcos de esmeraldas.
Salúdanlos en su paso
La melancólica pava,
El picaflor y el jilguero,
El zorzal y la torcaza.
Como ante reyes se inclinan
Ante ellos seibos y palmas,
Y le arrojan flor del aire,
Aroma y flor de naranja.
Luego en el Guazú se encuentran,
Y reuniendo sus aguas,
Mezclando nácar y perlas
Se derraman en el Plata."

(Domínguez) [38]

Pero ésta es la poesía culta, la poesía de la ciudad. Hay otra que hace oír sus ecos por los campos solitarios: la poesía popular, candorosa y desaliñada del gaucho.

También nuestro pueblo es músico. Esta es una predisposición nacional que todos los vecinos le reconocen. Cuando en Chile se anuncia por la primera vez un argentino en una casa, lo invitan al piano en el acto, o le pasan una vihuela y si se excusa diciendo que no sabe pulsarla, lo extrañan, y no le creen, "porque siendo argentino", dicen, "debe ser músico". Esta es una preocupa-

---

37 *Echeverría*: Esteban Echeverría en *La cautiva* (Stockcero ISBN 987-1136-11-0; pág 16)

38 *Domínguez*: Luis L. (1819-1898) poeta y diplomático argentino exiliado en Montevideo por oponerse a Rosas. A su regreso fue diputado, enviado financiero de Sarmiento a Gran Bretaña, Ministro de Hacienda y diplomático en Perú, Brasil, Estados Unidos y Gran Bretaña donde falleció. Su obra más conocida es el poema *El Ombú*

ción popular que acusa nuestros hábitos nacionales. En efecto: el joven culto de las ciudades toca el piano o la flauta, el violín o la guitarra: los mestizos se dedican casi exclusivamente a la música, y son muchos los hábiles compositores e instrumentistas que salen de entre ellos. En las noches de verano se oye sin cesar la guitarra en la puerta de las tiendas; y tarde de la noche, el sueño es dulcemente interrumpido por las serenatas y los conciertos ambulantes.

El pueblo campesino tiene sus cantares propios.

El *triste,* que predomina en los pueblos del Norte, es un canto frigio, plañidero, natural al hombre en el estado primitivo de barbarie, según Rousseau.

La *vidalita,* canto popular con coros, acompañado de la guitarra y un tamboril, a cuyos redobles se reúne la muchedumbre y va engrosando el cortejo y el estrépito de las voces. Este canto me parece heredado de los indígenas, porque lo he oído en una fiesta de indios en Copiapó en celebración de la Candelaria; y como canto religioso, debe ser antiguo, y los indios chilenos no lo han de haber adoptado de los españoles argentinos. La *vidalita* es el metro popular en que se cantan los asuntos del día, las canciones guerreras: el gaucho compone el verso que canta, y lo populariza por la asociación que su canto exige.

Así, pues, en medio de la rudeza de las costumbres nacionales, estas dos artes que embellecen la vida civilizada y dan desahogo a tantas pasiones generosas, están honradas y favorecidas por las masas mismas que ensayan su áspera musa en composiciones líricas y poéticas. El joven Echeverría residió algunos meses en la campaña en 1840, y la fama de sus versos sobre la Pampa le había precedido ya: los gauchos lo rodeaban con respeto y afición, y cuando un recién venido mostraba señales de desdén hacia el *cajetiya*[39], alguno le insinuaba al oído: "es poeta", y toda prevención hostil cesaba al oír este título privilegiado.

Sabido es, por otra parte, que la guitarra es el instrumento popular de los españoles, y que es común en América. En Buenos Aires, sobre todo, está todavía muy vivo el tipo popular español, el *majo.* Descúbresele en el compadrito de la ciudad y en el gaucho de la campaña. El *jaleo* español vive en el cielito: los dedos sirven de castañuelas: todos los movimientos del compadrito revelan al *majo* : el movimiento de los hombros, los ademanes, la colocación del sombrero, hasta la manera de escupir por entre los dientes: todo es aún andaluz genuino.

Del centro de estas costumbres y gustos generales se levantan especialidades notables, que un día embellecerán y darán un tinte original al drama y al romance nacional. Yo quiero sólo notar aquí algunas que servirán a completar la idea de las costumbres, para trazar en seguida el carácter, causas y efectos de la guerra civil.

---

39 *Cajetiya*: cajetilla, (arg.) persona presumida y afectada

El Rastreador

El más conspicuo de todos, el más extraordinario, es el *Rastreador.* Todos los gauchos del interior son rastreadores. En llanuras tan dilatadas, en donde las sendas y caminos se cruzan en todas direcciones, y los campos en que pacen o transitan las bestias son abiertos, es preciso saber seguir las huellas de un animal, y distinguirlas de entre mil; conocer si va despacio o ligero, suelto o tirado, cargado o de vacío: ésta es una ciencia casera y popular. Una vez caía yo de un camino de encrucijada al de Buenos Aires, y el peón que me conducía echó, como de costumbre, la vista al suelo: "Aquí va", dijo luego, "una mulita mora, muy buena... ésta es la tropa de D. N. Zapata..., es de muy buena silla..., va ensillada..., ha pasado ayer..." Este hombre venía de la Sierra de San Luis, la tropa volvía de Buenos Aires, y hacía un año que él había visto por última vez la mulita mora, cuyo rastro estaba confundido con el de toda una tropa en un sendero de dos pies de ancho. Pues esto que parece increíble, es con todo, la ciencia vulgar; éste era un peón de árrea[40], y no un rastreador de profesión.

El Rastreador es un personaje grave, circunspecto, cuyas aseveraciones hacen fe en los tribunales inferiores. La conciencia del saber que posee le da cierta dignidad reservada y misteriosa. Todos le tratan con consideración: el pobre, porque puede hacerle mal, calumniándolo o denunciándolo; el propietario, porque su testimonio puede fallarle. Un robo se ha ejecutado durante la noche: no bien se nota, corren a buscar una pisada del ladrón, y encontrada, se cubre con algo para que el viento no la disipe. Se llama en seguida al Rastreador, que ve el rastro y lo sigue sin mirar sino de tarde en tarde el suelo, como si sus ojos vieran de relieve esta pisada que para otro es imperceptible. Sigue el curso de las calles, atraviesa los huertos, entra en una casa, y señalando un hombre que encuentra, dice fríamente: "¡Este es!" El delito está probado, y raro es el delincuente que resiste a esta acusación. Para él, más que para el juez, la deposición del Rastreador es la evidencia misma: negarla sería ridículo, absurdo. Se somete, pues, a este testigo, que considera como el dedo de Dios que lo señala. Yo mismo he conocido a Calíbar, que ha ejercido en una provincia su oficio durante cuarenta años consecutivos. Tiene ahora cerca de ochenta años: encorvado por la edad, conserva, sin embargo, un aspecto venerable y lleno de dignidad. Cuando le hablan de su reputación fabulosa, contesta: "ya no valgo nada; ahí están los niños." Los niños son sus hijos, que han aprendido en la escuela de tan famoso maestro. Se cuenta de él que durante un viaje a Buenos Aires le robaron una vez su montura de gala. Su mujer tapó el rastro con una artesa[41]. Dos meses después Calíbar regresó, vio el rastro ya borrado e inapercibible para otros ojos, y no se habló más del caso. Año y medio después, Calíbar marchaba cabizbajo por una calle de los suburbios, entra a una casa, y encuentra su montura ennegrecida ya y casi inutilizada por

---

40　*Peón de árrea*: peón dedicado a los arreos de ganado, tropero

41　*Artesa*: caja cuadrilonga cuyos cuatro lados están dispuestos en forma oblicua hacia afuera. Sirve principalmente para amasar

el uso. Había encontrado el rastro de su raptor después de dos años. El año 1830, un reo condenado a muerte se había escapado de la cárcel. Calíbar fue encargado de buscarlo: El infeliz, previendo que sería rastreado, había tomado todas las precauciones que la imagen del cadalso le sugirió. ¡Precauciones inútiles! Acaso sólo sirvieron para perderle; porque comprometido Calíbar en su reputación, el amor propio ofendido le hizo desempeñar con calor una tarea que perdía a un hombre pero que probaba su maravillosa vista. El prófugo aprovechaba todos los accidentes del suelo para no dejar huellas; cuadras enteras había marchado pisando con la punta del pie; trepábase en seguida a las murallas bajas; cruzaba su sitio, y volvía para atrás, Calíbar lo seguía sin perder la pista. Si le sucedía momentáneamente extraviarse, al hallarla de nuevo exclamaba: "¡dónde te *mias dir* !" Al fin llegó a una acequia de agua en los suburbios, cuya corriente había seguido aquél para burlar al Rastreador... ¡Inútil! Calíbar iba por las orillas sin inquietud, sin vacilar. Al fin se detiene, examina unas yerbas y dice: "Por aquí ha salido; no hay rastro, ¡pero estas gotas de agua en los pastos lo indican!" Entra en una viña: Calíbar reconoció las tapias que la rodeaban, y dijo: "dentro está." La partida de soldados se cansó de buscar, y volvió a dar cuenta de la inutilidad de las pesquisas. "No ha salido", fue la breve respuesta que sin moverse, sin proceder a nuevo examen, dio el Rastreador. No había salido, en efecto, y al día siguiente fue ejecutado. En 1831, algunos presos políticos intentaban una evasión: todo estaba preparado, los auxiliares de fuera, prevenidos. En el momento de efectuarla, uno dijo: "¿Y Calíbar?", "¡Cierto!" contestaron los otros anonadados, aterrados. ¡Calíbar! Sus familias pudieron conseguir de Calíbar que estuviese enfermo cuatro días contados desde la evasión, y así pudo efectuarse sin inconveniente.

¿Qué misterio es éste del Rastreador? ¿Qué poder microscópico se desenvuelve en el órgano de la vista de estos hombres? ¡Cuán sublime criatura es la que Dios hizo a su imagen y semejanza!

EL BAQUEANO

Después del Rastreador viene el *Baqueano,* personaje eminente, y que tiene en sus manos la suerte de los particulares y de las provincias. El Baqueano es un gaucho grave y reservado que conoce a palmos veinte mil leguas cuadradas de llanuras, bosques y montañas. Es el topógrafo más completo, es el único mapa que lleva un general para dirigir los movimientos de su campaña. El Baqueano va siempre a su lado. Modesto y reservado como una tapia, está en todos los secretos de la campaña; la suerte del ejército, el éxito de una batalla, la conquista de una provincia, todo depende de él. El Baqueano es casi siempre fiel a su deber; pero no siempre el general tiene en él plena confianza. Imaginaos la posición de un jefe condenado a llevar un traidor a su lado y a pedirle los conocimientos indispensables para triunfar. Un Baqueano encuentra una sendita que hace cruz con el camino que lleva: él sabe a qué aguada remota conduce: si encuentra mil, y esto sucede en un espacio de mil leguas, él las conoce todas, sabe de dónde vienen y adónde van. El sabe el vado oculto que tiene un río, más arriba o más abajo del paso ordinario, y esto en cien ríos o arroyos; él conoce en los ciénagos extensos un sendero por donde pueden ser atravesados sin inconveniente, y esto, en cien ciénagos distintos.

En lo más oscuro de la noche, en medio de los bosques o en las llanuras sin límites, perdidos sus compañeros, extraviados, da una vuelta en círculo de ellos, observa los árboles; si no los hay, se desmonta, se inclina a tierra, examina algunos matorrales y se orienta de la altura en que se halla; monta en seguida, y les dice para asegurarlos: "Estamos en dereceras[42] de tal lugar, a tantas leguas de las habitaciones; el camino ha de ir al sud"; y se dirige hacia el rumbo que señala, tranquilo, sin prisa de encontrarlo, y sin responder a las objeciones que el temor o la fascinación sugiere a los otros.

Si aún esto no basta, o si se encuentra en la Pampa y la oscuridad es impenetrable, entonces arranca pastos de varios puntos, huele la raíz y la tierra, las masca, y después de repetir este procedimiento varias veces, se cerciora de la proximidad de algún arroyo salado o de agua dulce, y sale en su busca para orientarse fijamente. El general Rosas, dicen, conoce por el gusto el pasto de cada estancia del sud de Buenos Aires.

Si el Baqueano lo es de la Pampa, donde no hay caminos para atravesarla, y un pasajero le pide que lo lleve directamente a un paraje distante cincuenta leguas, el Baqueano se para un momento, reconoce el horizonte, examina el suelo, clava la vista en un punto y se echa a galopar con la rectitud de una flecha, hasta que cambia de rumbo por motivos que sólo él sabe, y galopando día y noche llega al lugar designado.

El Baqueano anuncia también la proximidad del enemigo; esto es, diez leguas, y el rumbo por donde se acerca, por medio del movimiento de los avestruces, de los gamos y guanacos, que huyen en cierta dirección. Cuando se aproxima, observa los polvos, y por su espesor cuenta la fuerza: "Son dos mil hombres", dice: "quinientos, "doscientos", y el jefe obra bajo este dato, que casi siempre es infalible. Si los cóndores y cuervos revolotean en un círculo del cielo, él sabrá decir si hay gente escondida, o es un campamento recién abandonado, o un simple animal muerto. El baqueano conoce la distancia que hay de un lugar a otro, los días y las horas necesarias para llegar a él, y a más, una senda extraviada e ignorada por donde se puede llegar de sorpresa y en la mitad del tiempo: así es que las partidas de montoneras emprenden sorpresas sobre pueblos que están a cincuenta leguas de distancia, que casi siempre las aciertan. ¿Creeráse exagerado? ¡No! El general Rivera, de la Banda Oriental, es un simple Baqueano, que conoce cada árbol que hay en toda la extensión de la República del Uruguay. No la hubieran ocupado los brasileros sin

42 *En dereceras*: orientadoscon precisión hacia algún lugar

su auxilio; no la hubieran libertado sin él los argentinos.

Oribe, apoyado por Rosas, sucumbió después de tres años de lucha con el general Baqueano, y todo el poder de Buenos Aires hoy con sus numerosos ejércitos que cubren toda la campaña del Uruguay, puede desaparecer destruido a pedazos por una sorpresa hoy, por una fuerza cortada mañana, por una victoria que él sabrá convertir en su provecho por el conocimiento de algún caminito que cae a retaguardia del enemigo, o por otro accidente inapercibido o insignificante. El general Rivera principió sus estudios del terreno el año 1804: y haciendo la guerra a las autoridades, entonces como contrabandista, a los contrabandistas después como empleado, al rey en seguida como patriota, a los patriotas más tarde como montonero, a los argentinos como jefe brasilero, a éstos como general argentino, a Lavalleja como Presidente, al Presidente Oribe como jefe proscripto, a Rosas, en fin, aliado de Oribe, como general Oriental ha tenido sobrado tiempo para aprender un poco de la ciencia del Baqueano.

EL GAUCHO MALO

Este es un tipo de ciertas localidades, un *outlaw,* un *squatter,* un misántropo particular. Es el Ojo de Halcón, el Trampero de Cooper, con toda su ciencia del desierto, con toda su aversión a las poblaciones de los blancos, pero sin su moral natural, y sin sus conexiones con los salvajes. Llámanle el *gaucho malo,* sin que este epíteto lo desfavorezca del todo. La justicia lo persigue desde muchos años; su nombre es temido, pronunciado en voz baja, pero sin odio y casi con respeto. Es un personaje misterioso; mora en la Pampa; son su albergue los cardales; vive de perdices y *mulitas*[43]; y si alguna vez quiere regalarse con una lengua, enlaza una vaca, la voltea solo, la mata, saca su bocado predilecto, y abandona lo demás a las aves mortecinas. De repente se presenta el *Gaucho Malo* en un pago de donde la partida acaba de salir; conversa pacíficamente con los buenos gauchos, que lo rodean y admiran; se provee *de los vicios*[44], y si divisa la partida, monta tranquilamente en su caballo, y lo apunta hacia el desierto, sin prisa, sin aparato, desdeñando volver la cabeza. La partida rara vez lo sigue; mataría inútilmente sus caballos; porque el que monta el Gaucho Malo es un parejero *pangaré*[45] tan célebre como su amo. Si el acaso lo echa alguna vez de improviso entre las garras de la justicia, acomete a lo más espeso de la partida, y a merced de cuatro tajadas que con su cuchillo ha abierto en la cara o en el cuerpo de los soldados, se hace paso por entre ellos; y tendiéndose sobre el lomo del caballo para sustraerse a la acción de las balas que lo persiguen, endilga hacia el desierto, hasta que poniendo espacio conveniente entre él y sus perseguidores, refrena su trotón[46] y mar-

43   *Mulita*: armadillo de nueve bandas, también llamado tatú o toche.
44   *Los vicios*: tabaco y yerba mate
45   *Pangaré*: equino de color rojizo que presenta aclaramiento o desteñido en el hocico y sobre todo barriga y entrepierna
46   *Trotón*: equino cuyo paso habitual es el trote corto

cha tranquilamente. Los poetas de los alrededores agregan esta nueva hazaña a la biografía del héroe del desierto, y su nombradía vuela por toda la vasta campaña. A veces se presenta a la puerta de un baile campestre con una
muchacha que ha robado, entra en baile con su pareja, confúndese en las mu-
danzas del *cielito,* y desaparece sin que nadie se aperciba de ello. Otro día se
presenta en la casa de la familia ofendida, hace descender de la grupa a la niña que ha seducido, y desdeñando las maldiciones de los padres que lo siguen,
se encamina tranquilo a su morada sin límites.

Este hombre divorciado con la sociedad, proscripto por las leyes; este salvaje de color blanco no es en el fondo un ser más depravado que los que habitan las poblaciones. El osado prófugo que acomete una partida entera, es ino-
fensivo para los viajeros: el Gaucho Malo no es un bandido, no es un salteador;
el ataque a la vida no entra en su idea, como el robo no entraba en la idea del
Churriador[47]: roba, es cierto; pero ésta es su profesión, su tráfico, su ciencia. Roba caballos. Una vez viene al real de una tropa[48] del interior: el patrón propone
comprarle un caballo de tal pelo extraordinario, de tal figura, de tales prendas,
con una estrella blanca en la paleta. El gaucho se recoge, medita un momento,
y después de un rato de silencio contesta: "no hay actualmente caballo así." ¿Qué
ha estado pensando el gaucho? En aquel momento ha recorrido en su mente mil
estancias de la Pampa, ha visto, y examinado todos los caballos que hay en la Provincia, con sus marcas, color, señales particulares, y convencídose de que no hay
ninguno que tenga una estrella en la paleta; unos la tienen en la frente, otros una
mancha blanca en el anca. ¿Es sorprendente esta memoria? ¡No! Napoleón conocía por sus nombres doscientos mil soldados, y recordaba, al verlos, todos los
hechos que a cada uno de ellos se referían. Si no se le pide, pues, lo imposible,
en día señalado, en un punto dado del camino entregará un caballo tal como se
le pide, sin que el anticiparle el dinero sea motivo de faltar a la cita. Tiene sobre
este punto el honor de los tahúres sobre las deudas.

Viaja a veces a la campaña de Córdoba, a Santa Fe. Entonces se le ve cruzar la Pampa con una tropilla de caballos por delante: si alguno lo encuentra,
sigue su camino sin acercársele, a menos que él lo solicite.

EL CANTOR

Aquí tenéis la idealización de aquella vida de revueltas, de civilización,
de barbarie y de peligros. El *gaucho cantor* es el mismo bardo, el vate, el tro-
vador de la Edad Media, que se mueve en la misma escena, entre las luchas
de las ciudades y del feudalismo de los campos, entre la vida que se va y la vida que se acerca. El *cantor* anda de pago en pago, "de tapera en galpón", can-
tando sus héroes de la Pampa, perseguidos por la justicia, los llantos de la viu-

47 *Churriador*: chorro, (arg.) ladrón, quien vive del hurto
48 *Real de una tropa*: feria de caballos

da a quienes los indios robaron sus hijos en un *malón* reciente, la derrota y la muerte del valiente Rauch[49], la catástrofe de Facundo Quiroga, y la suerte que cupo a Santos Pérez. El *cantor* está haciendo candorosamente el mismo trabajo de crónica, costumbres, historia, biografía que el bardo de la Edad Media; y sus versos serían recogidos más tarde como los documentos y datos en que habría de apoyarse el historiador futuro, si a su lado no estuviese otra sociedad culta con superior inteligencia de los acontecimientos, que la que el infeliz despliega en sus rapsodias ingenuas. En la República Argentina se ven a un tiempo dos civilizaciones distintas en un mismo suelo: una naciente, que sin conocimiento de lo que tiene sobre su cabeza, está remedando los esfuerzos ingenuos y populares de la Edad Media; otra que sin cuidarse de lo que tiene a sus pies, intenta realizar los últimos resultados de la civilización europea. El siglo XIX y el XII viven juntos; el uno, dentro de las ciudades, el otro en las campañas.

El *cantor* no tiene residencia fija: su morada está donde la noche le sorprende: su fortuna en sus versos y en su voz. Dondequiera que el *cielito* enreda sus parejas sin tasa, dondequiera que se apura una copa de vino, el *cantor* tiene su lugar preferente, su parte escogida en el festín. El gaucho argentino no bebe, si la música y los versos no lo excitan,[50] y cada *pulpería* tiene su guitarra para poner en manos del *cantor,* a quien el grupo de caballos estacionados a la puerta anuncia a lo lejos dónde se necesita el concurso de su gaya ciencia.

El *cantor* mezcla entre sus cantos heroicos la relación de sus propias hazañas. Desgraciadamente el *cantor,* con ser el bardo argentino, no está libre de tener que habérselas con la justicia. También tiene que dar la cuenta de sendas puñaladas que ha distribuido, una o dos *desgracias* (¡muertes!) que tuvo, y algún caballo o una muchacha que robó. El año 1840, entre un grupo de gauchos y a orillas del majestuoso Paraná, estaba sentado en el suelo, y con las piernas cruzadas, un cantor que tenía azorado y divertido a su auditorio con la larga y animada historia de sus trabajos y aventuras. Había ya contado lo del rapto de la querida, con los trabajos que sufrió; lo de la *desgracia,* y la disputa que la motivó; estaba refiriendo su encuentro con la partida y las puñaladas que en su defensa dio, cuando el tropel y los gritos de los soldados le avisaron que esta vez estaba cercado. La partida, en efecto, se había cerrado en forma de herradura; la abertura quedaba hacia el Paraná, que corría veinte varas más abajo, tal era la altura de la barranca. El *cantor* oyó la grita sin turbarse: viósele de improviso sobre el caballo, y echando una mirada escudriñadora sobre el círculo de sol-

---

49   *Rauch*: Federico (1790-1829) coronel, militar prusiano que había servido a las órdenes de Napoleón; contratado en 1819 por el gobierno de Bernardino Rivadavia para combatir a los indios fue muerto por los mapuches el 28 de marzo de 1829 en el paraje *Las Vizcacheras*

50   No es fuera de propósito recordar aquí las semejanzas notables que presentan los argentinos con los árabes. En Argel, en Orán, en Mascara y en los aduares del desierto, vi siempre a los árabes reunidos en cafés, por estarles prohibido el uso de los licores, apiñados en derredor del cantor, generalmente dos que se acompañan de la vihuela a dúo, recitando canciones nacionales plañideras como nuestros tristes. La rienda de los árabes es tejida de cuero y con azotera como las nuestras; el freno que usamos es el freno árabe, y muchas de nuestras costumbres revelan el contacto de nuestros padres con los moros de la Andalucía. De las fisonomías no se hable: algunos árabes he conocido, que jurara haberlos visto en mi país. *N. del A.*

dados con las tercerolas preparadas, vuelve el caballo hacia la barranca, le pone el poncho en los ojos y clávale las espuelas. Algunos instantes después se veía salir de las profundidades del Paraná, al caballo sin freno, a fin de que nadase con más libertad, y el *cantor* tomado de la cola, volviendo la cara quietamente, cual si fuera en un bote de ocho remos, hacia la escena que dejaba en la barranca. Algunos balazos de la partida no estorbaron que llegase sano y salvo al primer islote que sus ojos divisaron.

Por lo demás, la poesía original del *cantor* es pesada, monótona, irregular, cuando se abandona a la inspiración del momento. Más narrativa que sentimental, llena de imágenes tomadas de la vida campestre, del caballo y de las escenas del desierto, que la hacen metafórica y pomposa. Cuando refiere sus proezas o las de algún afamado malévolo, parécese al improvisador napolitano, desarreglado, prosaico de ordinario, elevándose a la altura poética por momentos, para caer de nuevo al recitado insípido y casi sin versificación. Fuera de esto, el *cantor* posee su repertorio de poesías populares: quintillas, décimas y octavas, diversos géneros de versos octosílabos. Entre éstas hay muchas composiciones de mérito, y que descubren inspiración y sentimiento.

Aún podría añadir a estos tipos originales muchos otros igualmente curiosos, igualmente locales, si tuviesen como los anteriores, la peculiaridad de revelar las costumbres nacionales, sin lo cual es imposible comprender nuestros personajes políticos, ni el carácter primordial y americano de la sangrienta lucha que despedaza a la República Argentina. Andando esta historia, el lector va a descubrir por sí solo dónde se encuentra el Rastreador, el Baqueano, el Gaucho Malo o el Cantor. Verá en los caudillos cuyos nombres han traspasado las fronteras argentinas, y aun en aquellos que llenan el mundo con el horror de su nombre, el reflejo vivo de la situación interior del país, sus costumbres y su organización.

Capítulo III

ASOCIACIÓN – LA PULPERÍA

Le "Gaucho" vit de privations, mais son luxe est la liberté. Fier d'une indépendance
sans bornes, ses sentiments, sauvages comme sa vie, sont pourtant nobles e bons.

Head

EL GAUCHO VIVE LLENO DE PRIVACIONES, PERO SU LUJO ES LA LIBERTAD. ORGULLOSO DE SU
INDEPENDENCIA SIN LÍMITES, SUS SENTIMIENTOS, SALVAJES COMO SU VIDA, SON, SIN EMBARGO,
NOBLES Y BUENOS.

En el capítulo primero hemos dejado al campesino argentino en el momento en que ha llegado a la edad viril, tal cual lo ha formado la naturaleza y la falta de verdadera sociedad en que vive. Le hemos visto hombre independiente de toda necesidad, libre de toda sujeción, sin ideas de gobierno, porque todo orden regular y sistemado se hace de todo punto imposible. Con estos hábitos de incuria, de independencia, va a entrar en otra escala de la vida campestre que, aunque vulgar, es el punto de partida de todos los grandes acontecimientos que vamos a ver desenvolverse muy luego.

No se olvide que hablo de los pueblos esencialmente pastores; que en éstos tomo la fisonomía fundamental, dejando las modificaciones accidentales que experimentan, para indicar a su tiempo los efectos parciales. Hablo de la asociación de estancias que, distribuidas de cuatro en cuatro leguas, más o menos, cubren la superficie de una provincia.

Las campañas agrícolas subdividen y diseminan también la sociedad, pero en una escala muy reducida: un labrador colinda con otro, y los aperos de la labranza y la multitud de instrumentos, aparejos, bestias que ocupa, lo variado de sus productos, y las diversas artes que la agricultura llama en su auxilio establecen relaciones necesarias entre los habitantes de un valle, y hacen indispensable un rudimento de villa que les sirva de centro. Por otra parte, los cuidados y faenas que la labranza exige requieren tal número de brazos, que la ociosidad se hace imposible, y los varones se ven forzados a permanecer en el recinto de la heredad. Todo lo contrario sucede en esta singular asociación. Los límites de la propiedad no están marcados; los ganados, cuanto más numerosos son, menos brazos ocupan; la mujer se encarga de todas las faenas domésticas y fabriles; el hombre queda desocupado, sin goces, sin ideas, sin atenciones forzosas; el hogar doméstico le fastidia, le expele, digámoslo así. Hay necesidad, pues, de una sociedad ficticia para remediar esta desasociación normal. El hábito, contraído desde la infancia de andar a caballo, es un nuevo estímulo para dejar la casa.

Los niños tienen el deber de echar caballos al corral apenas sale el sol; y todos los varones, hasta los pequeñuelos, ensillan su caballo, aunque no sepan qué hacerse. El caballo es una parte integrante del argentino de los campos; es para él lo que la corbata para los que viven en el seno de las ciudades. El año 41, el Chacho[51], caudillo de los Llanos, emigró a Chile. —¿Cómo le va, amigo? –le preguntaba uno. —¡Cómo me ha de ir –contestó, con el acento del dolor y la melancolía– en Chile y a pie! Sólo un gaucho argentino sabe apreciar todas las desgracias y todas las angustias que estas dos frases expresan.

Aquí vuelve a aparecer la vida árabe, tártara. Las siguientes palabras de Víctor Hugo parecen escritas en la Pampa:

> "No podría combatir a pie; no hace sino una sola persona con su caballo. Vive a caballo; trata, compra y vende a caballo; bebe, come, duerme y sueña a caballo." (*Le Rhin*)

Salen, pues, los varones sin saber fijamente adónde. Una vuelta a los ganados, una visita a una cría, o a la querencia de un caballo predilecto, invierte una pequeña parte del día; el resto lo absorbe una reunión en una venta o *pulpería*. Allí concurren cierto número de parroquianos de los alrededores; allí se dan y adquieren las noticias sobre los animales extraviados; trázanse en el suelo las marcas del ganado, sábese dónde caza el tigre, dónde se le han visto los rastros al león; allí se arman las carreras, se reconocen los mejores caballos; allí, en fin, está el cantor, allí se fraterniza por el circular de la copa y las prodigalidades de los que poseen.

En esta vida tan sin emociones, el juego sacude los espíritus enervados, el licor enciende las imaginaciones adormecidas. Esta asociación accidental de todos los días viene, por su repetición, a formar una sociedad más estrecha que la de donde partió cada individuo; y en esta asamblea sin objeto público, sin interés social, empiezan a echarse los rudimentos de las reputaciones que más tarde, y andando los años, van a aparecer en la escena política. Ved cómo.

El gaucho estima, sobre todas las cosas, las fuerzas físicas, la destreza en el manejo del caballo, y además el valor. Esta reunión, este *club* diario, es un

---

51   *El Chacho*: se refiere al General Ángel Vicente Peñaloza (1797-1863), caudillo riojano de notable prestigio. Rebelado contra Rosas en 1842 volvió a rebelarse levantando *montoneras* contra Mitre en 1861 y 1863. Fue ejecutado ese año mientras D. F. Sarmiento ocupaba el cargo de Director de la Guerra. Sarmiento escribió una interesante biografía del mismo (Stockcero ISBN 987-20506-9-4)

verdadero circo olímpico, en que se ensayan y comprueban los quilates del mérito de cada uno.

El *gaucho* anda armado del cuchillo que ha heredado de los españoles: esta peculiaridad de la Península, este grito característico de Zaragoza:[52] *¡Guerra a cuchillo!,* es aquí más real que en España. El cuchillo, a más de un arma, es un instrumento que le sirve para todas sus ocupaciones: no puede vivir sin él, es como la trompa del elefante, su brazo, su mano, su dedo, su todo. El gaucho, a la par de jinete, hace alarde de valiente, y el cuchillo brilla a cada momento, describiendo círculos en el aire, a la menor provocación, sin provocación alguna, sin otro interés que medirse con un desconocido; juega a las puñaladas, como jugaría a los dados. Tan profundamente entran estos hábitos pendencieros en la vida íntima del gaucho argentino, que las costumbres han creado sentimientos de honor y una esgrima que garantiza la vida. El hombre de la plebe de los demás países toma el cuchillo para matar, y mata; el gaucho argentino lo desenvaina para pelear, y hiere solamente. Es preciso que esté muy borracho, es preciso que tenga instintos verdaderamente malos, o rencores muy profundos, para que atente contra la vida de su adversario. Su objeto es sólo *marcarlo,* darle una tajada en la cara, dejarle una señal indeleble. Así, se ve a estos gauchos llenos de cicatrices, que rara vez son profundas. La riña, pues, se traba por brillar, por la gloria del vencimiento, por amor a la reputación. Ancho círculo se forma en torno de los combatientes, y los ojos siguen con pasión y avidez el centelleo de los puñales, que no cesan de agitarse un momento. Cuando la sangre corre a torrentes, los espectadores se creen obligados en conciencia a separarlos. Si sucede una *desgracia*[53], las simpatías están por el que se desgració[54]: el mejor caballo le sirve para salvarse a parajes lejanos, y allí lo acoge el respeto o la compasión. Si la justicia le da alcance, no es raro que haga frente, y si *corre* [55] *a la partida*[56], adquiere un renombre desde entonces, que se dilata sobre una ancha circunferencia. Transcurre el tiempo, el juez ha sido mudado, y ya puede presentarse de nuevo en su pago sin que se proceda a ulteriores persecuciones; está absuelto. Matar es una desgracia, a menos que el hecho se repita tantas veces que inspire horror el contacto del asesino. El estanciero D. Juan Manuel Rosas, antes de ser hombre público, había hecho de su residencia una especie de asilo para los homicidas, sin que jamás consintiese en su servicio a los ladrones; preferencias que se explicarían fácilmente por su carácter de gaucho propietario, si su conducta posterior no hubiese revelado afinidades que han llenado de espanto al mundo.

En cuanto a los juegos de equitación, bastaría indicar uno de los mu-

52   *Guerra a cuchillo*: en Mayo de 1808, tras la sublevación de Madrid contra la invasión napoleónica, el pueblo de Zaragoza se alzó en armas nombrando Capitán General a José de Palafox y Melci. Tras varios enfrentamientos con suertes diversas el General Verdier tomó el mando de las fuerzas napoleónicas y puso sitio a la ciudad por segunda vez. El día 4 de Agosto los franceses consiguieron entrar y Verdier envió un mensaje a Palafox ofreciéndole "Paz y capitulación", lo que le fue respondido con las palabras "Guerra a cuchillo".

53   *Desgracia*: muerte violenta

54   *Desgraciarse*: cometer el delito de matar a alguien

55   *Correr a*: enfrentar y vencer a alguien

56   *Partida*: piquete destacado para realizar alguna acción policial

chos en que se ejercitan, para juzgar del arrojo que para entregarse a ellos se requiere. Un gaucho pasa a todo escape por enfrente de sus compañeros. Uno le arroja un tiro de bolas, que en medio de la carrera maniata el caballo. Del torbellino de polvo que levanta éste al caer, vese salir al jinete corriendo seguido del caballo, a quien el impulso de la carrera interrumpida hace avanzar obedeciendo a las leyes de la física. En este pasatiempo se juega la vida, y a veces se pierde.

¿Creeráse que estas proezas y la destreza y la audacia en el manejo del caballo son la base de las grandes ilustraciones que han llenado con su nombre la República Argentina y cambiado la faz del país? Nada es más cierto, sin embargo. No es mi ánimo persuadir a que el asesinato y el crimen hayan sido siempre una escala de ascensos. Millares son los valientes que han parado en bandidos oscuros; pero pasan de centenares los que a esos hechos han debido su posición. En todas las sociedades despotizadas, las grandes dotes naturales van a perderse en el crimen; el *genio* romano que conquistara el mundo es hoy el terror de los Lagos Pontinos[57], y los Zumalacárregui[58], los Mina[59] españoles, se encuentran a centenares en Sierra Leona. Hay una necesidad para el hombre de desenvolver sus fuerzas, su capacidad y su ambición que, cuando faltan los medios legítimos, él se forja un mundo con su moral y sus leyes aparte, y en él se complace en mostrar que había nacido Napoleón o César.

Con esta sociedad, pues, en que la cultura del espíritu es inútil e imposible, donde los negocios municipales no existen, donde el bien público es una palabra sin sentido, porque no hay público, el hombre dotado eminentemente se esfuerza por producirse, y adopta para ello los medios y los caminos que encuentra. El gaucho será un malhechor o un caudillo, según el rumbo que las cosas tomen en el momento en que ha llegado a hacerse notable.

Costumbres de este género requieren medios vigorosos de represión, y para reprimir desalmados se necesitan jueces más desalmados aún. Lo que al principio dije del Capataz de carretas se aplica exactamente al juez de campaña. Ante toda otra cosa necesita valor: el terror de su nombre es más poderoso que

---

57 *Terror de los Lagos Pontinos*: se refiere al estadio social de las aldeas en la zona pantanosa del Lazio en la época desde el siglo X hasta fines del siglo VIIIa.C, momento en que siete de las aldeas situadas en el suelo romano se agrupan en la federación del Septimontium, etapa previa a la conquista etrusca, la posterior expulsión de sus reyes y el comienzo de la época republicana de Roma

58 *Los Zumalacárregui*: se refiere sólo a Tomás (1788-1835) que empezó como líder guerrillero carlista y llegó a general, famoso por su crueldad en la represión de los liberales; ya que Miguel Antonio (1773-1846) su hermano, fue un activo liberal moderado, participó en las Cortes de Cádiz y fue uno de los redactores de la Constitución de 1812, alcalde de San Sebastián, senador y ministro de Gracia y Justicia

59 *Los Mina*: se refiere a Francisco Espoz y Mina (1781-1836) un campesino quien a raíz de la invasión napoleónica de 1808 abandonó el campo enrolándose en el destacamento del inglés Doyle. Luego de la capitulacióin de la ciudad de Jaca se enroló en el "Corso terrestre de Navarra" dirigido por su sobrino Javier, a quien sucedió en el mando tras su captura. Principal artífice de la guerrilla navarra, tuvo en jaque a los ejércitos franceses tanto en su tierra como en Aragón, Guipúzcoa o Castilla. De credo liberal, durante el Trienio Liberal (1820-1823) se le nombró capitán general de Navarra, Galicia y Cataluña y luego virrey de Navarra (durante la regencia de María Cristina) luchando contra el carlismo

los castigos que aplica. El juez es naturalmente algún famoso de tiempo atrás a quien la edad y la familia han llamado a la vida ordenada. Por supuesto, que la justicia que administra es de todo punto arbitraria; su conciencia o sus pasiones lo guían, y sus sentencias son inapelables. A veces suele haber jueces de éstos, que lo son de por vida, y que dejan una memoria respetada. Pero la coincidencia de estos medios ejecutivos, y lo arbitrario de las penas, forman ideas en el pueblo sobre el poder de la *autoridad,* que más tarde viene a producir sus efectos. El juez se hace obedecer por su reputación de audacia temible, su autoridad, su juicio, sin formas, su sentencia, un *yo lo mando,* y sus castigos inventados por él mismo. De este desorden, quizá por mucho tiempo inevitable, resulta que el caudillo que en las revueltas llega a elevarse, posee sin contradicción y sin que sus secuaces duden de ello, el poder amplio y terrible que sólo se encuentra hoy en los pueblos asiáticos. El caudillo argentino es un Mahoma que pudiera a su antojo cambiar la religión dominante y forjar una nueva. Tiene todos los poderes: su injusticia es una desgracia para su víctima, pero no un abuso de su parte; porque él puede ser injusto; más todavía, él ha de ser injusto necesariamente; siempre lo ha sido.

Lo que digo del juez es aplicable al Comandante de Campaña. Este es un personaje de más alta categoría que el primero, y en quien han de reunirse en más alto grado las cualidades de reputación y antecedentes de aquél. Todavía una circunstancia nueva agrava, lejos de disminuir, el mal. El gobierno de las ciudades es el que da el título de Comandante de Campaña; pero como la ciudad es débil en el campo, sin influencia y sin adictos, el Gobierno echa mano de los hombres que más temor le inspiran, para encomendarles este empleo, a fin de tenerlos en su obediencia; manera muy conocida de proceder de todos los gobiernos débiles, y que alejan el mal del momento presente, para que se produzca más tarde en dimensiones colosales. Así, el Gobierno Papal hace transacciones con los bandidos, a quienes da empleos en Roma, estimulando con esto el bandalaje, y creándole un porvenir seguro: así, el Sultán concedía a Mehemet Alí[60] la investidura de Bajá de Egipto, para tener que reconocerlo más tarde rey hereditario, a trueque de que no lo destronase. Es singular que todos los caudillos de la revolución argentina han sido Comandantes de Campaña: López[61] e Ibarra[62], Artigas y Güemes[63], Facundo y Rosas. Es el punto de partida para todas las ambiciones. Rosas, cuando hubo apoderádose de la ciudad, exterminó a todos los Comandantes que lo habían

60 *Mehemet Ali*: (1769-1849) nacido en Kavaja (Albania) fue nombrado gobernador otomano (Wali) de Egipto en 1805 luego del retiro de Napoleón. Nominalmente era vasallo del sultán pero su poder le pertmitió actuar en forma independiente y dejar en herencia el cargo a sus hijos Ibrahim y Abbas.

61 *López*: Estamislao (1786-1838) Gobernador y Caudillo de la provincia de Santa Fe entre 1818 y 1838

62 *Ibarra*: Juan Felipe (1787-1851) político y militar argentino. Gobernador de Santiago del Estero, desde 1820 a 1830 y desde 1832 hasta su muerte. Secundó la política de Juan Manuel de Rosas, y en 1840 contribuyó a aplastar el levantamiento unitario de las provincias del norte argentino.

63 *Güemes*: Martin Miguel de (1785-1821) Militar argentino nacido en Salta. Actuó dante las invasiones inglesas al Río de la Plata en la defensa y reconquista de Buenos Aires. Defendió la frontera norte, rechazando con sus guerrillas gauchas nueve intentos de invasión enemiga. En 1815 fue designado gobernador de Salta y luego de Jujuy. Murió luchando con una partida de soldados españoles.

elevado, entregando este influyente cargo a hombres vulgares, que no pudiesen seguir el camino que él había traído: Pajarito, Celarrayán, Arbolito, Pancho el Ñato, Molina eran otros tantos Comandantes de que Rosas purgó al país.

Doy tanta importancia a estos pormenores, porque ellos servirán a explicar todos nuestros fenómenos sociales, y la revolución que se ha estado obrando en la República Argentina; revolución que está desfigurada por palabras del diccionario civil, que la disfrazan y ocultan creando ideas erróneas; de la misma manera que los españoles al desembarcar en América, daban un nombre europeo conocido a un animal nuevo que encontraban, saludando con el terrible de león, que trae al espíritu la magnanimidad y fuerza del rey de las bestias, al miserable gato llamado puma, que huye a la vista de los perros, y tigre al jaguar de nuestros bosques. Por deleznables e innobles que parezcan estos fundamentos que quiero dar a la guerra civil, la evidencia vendrá luego a mostrar cuán sólidos e indestructibles son. La vida de los campos argentinos, tal como la he mostrado, no es un accidente vulgar; es un orden de cosas, un sistema de asociación, característico, normal, único, a mi juicio, en el mundo, y él solo basta para explicar toda nuestra revolución. Había antes de 1810 en la República Argentina dos sociedades distintas, rivales e incompatibles, dos civilizaciones diversas; la una española europea culta, y la otra, bárbara, americana, casi indígena; y la revolución de las ciudades sólo iba a servir de causa, de móvil, para que estas dos maneras distintas de ser de un pueblo se pusiesen en presencia una de otra, se acometiesen, y después de largos años de lucha, la una absorbiese a la otra. He indicado la asociación normal de la campaña, la desasociación, peor mil veces que la tribu nómade; he mostrado la asociación ficticia, en la desocupación, la formación de las reputaciones gauchas: valor, arrojo, destreza, violencias y oposición a la justicia regular, a la justicia civil de la ciudad. Este fenómeno de organización social existía en 1810, existe aún modificado en muchos puntos, modificándose lentamente en otros, e intacto en muchos aún. Estos focos de reunión del gauchaje valiente, ignorante, libre y desocupado estaban diseminados a millares en la campaña. La revolución de 1810 llevó a todas partes el movimiento y el rumor de las armas. La vida pública, que hasta entonces había faltado a esta asociación árabe–romana, entró en todas las ventas, y el movimiento revolucionario trajo al fin la asociación bélica en la *montonera* provincial, hija legítima de la venta y de la estancia, enemiga de la ciudad y del ejército patriota revolucionario. Desenvolviéndose los acontecimientos, veremos las *montoneras* provinciales con sus caudillos a la cabeza; en Facundo Quiroga últimamente, triunfante en todas partes la campaña sobre las ciudades, y dominadas éstas en su espíritu, gobierno, civilización, formarse al fin el Gobierno Central Unitario despótico del estanciero D. Juan Manuel Rosas, que clava en la culta Buenos Aires el cuchillo del gaucho, y destruye la obra de los siglos, la civilización, las leyes y la libertad.

Capítulo IV

REVOLUCIÓN DE 1810

*"Cuando la batalla empieza, el tártaro da un grito terrible, llega,
hiere, desaparece, y vuelve como el rayo."*

Víctor Hugo

He necesitado andar todo el camino que dejo recorrido para llegar al punto en que nuestro drama comienza. Es inútil detenerse en el carácter, objeto y fin de la Revolución de la Independencia. En toda la América fueron los mismos, nacidos del mismo origen, a saber: el movimiento de las ideas europeas. La América obraba así porque así obraban todos los pueblos. Los libros, los acontecimientos, todo llevaba a la América a asociarse a la impulsión que a la Francia habían dado Norte–América y sus propios escritores [64]; a la España, la Francia y sus libros. Pero lo que necesito notar para mi objeto es que la revolución, excepto en su símbolo exterior, independencia del rey, era sólo interesante e inteligible para las ciudades argentinas, extraña y sin prestigio para las campañas. En las ciudades había libros, ideas, espíritu municipal, juzgados, derechos, leyes, educación, todos los puntos de contacto y de mancomunidad que tenemos con los europeos; había una base de organización, incompleta, atrasada, si se quiere; pero precisamente, porque era incompleta, porque no estaba a la altura de lo que ya se sabía que podía llegar a ser, se adoptaba la revolución con entusiasmo. Para las campañas, la revolución era un problema; sustraerse a la autoridad del rey era agradable, por cuanto era sustraerse a la autoridad. La campaña pastora no podía mirar la cuestión bajo otro aspecto. Libertad, responsabilidad del poder, todas las cuestiones que la revolución se proponía resolver eran extrañas a su manera de vi-

---

64 posiblemente se refiera a Thomas Paine (1737-1809), cuya obra *Common Sense*, aparecida en América en 1776, animó a los colonos americanos a alcanzar su independencia. En 1791 ya famoso por haber sido el publicista más eficiente al servicio de la independencia americana publicó en Inglaterra –y poco después en Francia– *The Rights of Man* (*Les Droits de l'homme*) obra con la que se erige en el más ardiente propagandista de la Revolu-ción francesa.

vir, a sus necesidades. Pero la revolución le era útil en este sentido, que iba a dar objeto y ocupación a ese exceso de vida que hemos indicado, y que iba a añadir un nuevo centro de reunión, mayor que el tan circunscrito a que acudían diariamente los varones en toda la extensión de las campañas.

Aquellas constituciones espartanas, aquellas fuerzas físicas tan desenvueltas, aquellas disposiciones guerreras que se malbarataban en puñaladas y tajos entre unos y otros, aquella desocupación romana[65], a que sólo faltaba un Campo de Marte para ponerse en ejercido activo, aquella antipatía a la autoridad con quien vivían en continua lucha, todo encontraba al fin camino por donde abrirse paso y salir a la luz, ostentarse y desenvolverse.

Empezaron, pues, en Buenos Aires los movimientos revolucionarios, y todas las ciudades del interior respondieron con decisión al llamamiento. Las campañas pastoras se agitaron y adhirieron al impulso. En Buenos Aires empezaron a formarse ejércitos pasablemente disciplinados para acudir al Alto Perú y a Montevideo, donde se hallaban las fuerzas españolas mandadas por el general Vigodet. El general Rondeau puso sitio a Montevideo con un ejército disciplinado: concurría al sitio Artigas, caudillo célebre, con algunos millares de gauchos. Artigas había sido contrabandista temible hasta 1804, en que las autoridades civiles de Buenos Aires pudieron ganarlo, y hacerle servir en carácter de COMANDANTE DE CAMPAÑA, en apoyo de esas mismas autoridades a quienes había hecho la guerra hasta entonces. Si el lector no se ha olvidado del Baqueano y de las cualidades generales que constituyen el candidato para la Comandancia de campaña, comprenderá fácilmente el carácter a instintos de Artigas. Un día Artigas con sus gauchos se separó del general Rondeau y empezó a hacerle la guerra. La posición de éste era la misma que hoy tiene Oribe sitiando a Montevideo y haciendo a retaguardia frente a otro enemigo. La única diferencia consistía en que Artigas era enemigo de los patriotas y de los realistas a la vez. Yo no quiero entrar en la averiguación de las causas o pretextos que motivaron este rompimiento; tampoco quiero darle nombre ninguno de los consagrados en el lenguaje de la política, porque ninguno le conviene. Cuando un pueblo entra en revolución, dos intereses opuestos luchan al principio; el revolucionario y el conservador: entre nosotros se han denominado los partidos que los sostenían, patriotas y realistas. Natural es que después del triunfo el partido vencedor se subdivida en fracciones de moderados y exaltados; los unos que querrían llevar la revolución en todas sus consecuencias, los otros que querrían mantenerla en ciertos límites. También es del carácter de las revoluciones que el partido vencido primitivamente vuelva a reorganizarse y triunfar a merced de la división de los vencedores. Pero cuando en una revolución una de las fuerzas llamadas en su auxilio se desprende inmediatamente, forma una tercera entidad, se muestra indiferentemente hostil a unos y a otros combatientes (a realistas o patriotas),

---

65   *Desocupación romana*: los antiguos romanos con la palabra "otium" hacían referencia al período de la jornada que dedicaban a cultivar las aptitudes para la vida cotidiana. Durante el tiempo de "nec-otium" (literalmente no otium), los ciudadanos se dedicaban a la política y a la guerra. Fuera de Roma el otium se organizaba a través de actividades placenteras como el cultivo de tierras, el aprendizaje cultural o los amigos. En la urbe, el tiempo de otium estaba organizado a través de los juegos o "ludi circenses" y "ludi scaenici"

esta fuerza que se separa es heterogénea; la sociedad que la encierra no ha conocido hasta entonces su existencia, y la revolución sólo ha servido para que se muestre y desenvuelva.

Este era el elemento que el célebre Artigas ponía en movimiento; instrumento ciego, pero lleno de vida, de instintos hostiles a la civilización europea y a toda organización regular; adverso a la monarquía como a la república, porque ambos venían de la ciudad, y traían aparejado un orden y la consagración de la autoridad. ¡De este instrumento se sirvieron los partidos diversos de las ciudades cultas, y principalmente el menos revolucionario, hasta que andando el tiempo, los mismos que lo llamaron en su auxilio, sucumbieron, y con ellos, la Ciudad, sus ideas, su literatura, sus colegios, sus tribunales, su civilización!

Este movimiento espontáneo de las campañas pastoriles fue tan ingenuo en sus primitivas manifestaciones, tan genial y tan expresivo de su espíritu y tendencias, que abisma hoy el candor de los partidos de las ciudades que lo asimilaron a su causa y lo bautizaron con los nombres políticos que a ellos los dividían. La fuerza que sostenía a Artigas en Entre Ríos era la misma que, en Santa Fe a López, en Santiago a Ibarra, en los Llanos a Facundo. El individualismo constituía su esencia, el caballo, su arma exclusiva, la Pampa inmensa su teatro. Las hordas beduinas que hoy importunan con su algazara y depredaciones las fronteras de la Argelia, dan una idea exacta de la montonera argentina, de que se han servido hombres sagaces o malvados insignes. La misma lucha de civilización y barbarie de la ciudad y el desierto, existe hoy en Africa; los mismos personajes, el mismo espíritu, la misma estrategia indisciplinada, entre la horda y la montonera. Masas inmensas de jinetes que vagan por el desierto, ofreciendo el combate a las fuerzas disciplinadas de las ciudades, si se sienten superiores en fuerza; disipándose como las nubes de cosacos, en todas direcciones, si el combate es igual siquiera, para reunirse de nuevo, caer de improviso sobre los que duermen, arrebatarles los caballos, matar los rezagados y las partidas avanzadas. Presentes siempre, intangibles, por su falta de cohesión, débiles en el combate, pero fuertes e invencibles en una larga campaña, en que al fin la fuerza organizada, el ejército sucumbe diezmado por los encuentros parciales, las sorpresas, la fatiga, la extenuación.

La montonera, tal como apareció en los primeros días de la República bajo las órdenes de Artigas, presentó ya ese carácter de ferocidad brutal y ese espíritu terrorista que al inmortal bandido, al estanciero de Buenos Aires, estaba reservado convertir en un sistema de legislación aplicado a la sociedad culta, y presentarlo en nombre de la América avergonzada, a la contemplación de la Europa. Rosas no ha inventado nada; su talento ha consistido sólo en plagiar a sus antecesores, y hacer de los instintos brutales de las masas ignorantes un sistema meditado y coordinado fríamente. La correa de cuero sacada al coronel Maciel [66] y de que Rosas se ha hecho una *manea* [67] que han visto Agentes extranjeros, tiene sus antecedentes en Artigas y en los demás caudillos bár-

---

66 *Coronel Maciel*: oficial del general Lavalle, que en campaña usaba la barba extremadamente crecida. Hecho prisionero por los soldados de Oribe en la provincia de Corrientes, fué degollado y arrancada la piel del espinazo y del rostro para ser enviada de regalo a Rosas

67 *Manea*: o maniota, cuerda o cinta de cuero con que se atan las manos a las bestias para que no huyan

baros, tártaros. La montonera de Artigas *enchalecaba* a sus enemigos; esto es, los cosía dentro de un retobo de cuero fresco, y los dejaba así abandonados en los campos. El lector suplirá todos los horrores de esta muerte lenta. El año 36 se ha repetido este horrible castigo con un coronel del ejército. El ejecutar con el cuchillo *degollando* y no fusilando, es un instinto de carnicero que Rosas ha sabido aprovechar para dar todavía a la muerte formas gauchas, y al asesino placeres horribles; sobre todo para cambiar las formas *legales* y admitidas en las sociedades cultas, por otras que él llama americanas, y en nombre de las cuales invita a la América para que salga a su defensa, cuando los sufrimientos del Brasil, del Paraguay, del Uruguay, invocan la alianza de los poderes europeos, a fin de que les ayuden a librarse de este caníbal que ya los invade con sus hordas sanguinarias. ¡No es posible mantener la tranquilidad de espíritu necesaria para investigar la verdad histórica, cuando se tropieza a cada paso con la idea de que ha podido engañarse a la América y a la Europa tanto tiempo con un sistema de asesinatos y crueldades, tolerables tan sólo en Ashanty o Dahomai en el interior de Africa!

Tal es el carácter que presenta la montonera desde su aparición; género singular de guerra y enjuiciamiento que sólo tiene antecedentes en los pueblos asiáticos que habitan las llanuras, y que no ha debido nunca confundirse con los hábitos, ideas y costumbres de las ciudades argentinas, que eran como todas las ciudades americanas, una continuación de la Europa y de la España. La montonera sólo puede explicarse examinando la organización íntima de la sociedad de donde procede. Artigas, baqueano, contrabandista, esto es, haciendo la guerra a la sociedad civil, a la ciudad, Comandante de campaña por transacción, caudillo de las masas de a caballo, es el mismo tipo que con ligeras variantes continúa reproduciéndose en cada Comandante de campaña que ha llegado a hacerse caudillo. Como todas las guerras civiles en que profundas desemejanzas de educación, creencias y objetos dividen a los partidos, la guerra interior de la República Argentina ha sido larga, obstinada, hasta que uno de los elementos ha vencido. La guerra de la revolución argentina ha sido doble: 1° guerra de las ciudades iniciadas en la cultura europea contra los españoles, a fin de dar mayor ensanche a esa cultura; 2° guerra de los caudillos contra las ciudades, a fin de librarse de toda sujeción civil, y desenvolver su carácter y su odio contra la civilización. Las ciudades triunfan de los españoles, y las campañas de las ciudades. He aquí explicado el enigma de la Revolución Argentina, cuyo primer tiro se disparó en 1810 y el último aún no ha sonado todavía.

No entraré en todos los detalles que requiriría este asunto: la lucha es más o menos larga; unas ciudades sucumben primero, otras después. La vida de Facundo Quiroga nos proporcionará ocasión de mostrarlos en toda su desnudez. Lo que por ahora necesito hacer notar es que, con el triunfo de estos caudillos, toda forma *civil,* aun en el estado en que la usaban los españoles, ha desaparecido, totalmente en unas partes; en otras, de un modo parcial, pero caminando visiblemente a su destrucción. Los pueblos en masa no son capaces de comparar distintamente unas épocas con otras; el momento presente es para ellos el único sobre el cual se extienden sus miradas: así es como nadie ha observado hasta ahora la destrucción de las ciudades y su decadencia; lo mismo que no prevén la barbarie total a que marchan visiblemente los pueblos del interior. Buenos Aires es tan poderosa en elementos de civilización europea, que concluirá al fin con educar a Rosas, y contener sus instintos sanguinarios y bárbaros. El alto puesto que ocupa, las relaciones con los gobiernos europeos, la necesidad en que se ha visto de respetar a los extranjeros, la de mentir por la prensa, y negar las atrocidades que ha cometido, a fin de salvarse de la reprobación universal que lo persigue, todo, en fin, contribuirá a contener sus desafueros, como ya se está sintiendo; sin que eso estorbe que Buenos Aires venga a ser, como La Habana, el pueblo más rico de América, pero también el más subyugado y más degradado.

Cuatro son las ciudades que han sido aniquiladas ya por el dominio de los caudillos que sostienen hoy a Rosas; a saber: Santa Fe, Santiago del Estero, San Luis y La Rioja. Santa Fe, situada en la confluencia del Paraná y otro río navegable que desemboca en sus inmediaciones, es uno de los puntos más favorecidos de la América, y sin embargo, no cuenta hoy con dos mil almas; San Luis, capital de una provincia de cincuenta mil habitantes, y donde no hay más ciudad que la capital, no tiene mil quinientas.

Para hacer sensible la ruina y decadencia de la civilización, y los rápidos progresos que la barbarie hace en el interior necesito tomar dos ciudades: una ya aniquilada, la otra caminando sin sentirlo a la barbarie: La Rioja y San Juan. La Rioja no ha sido en otro tiempo una ciudad de primer orden; pero, comparada con su estado presente, la desconocerían sus mismos hijos. Cuando principió la revolución de 1810, contaba con un crecido número de capitalistas y personajes notables que han figurado de un modo distinguido en las armas, en el foro, en la tribuna, en el púlpito. De La Rioja ha salido el Dr. Castro Barros, diputado al Congreso de Tucumán y canonista célebre; el General Dávila, que libertó a Copiapó del poder de los españoles en 1817; el general Ocampo, Presidente de Charcas; el Dr. D. Gabriel Ocampo, uno de los abogados más célebres del foro argentino, y un número crecido de abogados del apellido de Ocampo, Dávila y García, que existen hoy desparramados por el territorio chileno, como varios sacerdotes de luces, entre ellos el Dr. Gordillo, residente en el Huasco.

Para que una provincia haya podido producir en una época dada tantos hombres eminentes o ilustrados, es necesario que las luces hayan estado difundidas sobre un número mayor de individuos, y sido respetadas, y solicitadas con ahínco. Si en los primeros días de la revolución sucedía esto, ¿cuál no debería ser el acrecentamiento de luces, riqueza y población que hoy día debiera notarse, si un espantoso retroceso a la barbarie no hubiese impedido a aquel pobre pueblo continuar su desenvolvimiento? ¿Cuál es la ciudad chilena, por insignificante que sea, que no pueda enumerar los progresos que ha hecho en diez años en ilustración, aumento de riqueza y ornato, sin excluir aún de este número las que han sido destruidas por los terremotos?

Pues bien; veamos el estado de La Rioja, según las soluciones dadas a uno de los muchos interrogatorios que he dirigido para conocer a fondo los hechos sobre que fundo mis teorías. Aquí es una persona respetable la que habla, ignorando siquiera el objeto con que interrogo sus recientes recuerdos, porque sólo hace cuatro meses que dejó La Rioja.

1ª   ¿A qué número ascenderá, aproximadamente, la población actual de la ciudad de La Rioja?

R.   *Apenas a mil quinientas almas. Se dice que sólo hay quince varones residentes en la ciudad.*

2ª   ¿Cuántos ciudadanos notables residen en ella?

R.   *En la ciudad serán seis u ocho.*

3ª   ¿Cuántos abogados tienen estudio abierto?

R.   *Ninguno.*

4ª   ¿Cuántos médicos asisten a los enfermos?

R.   *Ninguno.*

5ª   ¿Qué jueces letrados hay?

R.   *Ninguno.*

6ª   ¿Cuántos hombres visten frac?

R.   *Ninguno.*

7ª   ¿Cuántos jóvenes riojanos están estudiando en Córdoba o Buenos Aires?

R   *Sólo sé de uno.*

8ª   ¿Cuántas escuelas hay, y cuántos niños asisten?

R   *Ninguna.*

9ª   ¿Hay algún establecimiento público de caridad?

R.   *Ninguno, ni escuela de primeras letras. El único religioso franciscano que hay en aquel convento tiene algunos niños.*

10.   ¿Cuántos templos arruinados hay?

R.   *Cinco: sólo la Matriz sirve de algo.*

11   ¿Se edifican casas nuevas?

R.   *Ninguna, ni se reparan las caídas.*

12.   ¿Se arruinan las existentes?

R.   *Cuasi todas, porque las avenidas de las calles son tantas.*

13.   ¿Cuántos sacerdotes se han ordenado?

R.   *En la ciudad sólo dos mocitos: uno es clérigo cura, otro es religioso de Catamarca.*

En la provincia cuatro más.

14. ¿Hay grandes fortunas de a cincuenta mil pesos? ¿Cuántas de a veinte mil?
R. *Ninguna; todos pobrísimos.*

15. ¿Ha aumentado o disminuido la población?
R. *Ha disminuido más de la mitad.*

16. ¿Predomina en el pueblo algún sentimiento de terror?
R. *Máximo. Se teme hablar aun lo inocente.*

17. La moneda que se acuña ¿es de buena ley?
R. *La provincial es adulterada.*

Aquí los hechos hablan con toda su triste y espantosa severidad. Sólo la historia de las conquistas de los mahometanos sobre la Grecia presenta ejemplos de una *barbarización,* de una destrucción tan rápida. ¡Y esto sucede en América en el siglo XIX! ¡Es la obra de sólo veinte años, sin embargo! Lo que conviene a La Rioja es exactamente aplicable a Santa Fe, a San Luis, a Santiago del Estero, esqueletos de ciudades, villorrios decrépitos y devastados. En San Luis hace diez años que sólo hay un sacerdote, y que no hay escuela ni una persona que lleve frac. Pero vamos a juzgar en San Juan la suerte de las ciudades que han escapado a la destrucción, pero que van *barbarizándose* insensiblemente.

San Juan es una provincia agrícola y comerciante exclusivamente; el no tener campaña la ha librado por largo tiempo del dominio de los caudillos. Cualquiera que fuese el partido dominante, gobernador y empleados eran tomados de la parte educada de la población hasta el año 1833, en que Facundo Quiroga colocó a un hombre vulgar en el Gobierno[68]. Este, no pudiéndose sustraer a la influencia de las costumbres civilizadas que prevalecían a despecho en el poder, se entregó a la dirección de la parte culta, hasta que fue vencido por Brizuela[69], jefe de los riojanos, sucediéndole el general Benavides[70], que conserva el mando hace nueve años, no ya como una magistratura periódica, sino como propiedad suya. San Juan ha crecido en población a causa de los progresos de la agricultura, y de la emigración de La Rioja y San Luis, que huye del hambre y de la miseria. Sus edificios se han aumentado sensiblemente; lo que prueba toda la riqueza de aquellos países, y cuánto podrían progresar si el Gobierno cuidase de fomentar la instrucción y la cultura, únicos medios de elevar a un pueblo.

El despotismo de Benavides es blando y pacífico, lo que mantiene la quietud y la calma en los espíritus. Es el único caudillo de Rosas que no se ha hartado de sangre, pero no por eso se hace sentir menos la influencia *barbarizadora* del sistema actual.

En una población de cuarenta mil habitantes reunidos en una ciudad, no hay hoy un solo abogado hijo del país ni de las otras provincias.

68 Se refiere a José Martín Yanzón, quien gobernó La Rioja entre 1834 y 1836.
69 *Brizuela*: Tomás (?-1841) gobernador de La Rioja entre 1837 y 1841
70 *General Benavídez*: José Nazario Benavides Balmaceda (1791-1858) quien fuera gobernador tres veces entre 1836 y 1854 con cortas interrupciones en 1841,

Todos los tribunales están desempeñados por hombres que no tienen el más leve conocimiento del derecho, y que son además hombres negados en toda la extensión de la palabra. No hay establecimiento ninguno de educación pública. Un colegio de señoras fue cerrado en 1840; tres de hombres han sido abiertos y cerrados sucesivamente de 40 al 43, por la indiferencia y aun hostilidad del Gobierno.

Sólo tres jóvenes se están educando fuera de la provincia.

Sólo hay un médico sanjuanino.

No hay tres jóvenes que sepan inglés, ni cuatro que hablen francés.

Uno solo hay que ha cursado matemáticas.

Un solo joven hay que posee una instrucción digna de un pueblo culto, el señor Rawson, distinguido ya por sus talentos extraordinarios. Su padre es norteamericano, y a esto ha debido recibir educación.

No hay diez ciudadanos que sepan más que leer y escribir.

No hay un militar que haya servido en ejércitos de línea fuera de la República.[71]

¿Creeráse que tanta mediocridad es natural a una ciudad del interior? ¡No! Ahí está la tradición para probar lo contrario. Veinte años atrás, San Juan era uno de los pueblos más cultos del interior, y ¿cuál no debe ser la decadencia y postración de una ciudad americana, para ir a buscar sus épocas brillantes veinte años atrás del momento presente?

El año 1831 emigraron a Chile doscientos ciudadanos jefes de familia, jóvenes, literatos, abogados, militares, etcétera. Copiapó, Coquimbo, Valparaíso y el resto de la República están llenos aún de estos nobles proscriptos, capitalistas algunos, mineros inteligentes otros, comerciantes y hacendados muchos, abogados, médicos varios. Como en la dispersión de Babilonia, todos éstos no volvieron a ver la tierra prometida. ¡Otra emigración ha salido, para no volver, en 1840!

San Juan había sido hasta entonces suficientemente rico en hombres civilizados para dar al célebre Congreso de Tucumán un presidente de la capacidad y altura del Dr. Laprida, que murió más tarde asesinado por los Aldao[72]; un prior a la Recoleta Dominica de Chile, en el distinguido sabio y patriota Oro, después obispo de San Juan; un ilustre patriota, D. Ignacio de la Roza, que preparó con San Martín la expedición a Chile, y que derramó en su país las semillas de la igualdad de clases prometida por la revolución; un

71   Desde 1845 en que se escribió este libro, hasta la fecha, ha habido en la provincia de San Juan una reacción saludable. Hay hoy un colegio de hombres, otro de señoras; y la honorable Junta de Representantes acaba de declarar la educación primaria para ambos sexos, instituición pública de la provincia. Mas de veinte jóvenes estudian en Buenos Aires, Córdoba y Chile, para dedicarse a las carreras de abogados o médicos. La música y el dibujo se han generalizado notablemente en ambos sexos y los artesanos y otras clases de la sociedad gustan de llevar paletó, tuína, o levita, lo que indica una buena dirección del espíritu público a mejorar de condición. Los hombres de acción han sido anulados por el tiempo y su propia ineptitud, viéndose obligado el gobierno a poner en los empleos personas de viso, que sin ser salvajes, tienen aversión a la violencia y al avasallamiento, *N. del A.*

72   *Los Aldao*: actuaron en las guerras civiles entre 1820 a 1840; Francisco (1787-1829), José Félix (1785-1845), conocido como el general Aldao (por su rango militar) o padre Aldao –siendo religioso San Martín lo designó capellán del Ejército de los Andes, no retornando nunca a sus deberes sacerdotales – y José (1788-1830)

ministro al Gobierno de Rivadavia[73]; un ministro a la Legación Argentina en D. Domingo Oro, cuyos talentos diplomáticos no son aún debidamente apreciados; un diputado al Congreso de 1826 en el ilustrado sacerdote Vera; un diputado a la Convención de Santa Fe en el presbítero Oro, orador de nota; otro a la de Córdoba en D. Rudecindo Rojo, tan eminente por sus talentos y genio industrial, como por su grande instrucción; un militar al ejército, entre otros, en el coronel Rojo, que ha salvado dos provincias sofocando motines con sólo su serena audacia, y de quien el general Paz, juez competente en la materia, decía que sería uno de los primeros generales de la República. San Juan poseía entonces un teatro y compañía permanente de actores. Existen aún los restos de seis o siete bibliotecas de particulares en que estaban reunidas las principales obras del siglo XVIII, y las traducciones de las mejores obras griegas y latinas. Yo no he tenido otra instrucción hasta el año 36, que la que esas ricas, aunque truncas bibliotecas, pudieron proporcionarme. Era tan rico San Juan en hombres de luces el año 1825, que la Sala de Representantes contaba con seis oradores de nota. ¡Los miserables aldeanos que hoy deshonran la Sala de Representantes de San Juan, en cuyo recinto se oyeron oraciones tan elocuentes y pensamientos tan elevados, que sacuden el polvo de las actas de aquellos tiempos y huyan avergonzados de estar profanando con sus diatribas aquel augusto santuario!

Los juzgados, el Ministerio estaban servidos por letrados, y quedaba suficiente número para la defensa de los intereses de las partes.

La cultura de los modales, el refinamiento de las costumbres, el cultivo de las letras, las grandes empresas comerciales, el espíritu público de que estaban animados los habitantes, todo anunciaba al extranjero la existencia de una sociedad culta, que caminaba rápidamente a elevarse a un rango distinguido, lo que daba lugar para que las prensas de Londres divulgasen por América y Europa este concepto honroso: "... manifiestan las mejores disposiciones para hacer progresos en la civilización: en el día se considera a este pueblo como el que sigue a Buenos Aires más inmediatamente en la marcha de la reforma social: allí se han adoptado varias de las instituciones nuevamente establecidas en Buenos Aires, en proporción relativa, y en la reforma eclesiástica, han hecho los sanjuaninos progresos extraordinarios, incorporando todos los regulares al clero secular, y extinguiendo los conventos que aquéllos tenían...".

Pero lo que dará una idea más completa de la cultura de entonces es el estado de la enseñanza primaria. Ningún pueblo de la República Argentina se ha distinguido más que San Juan en su solicitud por difundirla, ni hay otro que haya obtenido resultados más completos. No satisfecho el gobierno de la capacidad de los hombres de la provincia para desempeñar cargo tan impor-

---

73 *Rivadavia*: Bernardino (1780-1845) Estadista unitario que trató de desarrollar e institucionalizar la nueva nación argentina de acuerdo con las ideologías europeas liberales. Fue secretario de Guerra del Primer Triunvirato, el ministro predominante en el gabinete de Martín Rodríguez en 1821 y presidente de la Nación (1826-1827) ocasión en la cual redactó una Constitución. Durante su presidencia también hizo frente a la guerra con el Brasil por las rivalidades en el Uruguay. Enfrentado con mucha gente por razones personales y políticas (su política religiosa generó la reacción liderada por Quiroga baje el lema de "Religión o Muerte") renunció en 1827.

tante, mandó traer de Buenos Aires el año 1815 un sujeto que reuniese a una instrucción competente, mucha moralidad. Vinieron unos señores Rodríguez, tres hermanos dignos de rolar con las primeras familias del país, y en las que se enlazaron; tal era su mérito y la distinción que se les prodigaba. Yo, que hago profesión hoy de la enseñanza primaria, que he estudiado la materia, puedo decir que si alguna vez se ha realizado en América algo parecido a las famosas escuelas holandesas descritas por M. Cousin, es en la de San Juan. La educación moral y religiosa era acaso superior a la instrucción elemental que allí se daba; y no atribuyo a otra causa el que en San Juan se hayan cometido tan pocos crímenes, ni la conducta moderada del mismo Benavides, sino a que la mayor parte de los sanjuaninos, él incluso, han sido educados en esa famosa escuela, en que los preceptos de la moral se inculcaba a los alumnos con una especial solicitud. Si estas páginas llegan a manos de D. Ignacio y de D. Roque Rodríguez, que reciban este débil homenaje que creo debido a los servicios eminentes hechos por ellos, en asocio de su finado hermano D. José, a la cultura y moralidad de un pueblo entero.

Esta es la historia de las *ciudades* argentinas. Todas ellas tienen que reivindicar glorias, civilización y notabilidades pasadas. Ahora el nivel *barbarizador* pesa sobre todas ellas. La barbarie del interior ha llegado a penetrar hasta las calles de Buenos Aires. Desde 1810 hasta 1840 las provincias que encerraban en sus ciudades tanta civilización, fueron demasiado bárbaras, empero, para destruir con su impulso la obra colosal de la Revolución de la Independencia. Ahora que nada les queda de los que en hombres, luces e instituciones tenían, ¿qué va ser de ellas? La ignorancia y la pobreza, que es la consecuencia, están como las aves mortecinas, esperando que las ciudades del interior den la última boqueada, para devorar su presa, para hacerlas campo, estancia. Buenos Aires puede volver a ser lo que fue; porque la civilización europea es tan fuerte allí, que a despecho de las brutalidades del Gobierno se ha de sostener. Pero en las provincias ¿en qué se apoyará? Dos siglos no bastarán para volverlas al camino que han abandonado, desde que la generación presente educa a sus hijos en la barbarie que a ella le ha alcanzado. Pregúntasenos ahora, ¿por qué combatimos? Combatimos por volver a las ciudades su vida propia.

PARTE SEGUNDA

Capítulo V

VIDA DE JUAN FACUNDO QUIROGA

Au surplus, ces traits appartiennent au caractère original du genre humain. L'homme de la nature, et qui n'a pas encore appris à contenir ou déguiser ses passions, les montre dans toute leur énergie, et se livre à toute leur impétuosité.
Alix
Histoire de l'Empire Ottoman

POR LO DEMÁS, ESOS RASGOS PERTENECEN AL CARÁCTER ORIGINAL DEL GÉNERO HUMANO. EL HOMBRE DE LA NATURALEZA, Y QUE NO HA APRENDIDO A CONTENER O A DISFRAZAR SUS PASIONES, LAS MUESTRA EN TODA SU ENERGÍA, Y SE LIBRA A TODA SU IMPETUOSIDAD.

INFANCIA Y JUVENTUD

Media entre las ciudades de San Luis y San Juan un dilatado desierto, que por su falta completa de agua, recibe el nombre de travesía. El aspecto de aquellas soledades es por lo general triste y desamparado, y el viajero que viene del Oriente no pasa la última represa o aljibe de campo, sin proveer sus chifles [74] de suficiente cantidad de agua. En esta travesía tuvo una vez lugar la extraña escena que sigue: Las cuchilladas tan frecuentes entre nuestros gauchos habían forzado a uno de ellos a abandonar precipitadamente la ciudad de San Luis, y ganar la travesía a pie, con la montura al hombro, a fin de escapar de las persecuciones de la justicia. Debían alcanzarlo dos compañeros tan luego como pudieran robar caballos para los tres. No eran por entonces sólo el hambre o la sed los peligros que le aguardaban en el desierto aquel, que un tigre cebado andaba hacía un año siguiendo los rastros de los viajeros, y pasaban ya de ocho los que habían sido víctimas de su predilección por la carne humana. Suele ocurrir a veces en aquellos países en que la fiera y el hombre se disputan el dominio de la naturaleza, que éste cae bajo la garra sangrienta de aquélla: entonces el tigre empieza a gustar de preferencia su carne, y se llama cebado cuando se ha dado a este nuevo género de caza, la caza de hombres. El juez de la campaña inmediata al teatro de sus devastaciones convoca a los varones hábiles para la correría, y bajo su autoridad y dirección se hace la persecución del tigre cebado, que ra-

---

74 *Chifle*: frasco confeccionado con un cuerno de buey cerrado con una boquilla. Servía para llevar agua o pólvora fina, indistintamente

ra vez escapa a la sentencia que lo pone fuera de la ley.

Cuando nuestro prófugo había caminado cosa de seis leguas, creyó oír bramar el tigre a lo lejos, y sus fibras se estremecieron. Es el bramido del tigre un gruñido como el del cerdo, pero agrio, prolongado, estridente, y que sin que haya motivo de temor, causa un sacudimiento involuntario en los nervios, como si la carne se agitara, ella sola, al anuncio de la muerte. Algunos minutos después, el bramido se oyó más distinto y más cercano; el tigre venía ya sobre el rastro, y sólo a la larga distancia se divisaba un pequeño algarrobo. Era preciso apretar el paso, correr en fin, porque los bramidos se sucedían con más frecuencia, y el último era más distinto, más vibrante que el que le precedía. Al fin, arrojando la montura a un lado del camino, dirigióse el gaucho al árbol que había divisado, y no obstante la debilidad de su tronco, felizmente bastante elevado, pudo trepar a su copa y mantenerse en una continua oscilación, medio oculto entre el ramaje. Desde allí pudo observar la escena que tenía lugar en el camino: el tigre marchaba a paso precipitado, oliendo el suelo, y bramando con más frecuencia a medida que sentía la proximidad de su presa. Pasa adelante del punto en que ésta se había separado del camino, y pierde el rastro: el tigre se enfurece, remolinea, hasta que divisa la montura, que desgarra de un manotón, esparciendo en el aire sus prendas. Más irritado aún con este chasco, vuelve a buscar el rastro, encuentra al fin la dirección en que va, y levantando la vista, divisa a su presa haciendo con el peso balancearse el algarrobillo, cual la frágil caña cuando las aves se posan en sus puntas. Desde entonces ya no bramó el tigre: acercábase a saltos, y en un abrir y cerrar de ojos, sus enormes manos estaban apoyándose a dos varas del suelo sobre el delgado tronco, al que comunicaban un temblor convulsivo que iba a obrar sobre los nervios del mal seguro gaucho. Intentó la fiera dar un salto impotente; dio vuelta en torno del árbol midiendo su altura con ojos enrojecidos por la sed de sangre; y al fin, bramando de cólera, se acostó en el suelo batiendo sin cesar la cola, los ojos fijos en su presa, la boca entreabierta y reseca. Esta escena horrible duraba ya dos horas mortales: la postura violenta del gaucho, y la fascinación aterrante que ejercía sobre él la mirada sanguinaria, inmóvil del tigre, del que por una fuerza invencible de atracción no podía apartar los ojos, habían empezado a debilitar sus fuerzas, y ya veía próximo el momento en que su cuerpo extenuado iba a caer en su ancha boca, cuando el rumor lejano del galope de caballos le dio esperanza de salvación. En efecto, sus amigos habían visto el rastro del tigre, y corrían sin esperanza de salvarlo. El desparramo de la montura les reveló el lugar de la escena, y volar a él, desenrollar sus lazos, echarlos sobre el tigre *empacado*[75] y ciego de furor, fue obra de un segundo. La fiera, estirada a dos lazos, no pudo escapar a las puñaladas repetidas con que, en venganza de su prolongada agonía, le traspasó el que iba a ser su víctima. "Entonces supe lo que era tener miedo", decía el general D. Juan Facundo Quiroga, contando a un grupo de oficiales este suceso.

75 *Empacado*: se dice del animal que por maña se rehusa a caminar

También a él le llamaron *Tigre de los Llanos,* y no le sentaba mal esta denominación a fe. La frenología y la anatomía comparada han demostrado, en efecto, las relaciones que existen en las formas exteriores y las disposiciones morales, entre la fisonomía del hombre y de algunos animales a quienes se asemeja en su carácter. Facundo, porque así lo llamaron largo tiempo los pueblos del interior; el general D. Facundo Quiroga, el Exmo. Brigadier general D. Juan Facundo Quiroga, todo eso vino después, cuando la sociedad lo recibió en su seno y la victoria lo hubo coronado de laureles: Facundo, pues, era de estatura baja y fornida; sus anchas espaldas sostenían sobre un cuello corto una cabeza bien formada, cubierta de pelo espesísimo, negro y ensortijado. Su cara un poco ovalada estaba hundida en medio de un bosque de pelo, a que correspondía una barba igualmente crespa y negra, que subía hasta los juanetes[76], bastante pronunciados para descubrir una voluntad firme y tenaz. Sus ojos negros, llenos de fuego y sombreados por pobladas cejas, causaban una sensación involuntaria de terror en aquellos sobre quienes alguna vez llegaban a fijarse; porque Facundo no miraba nunca de frente, y por hábito, por arte, por deseo de hacerse siempre temible, tenía de ordinario la cabeza inclinada, y miraba por entre las cejas, como el Alí–Bajá de Monvoisin[77]. El Caín que representaba la famosa Compañía Ravel me despierta la imagen de Quiroga, quitando las posiciones artísticas de la estatuaria, que no le convienen. Por lo demás, su fisonomía era regular, y el pálido moreno de su tez sentaba bien a las sombras espesas en que quedaba encerrada.

La estructura de su cabeza revelaba, sin embargo, bajo esta cubierta selvática, la organización privilegiada de los hombres nacidos para mandar. Quiroga poseía esas cualidades naturales que hicieron del estudiante de Brienne [78] el Genio de la Francia, y del mameluco oscuro que se batía con los franceses en las Pirámides, el virrey de Egipto[79]. La sociedad en que nacen da a estos caracteres la manera especial de manifestarse: sublimes, clásicos, por decirlo así, van al frente de la humanidad civilizada en unas partes; terribles, sanguinarios y malvados, son en otras su mancha, su oprobio.

Facundo Quiroga fue hijo de un sanjuanino de humilde condición, pero que avecindado en los Llanos de La Rioja había adquirido en el pastoreo una regular fortuna. El año 1799 fue enviado Facundo a la patria de su padre a recibir la educación limitada que podía adquirirse en las escuelas, leer y escribir. Cuando un hombre llega a ocupar las cien trompetas de la fama con el ruido de sus hechos, la curiosidad o el espíritu de investigación van hasta rastrear la insignificante vida del niño, para anudarla a la biografía del héroe; y no pocas veces entre fábulas inventadas por la adulación, se encuentran ya en germen, en ella, los rasgos característicos del personaje histórico. Cuéntase de Alcibíades que jugando en la calle se tendía a lo largo del pavimento para contrariar

---

76 *Juanetes:* pómulos –huesos de las mejillas– altos

77 *Monvoisin*: Raymond Auguste Quinsac (1790-1870) pintor francés que viajó a Chile en 1842 donde tuvo mucho éxito. A su paso por Buenos Aires pintó varios retratos, entre ellos el de Juan Manuel de Rosas.

78 *Estudiante de Brienne*: Napoleón Bonaparte, quien estudió en la academia militar de Brienne, Francia

79 *Virrey de Egipto*: Mehemet Ali (ver nota 59)

a un cochero que le prevenía que se quitase del paso a fin de no atropellarlo; de Napoleón, que dominaba a sus condiscípulos, y se atrincheraba en su cuarto de estudiante para resistir a un ultraje. De Facundo se refieren hoy varias anécdotas, muchas de las cuales lo revelan todo entero. En la casa de sus huéspedes jamás se consiguió sentarlo a la mesa común; en la escuela era altivo, huraño y solitario; no se mezclaba con los demás niños sino para encabezar en actos de rebelión y para darles de golpes. El *magister,* cansado de luchar con este carácter indomable, se provee una vez de un látigo nuevo y duro, y enseñándolo a los niños aterrados: "éste es", les dice "para estrenarlo en Facundo". Facundo, de edad de once años, oye esta amenaza, y al día siguiente la pone a prueba. No sabe la lección; pero pide al maestro que se la tome en persona, porque el pasante lo quiere mal. El maestro condesciende; Facundo comete un error, comete dos, tres, cuatro; entonces el maestro hace uso del látigo; y Facundo, que todo lo ha calculado, hasta la debilidad de la silla en que su maestro está sentado, dale una bofetada, vuélcalo de espaldas, y entre el alboroto que esta escena suscita, toma la calle, y va a esconderse en ciertos parrones[80] de una viña, de donde no se le saca sino después de tres días. ¿No es ya el caudillo que va a desafiar más tarde a la sociedad entera?

Cuando llega a la pubertad, su carácter toma un tinte más pronunciado. Cada vez más sombrío, más imperioso, más selvático; la pasión del juego, la pasión de las almas rudas que necesitan fuertes sacudimientos para salir del sopor que las adormeciera, domínalo irresistiblemente desde la edad de quince años. Por ella se hace una reputación en la ciudad; por ella se hace intolerable en la casa en que se le hospeda; por ella, en fin, derrama por un balazo dado a un Jorge Peña, el primer reguero de sangre que debía entrar en el ancho torrente que ha dejado marcado su pasaje en la tierra.

Desde que llega a la edad adulta, el hilo de su vida se pierde en un intrincado laberinto de vueltas y revueltas, por los diversos pueblos vecinos: oculto unas veces, perseguido siempre, jugando, trabajando en clase de peón, dominando todo lo que se le acerca, y distribuyendo puñaladas. En San Juan muéstranse hoy en la quinta de los Godoyes tapias pisadas por Quiroga; en La Rioja las hay de su mano en Fiambalá. El enseñaba otras en Mendoza en el lugar mismo en que una tarde hacía traer de sus casas veintiséis oficiales de los que capitularon en Chacón, para hacerlos fusilar en expiación de los manes de Villafañe[81]. En la campaña de Buenos Aires también mostraba algunos monumentos de su vida de peón errante. ¿Qué causas hacen a este hombre, criado en una casa decente, hijo de un hombre acomodado y virtuoso, descender a la condición del gañán[82], y en ella escoger el trabajo más estúpido, más brutal, en el que sólo entra la fuerza física y la tenacidad? ¿Será que el tapiador gana doble sueldo, y que se da prisa para juntar un poco de dinero?

Lo más ordenado que de esta vida oscura y errante he podido recoger es

---

80 *Parrones*: parras silvestres
81 *Villafañe*: General Manuel de Villafañe, tío de Quiroga y asesinado en Mendoza por las fuerzas unitarias de Lavalle
82 *Gañán*: el rústico trabajador del campo, jornalero sin mayor habilidad o maestría

lo siguiente: Hacia el año 1806 vino a Chile con un cargamento de grana[83] de cuenta de sus padres. Jugólo, con la tropa y los troperos, que eran esclavos de su casa. Solía llevar a San Juan y Mendoza arreos de ganado de la estancia paterna, que tenían siempre la misma suerte; porque en Facundo era el juego una pasión feroz, ardiente, que le resacaba las entrañas. Estas adquisiciones y pérdidas sucesivas debieron cansar las larguezas paternales, porque al fin interrumpió toda relación amigable con su familia. Cuando era ya el terror de la República preguntábale uno de sus cortesanos: "¿Cuál es, general, la parada más grande que ha hecho en su vida?" "Setenta pesos", contestó Quiroga con indiferencia. Acababa de ganar, sin embargo, una de doscientas onzas. Era, según lo explicó después, que en su juventud, no teniendo sino setenta pesos, los había perdido juntos a una sota. Pero este hecho tiene su historia característica. Trabajaba de peón en Mendoza en la hacienda de una Señora, sita aquélla en el Plumerillo. Facundo se hacía notar hacía un año por su puntualidad en salir al trabajo, y por la influencia y predominio que ejercía sobre los demás peones. Cuando éstos querían hacer falla para dedicar el día a una borrachera, se entendían con Facundo quien lo avisaba a la Señora prometiéndole responder de la asistencia de todos al día siguiente, la que era siempre puntual. Por esta intercesión llamábanle los peones *el Padre*. Facundo, al fin de un año de trabajo asiduo, pidió su salario, que ascendía a setenta pesos; montó en su caballo sin saber adónde iba, vio gente en una pulpería, desmontóse, y alargando la mano sobre el grupo que rodeaba al tallador, puso sus setenta pesos en una carta: perdiólos y montó de nuevo marchando sin dirección fija hasta que, a poco andar un juez Toledo, que acertaba a pasar a la sazón, le detuvo para pedirle su papeleta de conchavo. Facundo aproximó su caballo en ademán de entregársela, afectó buscar algo en el bolsillo, y dejó tendido al juez de una puñalada. ¿Se vengaba en el juez de la reciente pérdida? ¿Quería sólo saciar el encono de *gaucho malo* contra la autoridad civil, y añadir este nuevo hecho al brillo de su naciente fama? Lo uno y lo otro. Estas venganzas sobre el primer objeto que se presentaba son frecuentes en su vida. Cuando se apellidaba General y tenía coroneles a sus órdenes, hacía dar en su casa, en San Juan, doscientos azotes a uno de ellos por haberle ganado mal, decía Facundo; a un joven doscientos azotes, por haberse permitido una chanza en momentos en que él no estaba para chanzas; a una mujer en Mendoza que le había dicho al paso: "Adiós, mi general", cuando él va enfurecido porque no había conseguido intimidar a un vecino tan pacífico, tan juicioso, como era valiente y gaucho, doscientos azotes.

Facundo reaparece después en Buenos Aires, donde en 1810 es enrolado como recluta en un regimiento de *Arribeños* que mandaba el general Ocampo, su compatriota, después Presidente de Charcas. La carrera gloriosa de las armas se abría para él con los primeros rayos del sol de Mayo; y no hay duda que con el temple de alma de que estaba dotado, con sus instintos de destrucción y

---

83   *Grana*: cochinilla (Caccus Cacti) insecto que parasita el nopal o tunera. Seco y molido se utilizaba para teñir tejidos

carnicería, Facundo, moralizado por la disciplina y ennoblecido por la sublimidad del objeto de la lucha, habría vuelto un día del Perú, Chile o Bolivia, uno de los generales de la República Argentina, como tantos otros valientes gauchos que principiaron su carrera desde el humilde puesto del soldado. Pero el alma rebelde de Quiroga no podía sufrir el yugo de la disciplina, el orden del cuartel, ni la demora de los ascensos. Se sentía llamado a mandar, a surgir de un golpe, a crearse él solo, a despecho de la sociedad civilizada y en hostilidad con ella, una carrera a su modo, asociando el valor y el crimen, el gobierno y la desorganización. Más tarde fue reclutado para el ejército de los Andes, y enrolado en los Granaderos a Caballo: un teniente García lo tomó de asistente, y bien pronto la deserción dejó un vacío en aquellas gloriosas filas. Después, Quiroga, como Rosas, como todas estas víboras que han medrado a la sombra de los laureles de la Patria, se ha hecho notar por su odio a los militares de la Independencia, en los que uno y otro han hecho una horrible matanza.

Facundo, desertando de Buenos Aires, se encamina a las provincias con tres compañeros. Una partida le da alcance; hace frente, libra una verdadera batalla, que permanece indecisa por algún tiempo, hasta que dando muerte a cuatro o cinco, puede continuar su camino, abriéndose paso todavía a puñaladas por entre otras partidas que hasta San Luis le salen al paso. Más tarde debía recorrer este mismo camino con un puñado de hombres, disolver ejércitos en lugar de partidas, e ir hasta la ciudadela famosa de Tucumán a borrar los últimos restos de la república y del orden civil.

Facundo reaparece en los Llanos en la casa paterna. A esta época se refiere un suceso que está muy valido y del que nadie duda. Sin embargo, en uno de los manuscritos que consulto, interrogado su autor sobre este mismo hecho, contesta: "que no sabe que Quiroga haya tratado nunca de arrancar a sus padres dinero por la fuerza"; y contra la tradición constante, contra el asentimiento general, quiero atenerme a este dato contradictorio. ¡Lo contrario es horrible! Cuéntase que habiéndose negado su padre a darle una suma de dinero que le pedía, acechó el momento en que su padre y madre dormían la siesta para poner aldaba a la pieza donde estaban, y prender fuego al techo de pajas con que están cubiertas por lo general las habitaciones de los Llanos. Pero lo que hay de averiguado es que su padre pidió una vez al Gobierno de La Rioja que lo prendieran para contener sus demasías y que Facundo, antes de fugarse de los Llanos, fue a la ciudad de La Rioja donde a la sazón se hallaba aquél, y cayendo de improviso sobre él, le dio una bofetada, diciéndole: "¿Usted me ha mandado prender? ¡Tome! ¡mándeme prender ahora!". Con lo cual montó en su caballo y partió a galope para el campo. Pasado un año, preséntase de nuevo en la casa paterna, échase a los pies del anciano ultrajado, confunden ambos sus sollozos y, entre las protestas de enmienda del hijo y las reconvenciones del padre, la paz queda restablecida, aunque sobre base tan deleznable y efímera.

Pero su carácter y hábitos desordenados no cambian, y las carreras, el juego, las correrías del campo son el teatro de nuevas puñaladas y agresiones, hasta llegar al fin a hacerse intolerable para todos e insegura su posición. Entonces un gran pensamiento viene a apoderarse de su espíritu, y lo anuncia sin empacho. El desertor de los Arribeños, el soldado de granaderos a caballo, que no ha querido inmortalizarse en Chacabuco y en Maipú, resuelve ir a reunirse a la montonera de Ramírez, vástago de la de Artigas y cuya celebridad en crímenes y en odio a las ciudades a que hace la guerra, ha llegado hasta los Llanos y tiene llenos de espanto a los gobiernos. Facundo parte a asociarse a aquellos filibusteros de la Pampa, y acaso la conciencia que deja de su carácter e instintos, y de la importancia del esfuerzo que va a dar a aquellos destructores, alarma a sus compatriotas, que instruyen a las autoridades de San Luis por donde debía pasar, del designio infernal que lo guía. Dupuy, gobernador entonces (1818), lo hace aprehender, y por algún tiempo permanece confundido entre los criminales que la cárcel encierra. Esta cárcel de San Luis, empero, debía ser el primer escalón que había de conducirlo a la altura a que más tarde llegó. San Martín había hecho conducir a San Luis un gran número de oficiales españoles de todas las graduaciones de los que habían sido tomados prisioneros en Chile. Sea hostigados por las humillaciones y sufrimientos, sea que previesen la posibilidad de reunirse de nuevo a los ejércitos españoles, el depósito de prisioneros se sublevó un día, y abrió las puertas de los calabozos de reos ordinarios, a fin de que les prestasen ayuda para la común evasión. Facundo era uno de estos reos, y no bien se vio desembarazado de las prisiones, cuando enarbolando el *macho*[84] de los grillos, abre el cráneo al español mismo que se los ha quitado, y yendo por entre el grupo de los amotinados, deja una ancha calle sembrada de cadáveres en el espacio que ha querido correr. Dícese que el arma de que hizo uso fue una bayoneta y que los muertos no pasaron de tres. Quiroga, empero, hablaba siempre del *macho* de los grillos, y de catorce muertos. Acaso es esta suma una de esas idealizaciones con que la imaginación poética del pueblo embellece los tipos de la fuerza brutal que tanto admira; acaso la historia de los grillos es una traducción argentina de la quijada de Sansón, el Hércules hebreo. Pero Facundo la aceptaba como un timbre de gloria, según su bello ideal, y *macho* de grillos, o bayoneta, él asociándose a otros soldados y presos a quienes su ejemplo alentó, logró sofocar el alzamiento y reconciliarse por este acto de valor con la sociedad, y ponerse bajo la protección de la Patria, consiguiendo que su nombre volase por todas partes ennoblecido y lavado, aunque con sangre, de las manchas que lo afeaban. Facundo cubierto de gloria, mereciendo bien de la Patria, y con una credencial que acredita su comportación, vuelve a la Rioja, y ostenta en los Llanos, entre los gauchos, los nuevos títulos que justifican el terror que ya empieza a inspirar su nombre; porque hay algo de imponente, algo que subyuga y domina en el premiado asesino de catorce hombres a la vez.

84 *Macho*: mazo, martillo pesado con el cual se remachan los grillos

Aquí termina la vida privada de Quiroga, de la que he omitido una larga serie de hechos que sólo pintan el mal carácter, la mala educación, y los instintos feroces y sanguinarios de que estaba dotado. Sólo he hecho uso de aquellos que explican el carácter de la lucha; de aquellos que entran en proporciones distintas, pero formados de elementos análogos, en el tipo de los caudillos de las campañas que han logrado, al fin sofocar la civilización de las ciudades, y que últimamente ha venido a completarse en Rosas, el legislador de esta civilización tártara, que ha ostentado toda su antipatía a la civilización europea en torpezas y atrocidades sin nombre aún en la historia.

Pero aún quédame algo por notar en el carácter y espíritu de esta columna de la Federación. Un hombre iletrado, un compañero de infancia y de juventud de Quiroga, que me ha suministrado muchos de los hechos que dejo referidos, me incluye en su manuscrito, hablando de los primeros años de Quiroga estos datos curiosos: "Que no era ladrón antes de figurar como hombre público – que nunca robó, aun en sus mayores necesidades – que no sólo gustaba de pelear, sino que pagaba por hacerlo, y por insultar al más pintado – *que tenía mucha aversión a los hombres decentes* – que no sabía tomar licor nunca – que de joven era muy reservado, y no sólo quería infundir miedo, sino aterrar, para lo que hacía entender a hombres de su confianza, que tenía agoreros o era adivino – que con los que tenía relación, los trataba como esclavos – *que jamás se ha confesado, rezado ni oído misa* – que cuando estuvo de general, lo vio una vez en misa – que él mismo le decía que no creía en nada". El candor con que estas palabras están escritas, revela su verdad. Toda la vida pública de Quiroga me parece resumida en estos datos. Veo en ellos el hombre grande, el hombre de genio a su pesar, sin saberlo él, el César, el Tamerlán, el Mahoma. Ha nacido así, y no es culpa suya; descenderá en las escalas sociales para mandar, para dominar, para combatir el poder de la ciudad, la partida de la policía. Si le ofrecen una plaza en los ejércitos, la desdeñará, porque no tiene paciencia para aguardar los ascensos; porque hay mucha sujeción, muchas trabas puestas a la independencia individual; hay generales que pesan sobre él, hay una casaca que oprime el cuerpo, y una táctica que regla los pasos; ¡todo esto es insufrible! La vida de a caballo, la vida de peligros y emociones fuertes, han acerado su espíritu y endurecido su corazón; tiene odio invencible, instintivo, contra las leyes que lo han perseguido, contra los jueces que lo han condenado, contra toda esa sociedad y esa organización a que se ha sustraído desde la infancia, y que lo mira con prevención y menosprecio. Aquí se eslabona insensiblemente el lema de este capítulo: "Es el hombre de la naturaleza que no ha aprendido aún a contener o a disfrazar sus pasiones, que las muestra en toda su energía, entregándose a toda su impetuosidad. Este es el carácter original del género humano"; y así se muestra en las campañas pastoras de la República Argentina. Facundo es un tipo de la barbarie primitiva: no conoció sujeción de ningún género; su cólera era la de las fieras: la melena de sus renegridos y ensortijados cabellos caía sobre su frente y sus ojos, en guedejas como las serpientes de la cabeza de Medusa; su voz se enronquecía, y sus miradas se convertían en puñaladas. Dominado por la cólera, mataba a patadas estrellándoles los sesos a N. por una disputa de juego; arrancaba ambas orejas a su querida, porque le pidió una vez 30 pesos para celebrar un matrimonio consentido por él; y abría a su hijo Juan la cabeza de un hachazo, porque no había forma de hacerlo callar; daba de bofetadas en Tucumán, a una linda señorita a quien ni seducir ni forzar podía. En todos sus actos mostrábase el hombre bestia aún, sin ser por eso estúpido, y sin carecer de elevación de miras. Incapaz de hacerse admirar o estimar, gustaba de ser temido; pero este gusto era exclusivo, dominante hasta el punto de arreglar todas las acciones de su vida a producir el terror en torno suyo, sobre los pueblos como sobre los soldados, sobre la víctima que iba a ser ejecutada, como sobre su mujer y sus hijos. En la incapacidad de manejar los resortes del gobierno civil, ponía el terror como expediente para suplir al patriotismo y la abnegación; ignorante, rodeábase de misterios y haciéndose impenetrable, valiéndose de una sagacidad natural, una capacidad de observación no común, y de la credulidad del vulgo, fingía una presciencia de los acontecimientos, que le daba prestigio y reputación entre las gentes vulgares.

Es inagotable el repertorio de anécdotas de que está llena la memoria de los pueblos con respecto a Quiroga; sus dichos, sus expedientes, tienen un sello de originalidad que le daban ciertos visos orientales, cierta tintura de sabiduría salomónica en el concepto de la plebe. ¿Qué diferencia hay, en efecto, entre aquel famoso expediente de mandar partir en dos el niño disputado, a fin de descubrir la verdadera madre, y este otro para encontrar un ladrón?

Entre los individuos que formaban una compañía, habíase robado un objeto, y todas las diligencias practicadas para descubrir el ladrón habían sido infructuosas. Quiroga forma la tropa, hace cortar tantas varitas de igual tamaño cuantos soldados había; hace enseguida que se distribuyan a cada uno; y luego, con voz segura, dice: "Aquél cuya varita amanezca mañana más grande que las demás, ése es el ladrón". Al día siguiente fórmase de nuevo la tropa, y Quiroga procede a la verificación y comparación de las varitas. Un soldado hay, empero, cuya vara aparece más corta que las otras. "¡Miserable!",le grita Facundo con voz aterrante, "¡tú eres!..." y en efecto él era; su turbación lo dejaba conocer demasiado. El expediente es sencillo; el crédulo gaucho, temiendo que efectivamente creciese su varita, le había cortado un pedazo. Pero se necesita cierta superioridad y cierto conocimiento de la naturaleza humana, para valerse de estos medios.

Habíanse robado algunas prendas de la montura de un soldado, y todas las pesquisas habían sido inútiles para descubrir al ladrón: Facundo hace formar la tropa y que desfile por delante de él, que está con los brazos cruzados, la mirada fija, escudriñadora, terrible. Antes ha dicho: "yo sé quién es", con una seguridad que nada desmiente. Empiezan a desfilar, desfilan muchos, y Quiroga permanece inmóvil; es la estatua de Júpiter Tonante, es la imagen del Dios del Juicio Final. De repente se abalanza sobre uno, le agarra del brazo, le dice en voz breve y seca: "¿Dónde está la montura?..." "Allá, señor", contesta señalando un bosquecillo. "Cuatro tiradores", grita entonces Quiroga.

¿Qué revelación era ésta? La del terror y la del crimen hecha ante un hombre sagaz. Estaba otra vez un gaucho respondiendo a los cargos que se le hacían por un robo. Facundo le interrumpe diciendo: "ya este pícaro está mintiendo; ¡a ver...! cien azotes..." Cuando el reo hubo salido, Quiroga dijo a alguno que se hallaba presente: "Vea, patrón: cuando un gaucho al hablar esté haciendo marcas con el pie, es señal que está mintiendo." Con los azotes, el gaucho contó la historia como debía de ser; esto es, que se había robado una yunta de bueyes.

Necesitaba otra vez y había pedido un hombre resuelto, audaz, para confiarle una misión peligrosa. Escribía Quiroga cuando le trajeron el hombre; levanta la cara después de habérselo anunciado varias veces, lo mira, y dice continuando de escribir: "¡Eh!... ¡Ese es un miserable! ¡Pido un hombre valiente y arrojado!" Averiguóse, en efecto, que era un patán.

De estos hechos hay a centenares en la vida de Facundo, y que al paso que descubren un hombre superior, han servido eficazmente para labrarle una reputación misteriosa entre hombres groseros que llegaban a atribuirle poderes sobrenaturales [85]

---

[85] Después de escrito lo que precede, he recibido de persona fidedigna la aseveración de haber el mismo Quiroga contado en Tucumán, ante señoras que viven aún, la historia del incendio de la casa. Toda duda desaparece ante deposiciones de este género. Más tarde he obtenido la narración circunstanciada de testigo presencial y compañero de infancia de Facundo Quiroga, que le vio a éste dar a su padre una bofetada y huirse; pero estos detalles contristan sin aleccionar y es deber impuesto por el decoro apartarlos de la vista. *N. del A.*

Capítulo VI

*The sides of the mountains enlarge and assume en aspect at once more grand
and more barren. By little and little the scanty vegetation languishes and
dies; and mosses disappear, and a red–burning hue succeeds.*
Roussel. – Palestine
LAS FALDAS DE LAS MONTAÑAS SE ENSANCHAN Y ASUMEN UN ASPECTO MÁS GRANDE Y ÁRIDO A LA VEZ. POCO
A POCO, LA ESCASA VEGETACIÓN LANGUIDECE Y MUERE; EL MUSGO DESAPARECE Y UN ROJO MATIZ LE SUCEDE.

LA RIOJA. EL COMANDANTE DE CAMPAÑA

En un documento tan antiguo como el año de 1560, he visto consigna-
do el nombre de Mendoza con este aditamento: Mendoza del valle de
La Rioja. Pero La Rioja actual es una provincia argentina que está al
norte de San Juan, del cual la separan varias travesías, aunque interrumpi-
das por valles poblados. De los Andes se desprenden ramificaciones que cortan la parte occidental en líneas paralelas, en cuyos valles están Los Pueblos
y Chilecito, así llamado por los mineros chilenos que acudieron a la fama de
las ricas minas de Famatina. Más hacia el Oriente se extiende una llanura arenisca, desierta y agostada por los ardores del sol, en cuya extremidad norte, y
a las inmediaciones de una montaña cubierta hasta su cima de lozana y alta
vegetación, yace el esqueleto de La Rioja, ciudad solitaria, sin arrabales, y
marchita como Jerusalén, al pie del Monte de los Olivos. Al sur y a larga distancia, limitan esta llanura arenisca los Colorados, montes de greda petrifi-
cada, cuyos cortes regulares asumen las formas más pintorescas y fantásticas:
a veces es una muralla lisa con bastiones avanzados; a veces créese ver torreones y castillos almenados en ruinas. Ultimamente, al sudeste y rodeados de
extensas travesías, están los Llanos, país quebrado y montañoso, a despecho
de su nombre, oasis de vegetación pastosa, que alimentó en otro tiempo millares de rebaños.

El aspecto del país es por lo general desolado, el clima abrasador, la tierra seca y sin aguas corrientes. El campesino hace *represas* para recoger el agua de las lluvias y dar de beber a sus ganados. He tenido siempre la preocupación de que el aspecto de Palestina es parecido al de La Rioja, hasta en el color rojizo u ocre de la tierra, la sequedad de algunas partes, y sus cisternas; hasta en sus naranjos, vides e higueras de exquisitos y abultados frutos, que se crían donde corre algún cenagoso y limitado Jordán. Hay una extraña combinación de montañas y llanuras, de fertilidad y aridez, de montes adustos y erizados, y colinas verdinegras tapizadas de vegetación tan colosal como los cedros del Líbano. Lo que más me trae a la imaginación estas reminiscencias orientales es el aspecto verdaderamente patriarcal de los campesinos de La Rioja. Hoy, gracias a los caprichos de la moda, no causa novedad el ver hombres con la barba entera, a la manera inmemorial de los pueblos de Oriente; pero aún no dejaría de sorprender por eso la vista de un pueblo que habla español y lleva y ha llevado siempre la barba completa, cayendo muchas veces hasta el pecho; un pueblo de aspecto triste, taciturno, grave y taimado; árabe, que cabalga en burros, y viste a veces de cueros de cabra, como el ermitaño de Enggaddy[86]. Lugares hay en que la población se alimenta exclusivamente de miel silvestre y de algarroba, como de langostas San Juan en el desierto. El *llanista* es el único que ignora que es el ser más desgraciado, más miserable y más bárbaro; y gracias a esto, vive contento y feliz cuando el hambre no le acosa.

Dije al principio que había montañas rojizas que tenían a lo lejos el aspecto de torreones y castillos feudales arruinados; pues para que los recuerdos de la Edad Media vengan a mezclarse a aquellos matices orientales, La Rioja ha presentado por más de un siglo, la lucha de dos familias hostiles, señoriales, ilustres, ni más ni menos que en los feudos italianos donde figuran Ursinos, Colonnas y Médicis. Las querellas de Ocampos y Dávilas forman la historia culta de La Rioja. Ambas familias antiguas, ricas, tituladas, se disputan el poder largo tiempo, dividen la población en bandos, como los güelfos y gibelinos, aun mucho antes de la Revolución de la Independencia. De estas dos familias ha salido una multitud de hombres notables en las armas, en el foro y en la industria; porque Dávilas y Ocampos trataron siempre de sobrepasarse por todos los medios de valer que tiene consagrados la civilización. Apagar estos rencores hereditarios entró no pocas veces en la política de los patriotas de Buenos Aires. La logia de Lautaro llevó a las dos familias a enlazar un Ocampo con una señorita Doria y Dávila, para reconciliarlas. Todos saben que ésta era la práctica en Italia; pero Romeo y Julieta fueron aquí más felices. Hacia los años 1817 el Gobierno de Buenos Aires, a fin de poner término también a los odios de aquellas casas, mandó un gobernador de fuera de la provincia, un señor Barnachea, que no tardó mucho en caer bajo la influencia del partido de los Dávilas, que contaban con el apoyo de D. Prudencio Quiroga, residente en los Llanos y muy querido de los habitantes, y que a causa de esto fue llamado a la *ciudad,* y hecho tesorero y alcalde. Nó-

---

86   *Ermitaño de Engaddi*: David "Entonces David subió de allí, y habitó en los parajes fuertes en Engaddi" 1 Samuel 23-29

tese que aunque de un modo legítimo y noble, con D. Prudencio Quiroga, padre de Facundo, entra ya la campaña pastora a figurar como elemento político en los partidos *civiles*. Los Llanos, como ya llevo dicho, son un oasis montañoso de pasto, enclavados en el centro de una extensa travesía: sus habitantes, pastores exclusivamente, viven en la vida patriarcal y primitiva que aquel aislamiento conserva toda su pureza bárbara y hostil a las ciudades. La hospitalidad es allí un deber común; y entre los deberes del peón entra el defender a su patrón en cualquier peligro aun a riesgo de su vida. Estas costumbres explicarán ya un poco los fenómenos que vamos a presenciar.

Después del suceso de San Luis, Facundo se presentó en los Llanos revestido del prestigio de la reciente hazaña y premunido de una recomendación del Gobierno. Los partidos que dividían La Rioja no tardaron mucho en solicitar la adhesión de un hombre que todos miraban con el respeto y asombro que inspiran siempre las acciones arrojadas. Los Ocampos, que obtuvieron el gobierno en 1820, le dieron el título de *Sargento Mayor* de las Milicias de los Llanos, con la influencia y autoridad de *Comandante de Campaña*.

Desde este momento principia la vida pública de Facundo. El elemento pastoril, bárbaro, de aquella provincia, aquella tercera entidad que aparece en el sitio de Montevideo con Artigas, va a presentarse en La Rioja con Quiroga, llamado en su apoyo por uno de los partidos de la *ciudad*. Este es un momento solemne y crítico en la historia de todos los pueblos pastores de la República Argentina: hay en todos ellos un día en que por necesidad de apoyo exterior, o por el temor que ya inspira un hombre audaz, se le elige Comandante de Campaña. Es éste el caballo de los griegos, que los Troyanos se apresuran a introducir en la *ciudad*.

Por este tiempo ocurría en San Juan la desgraciada sublevación del número 1 de los Andes, que había vuelto de Chile a rehacerse. Frustrados en los objetos del motín, Francisco Aldao y Corro, emprendieron una retirada desastrosa al norte, a reunirse a Güemes, caudillo de Salta. El general Ocampo, gobernador de La Rioja, se dispone a cerrarles el paso, y al efecto convoca todas las fuerzas de la provincia, y se prepara a dar una batalla. Facundo se presenta con sus llanistas. Las fuerzas vienen a las manos, y pocos minutos bastaron al número 1 para mostrar que con la rebelión no había perdido nada de su antiguo brillo en los campos de batalla. Corro y Aldao se dirigieron a la ciudad, y los dispersos trataron de rehacerse dirigiéndose hacia los Llanos, donde podían aguardar las fuerzas que de San Juan y Mendoza venían en persecución de los fugitivos. Facundo en tanto abandona el punto de reunión, cae sobre la retaguardia de los vencedores, los tirotea, los importuna, les mata y hace prisioneros a los rezagados. Facundo es el único que está dotado de vida propia, que no espera órdenes, que obra de su propio motu. Se ha sentido llamado a la acción, y no espera que lo empujen. Más todavía, habla con desdén del Gobierno y del General, y anuncia su disposición de obrar en adelante según su dictamen, y de echar abajo al Gobierno. Dícese que un Consejo de los principales del ejército instaba al general Ocampo para que lo prendiese, juzgase y fusilase; pero el general no consintió en ello, menos acaso por moderación que por sentir que Quiroga era ya, no tanto un súbdito, cuanto un aliado temible.

Un arreglo definitivo entre Aldao y el Gobierno dejó acordado que aquél se dirigiera a San Luis, por no querer seguir a Corro, proveyéndole el Gobierno de medios hasta salir del territorio por un itinerario que pasaba por los Llanos. Facundo fue encargado de la ejecución de esta parte de lo estipulado, y regresó a los Llanos con Aldao. Quiroga lleva ya la conciencia de su fuerza; y cuando vuelve la espalda a La Rioja, ha podido decirle en despedida: "¡ay de ti, ciudad! En verdad os digo que dentro de poco no quedará piedra sobre piedra."

Aldao, llegado a los Llanos y conociendo el descontento de Quiroga, le ofrece cien hombres de línea para apoderarse de La Rioja, a trueque de aliarse para futuras empresas. Quiroga acepta con ardor, encamínase a la ciudad, la toma, prende a los individuos del Gobierno, les manda confesores y orden de prepararse para morir. ¿Qué objeto tiene para él esta revolución? Ninguno: se ha sentido con fuerzas: ha estirado los brazos, y ha derrocado la *ciudad*. ¿Es culpa suya?

Los antiguos patriotas chilenos no han olvidado sin duda las proezas del sargento Araya de Granaderos a caballo; porque entre aquellos veteranos la aureola de gloria solía descender hasta el simple soldado. Contábame el presbítero Meneses, cura que fue de los Andes, que después de la derrota de Cancha Rayada, el sargento Araya iba encaminándose a Mendoza con siete granaderos. Ibasele el alma a los patriotas al ver alejarse y repasar los Andes a los soldados más valientes del ejército, mientras que Las Heras tenía todavía un tercio bajo sus órdenes, dispuesto a hacer frente a los españoles. Tratábase de detener al sargento Araya; pero una dificultad ocurría. ¿Quién se le acercaba? Una partida de sesenta hombres de milicias estaba a la mano; pero todos los soldados sabían que el prófugo era el sargento Araya, y habrían preferido mil veces atacar a los españoles, que a este león de los Granaderos. D. José María Meneses, entonces, se adelanta solo y desarmado, alcanza a Araya, le ataja el paso, le recuerda sus glorias pasadas y la vergüenza de una fuga sin motivo; Araya se deja conmover y no opone resistencia a las súplicas y órdenes de un buen paisano; se entusiasma en seguida, corre a detener otros grupos de Granaderos que le precedían en la fuga, y gracias a su diligencia y reputación, vuelve a incorporarse al ejército con sesenta compañeros de armas, que se lavaron en Maipú de la mancha momentánea que había caído sobre sus laureles.

Este sargento Araya, y un Lorca, también un valiente conocido en Chile, mandaban la fuerza que Aldao había puesto a las órdenes de Facundo. Los reos de La Rioja, entre los que se hallaba el Doctor don Gabriel Ocampo, ex ministro de Gobierno, solicitaron la protección de Lorca para que intercediese por ellos. Facundo, aún no seguro de su momentánea elevación, consintió en otorgarles la vida; pero esta restricción puesta a su poder le hizo sentir otra necesidad. Era preciso poseer esa fuerza veterana, para no encontrar contradicciones en lo sucesivo. De regreso a los Llanos, se entiende con Araya, y poniéndose ambos de acuerdo, caen sobre el resto de la fuerza de Aldao, la sorprenden, y Facundo se halla en seguida jefe de cuatrocientos hombres de línea, de cuyas filas salieron después los oficiales de sus primeros ejércitos.

Facundo acordóse de que D. Nicolás Dávila estaba en Tucumán expatriado y le hizo venir para encargarle de las molestias del gobierno de La Rioja, reservándose él tan sólo el poder real que lo seguía a los Llanos. El abismo que mediaba entre él y los Dávilas era tan ancho, tan brusca la transición, que no era posible por entonces hacerla de un golpe; el espíritu de ciudad era demasiado poderoso todavía, para sobreponerle el de la campaña; todavía un Doctor en leyes valía más para el gobierno que un peón cualquiera. Después ha cambiado todo esto.

Dávila se hizo cargo del gobierno bajo el patrocinio de Facundo, y por entonces pareció alejado todo motivo de zozobra. Las haciendas y propiedades de los Dávila estaban situadas en las inmediaciones de Chilecito, y allí por tanto, en sus deudos y amigos, se hallaba reconcentrada la fuerza física y moral que debía apoyarlo en el gobierno. Habiéndose además acrecentado la población de Chilecito con la provechosa explotación de las minas, y reunídose caudales cuantiosos, el gobierno estableció una casa de moneda provincial, y trasladó su residencia a aquel pueblecillo, ya fuese para llevar a cabo la empresa, ya para alejarse de los Llanos, y sustraerse de la sujeción incómoda que Quiroga quería ejercer sobre él. Dávila no tardó mucho en pasar de estas medidas puramente defensivas, a una actitud más decidida, y aprovechando la temporaria ausencia de Facundo, que andaba en San Juan, se concertó con el capitán Araya para que le prendiese a su llegada. Facundo tuvo aviso de las medidas que contra él se preparaban, e introduciéndose secretamente en los Llanos, mandó asesinar a Araya. El gobierno, cuya autoridad era contenida de una manera tan indigna, intimó a Facundo que se presentase a responder a los cargos que se le hacían sobre el asesinato. ¡Parodia ridícula! No quedaba otro medio que apelar a las armas, y encender la guerra civil entre el gobierno y Quiroga, entre la ciudad y los Llanos. Facundo manda a su vez una comisión a la Junta de Representantes, pidiéndole que depusiese a Dávila. La Junta había llamado al gobernador, con instancia, para que desde allí, y con el apoyo de todos los ciudadanos, invadiese los Llanos y desarmase a Quiroga. Había en esto un interés local, y era hacer que la Casa de Moneda fuese trasladada a la ciudad de La Rioja; pero como Dávila persistiese en residir en Chilecito, la Junta, accediendo a la solicitud de Quiroga, lo declaró depuesto. El gobernador Dávila había reunido bajo las órdenes de don Miguel Dávila muchos soldados de los de Aldao, poseía un buen armamento, muchos adictos que querían salvar la provincia del dominio del caudillo que se estaba levantando en los Llanos, y varios oficiales de línea para poner a la cabeza de las fuerzas. Los preparativos de guerra empezaron, pues, con igual ardor en Chilecito y en los Llanos; y el rumor de los aciagos sucesos que se preparaban llegó hasta San Juan y Mendoza, cuyos gobiernos mandaron un comisionado para procurar un arreglo entre los beligerantes, que ya estaban a punto de venir a las manos. Corbalán, ese mismo que hoy sirve de ordenanza a Rosas, se presentó en el campo de Quiroga a interponer la mediación de que venía encargado, y que fue aceptada por el caudillo; pasó en seguida al campo enemigo, donde obtuvo la misma cordial acogida: regresa al campo de Quiroga para arreglar el convenio definitivo; pero éste, dejándolo allí, se puso en movimiento sobre su enemigo, cuyas fuerzas desapercibidas por las seguridades dadas por el enviado, fueron fácilmente derrotadas y dispersas. D. Miguel Dávila, reuniendo algunos de los suyos, acometió denodadamente a Quiroga, a quien alcanzó a herir en un muslo antes que una bala le llevase a él mismo la muñeca; en seguida fue rodeado y muerto por los soldados. Hay en este suceso una cosa muy característica del espíritu gaucho. Un soldado se complace en enseñar sus cicatrices; el gaucho las oculta y disimula cuando son de arma blanca, porque prueban su poca destreza; y Facundo, fiel a estas ideas del honor, jamás recordó la herida que Dávila le había abierto antes de morir.

Aquí termina la historia de los Ocampo y de los Dávila, y la de La Rioja también. Lo que sigue es la historia de Quiroga. Este día es también uno de los nefastos de las ciudades pastoras; día aciago que al fin llega. Este día corresponde en la historia de Buenos Aires al de abril de 1835, en que su Comandante de Campaña, su Héroe del Desierto, se apodera de la ciudad.

Hay una circunstancia curiosa (1823) que no debo omitir, porque hace honor a Quiroga. En esta noche negra que vamos a atravesar, no debe perderse la más débil lucecilla: Facundo, al entrar triunfante a La Rioja, hizo cesar los repiques de las campanas, y después de mandar dar el pésame a la viuda del General muerto, ordenó pomposas exequias para honrar sus cenizas. Nombró o hizo nombrar por gobernador a un español vulgar, un Blanco[87], y con él principió el nuevo orden de cosas que debía realizar el bello ideal del gobierno que había concebido Quiroga; porque Quiroga, en su larga carrera en los diversos pueblos que ha conquistado, jamás se ha encargado del gobierno organizado, que abandonaba siempre a otros. Momento grande y digno de atención para los pueblos es siempre aquél en que una mano vigorosa se apodera de sus destinos. Las instituciones se afirman, o ceden su lugar a otras nuevas más fecundas en resultados, o más conformes con las ideas que predominan. De aquel foco parten muchas veces los hilos que, entrete-

87   *Blanco*: Juan Manuel (1794-1835) nombrado en Julio de 1825 renunció el mismo mes para ser sucedido por Silvestre Galván, el mismo a quien había desplazado antes

jiéndose con el tiempo, llegan a cambiar la tela de que se compone la historia. No así cuando predomina una fuerza extraña a la civilización, cuando Atila se apodera de Roma, o Tamerlán recorre las llanuras asiáticas: los escombros quedan, pero en vano iría después a removerles la mano de la filosofía para buscar debajo de ellos las plantas vigorosas que nacieran con el abono nutritivo de la sangre humana. Facundo, genio bárbaro, se apodera de su país; las tradiciones de gobierno desaparecen, las formas se degradan, las leyes son un juguete en manos torpes; y en medio de esta destrucción efectuada por las pisadas de los caballos, nada se sustituye, nada se establece. El desahogo, la desocupación y la incuria son el bien supremo del gaucho. Si La Rioja, como tenía doctores, hubiera tenido estatuas, éstas habrían servido para amarrar los caballos.

Facundo deseaba poseer, e incapaz de crear un sistema de rentas, acude a lo que acuden siempre los gobiernos torpes e imbéciles; mas aquí el monopolio llevará el sello de la vida pastoril, la expoliación y la violencia. Rematábanse los diezmos de La Rioja en aquella época en diez mil pesos anuales; éste era por lo menos el término medio. Facundo se presenta en la mesa del remate, y ya su asistencia, hasta entonces inusitada, impone respeto a los postores. "Doy dos mil pesos", dice, "y uno más sobre la mejor postura." El escribano repite la propuesta tres veces, y nadie fija más alto. Era que todos los concurrentes se habían escurrido uno a uno, al leer en la mirada siniestra de Quiroga, que aquélla era la última postura. Al año siguiente se contentó con mandar al remate una cedulilla concebida así:

"Doy dos mil pesos, y uno más sobre la mejor postura.– Facundo Quiroga."

Al tercer año se suprimió la ceremonia del remate, y el año 1831 Quiroga mandaba todavía a La Rioja dos mil pesos, valor fijado a los diezmos.

Pero le faltaba un paso que dar para hacer reditar al diezmo un ciento por uno, y Facundo desde el segundo año no quiso recibir el de animales, sino que distribuyó su marca a todos los hacendados, a fin de que herrasen el diezmo, y se le guardase en las estancias hasta que él lo reclamara. Las crías se aumentaban, los diezmos nuevos acrecentaban el piño[88] de ganado, y a la vuelta de diez años se pudo calcular que la mitad del ganado de las estancias de una provincia pastora pertenecía al Comandante General de Armas, y llevaba su marca.

Una costumbre inmemorial en La Rioja hacía que los ganados mostrencos [89] o no marcados a cierta edad, perteneciesen de derecho al fisco, que mandaba sus agentes a recoger estas espigas perdidas, y sacaba de la colecta una renta no despreciable, si bien su recaudación se hacía intolerable para los estancieros. Facundo pidió que se le adjudicase este ganado en resarcimiento de los gastos que le había demandado la invasión a la ciudad; gastos que se reducían a convocar las milicias, que concurren en sus caballos y viven siem-

---

88 *Piño*: conjunto, cantidad
89 *Mostrenco*: dícese del ganado sin dueño.

pre de lo que encuentran. Poseedor ya de partidas de seis mil novillos al año, mandaba a las ciudades sus abastecedores, y ¡desgraciado el que entrase a competir con él! Este negocio de abastecer los mercados de carne lo ha practicado dondequiera que sus armas se presentaron, en San Juan, en Mendoza, en Tucumán; cuidando siempre de monopolizarlo en su favor por algún bando o un simple anuncio. Da asco y vergüenza sin duda tener que descender a estos pormenores indignos de ser recordados. Pero ¿qué remedio? En seguida de una batalla sangrienta que le ha abierto la entrada a una ciudad, ¡lo primero que el General ordena es que nadie pueda abastecer de carnes el mercado...! En Tucumán supo que un vecino, contraviniendo la orden, mataba reses en su casa. El general del ejército de los Andes[90], el vencedor de la Ciudadela, no creyó deber confiar a nadie la pesquisa de delito tan horrendo. Va él en persona, da recios golpes a la puerta de la casa, que permanecía cerrada, y que atónitos los de adentro no aciertan a abrir. Una patada del ilustre General la echa abajo, y expone a su vista esta escena: una res muerta que desollaba el dueño de la casa, que a su vez cae también muerto ¡a la vista terrífica del General ofendido![91]

No me detengo en estos pormenores a designio. ¡Cuántas páginas omito! ¡Cuántas iniquidades comprobadas y de todos sabidas callo! Pero hago la historia del gobierno bárbaro, y necesito hacer conocer sus resortes. Mehemet Alí, dueño del Egipto por los mismos medios que Facundo, se entrega a una rapacidad sin ejemplo aun en la Turquía; constituye el monopolio en todos los ramos, y los explota en su beneficio; pero Mehemet Alí sale del seno de una nación bárbara, y se eleva hasta desear la civilización europea e injertarda en las venas del pueblo que oprime: Facundo, por el contrario, rechaza todos los medios civilizados que ya son conocidos, los destruye y desmoraliza; Facundo, que no gobierna, porque el gobierno es ya un trabajo en beneficio ajeno, se abandona a los instintos de una avaricia sin medida, sin escrúpulos. El egoísmo es el fondo de casi todos los grandes caracteres históricos; el egoísmo es el muelle real que hace ejecutar todas las grandes acciones. Quiroga poseía este don político en un grado eminente, y lo ejercitaba en reconcentrar en torno suyo todo lo que veía diseminado en la sociedad inculta que

90   se trata de una ironía, porque Quiroga desertó de dicho ejército poco después de alistarse

91   A consecuencia de la presente ley, el Gobierno de la Provincia ha estipulado con S.E. el Sr. general D. Juan Facundo Quiroga los artículos siguientes, conforme a su nota de 14 de setiembre de 1833.

     1°   que abonará al Exmo. Gobierno de Buenos Aires, la cantidad que ha invertido en dichas haciendas.

     2°   Que suplirá cinco mil pesos a la Provincia sin pensión de rédito, para la urgencia en que se halla de abonar la tropa que tiene en campaña dando tres mil pesos al contado,   y el resto del producto del ganado, a cuyo pago quedará afecto exclusivamente el ramo de degolladuras.

     3°   Que se le ha de permitir abastecer por sí solo, dando al pueblo a cinco reales arroba de carne, que hoy se halla a seis y de mala calidad y a tres al Estado sin aumentar el precio corriente de la gordura.

     4°   Que se le ha de dar libre el ramo de degolladura desde el 18 del presente hasta el 10 de enero inclusive y pastos de cuenta del Estado al precio de dos reales al mes por cabeza que abonará el 1° de octubre próximo. – San Juan, setiembre 13 de 1833. – Ruiz Vicente Atienzo.

(Registro oficial de la Provincia de San Juan.) *N. del A.*

lo rodeaba; fortuna, poder, autoridad, todo está con él; todo lo que no puede adquirir, maneras, instrucción, respetabilidad fundada, eso lo persigue, lo destruye en las personas que lo poseen.

Su encono contra la gente *decente,* contra la *ciudad,* es cada día más visible, y el Gobernador de La Rioja, puesto por él, renuncia al fin a fuerza de ser vejado diariamente. Un día está de buen humor Quiroga, y se juega con un joven, como el gato juega con la tímida rata; juega a si lo mata o no lo mata; el terror de la víctima ha sido tan ridículo, que el verdugo se ha puesto de buen humor, se ha reído a carcajadas, contra su costumbre habitual. Su buen humor no debe quedar ignorado, necesita explayarse, extenderlo sobre una gran superficie. Suena la generala [92] en La Rioja, y los ciudadanos salen a las calles armados al rumor de alarma. Facundo, que ha hecho tocar la generala para divertirse, forma los vecinos en la plaza a las once de la noche, despide de las filas a la plebe, y deja sólo a los vecinos padres de familia, acomodados, y a los jóvenes que aún conservan visos de cultura. Hácelos marchar y contramarchar toda la noche, hacer alto, alinearse, marchar de frente, de flanco. Es un cabo de instrucción que enseña a unos reclutas, y la vara del cabo anda por la cabeza de los torpes, por el pecho de los que no se alinean bien; ¿qué quieren? ¡así se enseña! El día sobreviene, y los semblantes pálidos de los reclutas, su fatiga y extenuación revelan todo lo que se ha aprendido en la noche. Al fin da descanso a su tropa, y lleva la generosidad hasta comprar empanadas y distribuir a cada uno la suya, que se apresuran a comer, porque ésta es parte de la diversión.

Lecciones de este género no son inútiles para ciudades, y el hábil político que en Buenos Aires ha elevado a sistema estos procedimientos, los ha refinado y hecho producir efectos maravillosos. Por ejemplo: desde 1835 hasta 1840 casi toda la ciudad de Buenos Aires ha pasado por las cárceles. Había a veces ciento cincuenta ciudadanos que permanecían presos, dos, tres meses, para ceder su lugar a un repuesto de doscientos que permanecían seis meses. ¿Por qué?, ¿qué habían hecho?..., ¿qué habían dicho?... ¡Imbéciles! ¿no veis que se está disciplinando la *ciudad*? ¿No recordáis que Rosas decía a Quiroga que no era posible constituir la República, porque no había costumbres? Es que está acostumbrando a la ciudad a ser gobernada: ¡él concluirá la obra, y en 1844 podrá presentar al mundo un pueblo que no tiene sino un pensamiento, una opinión, una voz, un entusiasmo sin límites por la persona y por la voluntad de Rosas! ¡Ahora sí que se puede constituir una República!

Pero volvamos a La Rioja. Habíase excitado en Inglaterra un movimiento febril de empresa sobre las minas de los nuevos Estados americanos: compañías poderosas se proponían explotar las de México y las del Perú; y Rivadavia, residente entonces en Londres, estimuló a los empresarios a traer sus capitales a la República Argentina. Las minas de Famatina se prestaban a las grandes empresas. Especuladores de Buenos Aires obtienen al mismo tiempo privilegios exclusivos para la explotación, con el designio de venderlos a

---

92 *Generala*: toque de alerta y llamado a tomar las armas

las compañías inglesas por sumas enormes. Estas dos especulaciones, la de la Inglaterra y la de Buenos Aires, se cruzaron en sus planes y no pudieron entenderse. Al fin hubo una transacción con otra casa inglesa que debía suministrar fondos, y que en efecto mandó directores y mineros ingleses. Más tarde se especuló en establecer una Casa de Moneda en La Rioja, que cuando el Gobierno nacional se organizase, debía serle vendida en una gran suma. Facundo solicitado, entró con un gran número de acciones, que pagó con el Colegio de Jesuitas, que se hizo adjudicar en pago de *sus sueldos* de General. Una comisión de accionistas de Buenos Aires vino a La Rioja para realizar esta empresa, y desde luego manifestó su deseo de ser presentada a Quiroga, cuyo nombre misterioso y terrífico empezaba a resonar por todas partes. Facundo se les presenta en su alojamiento con media de seda de patente, calzón de jergón, y un poncho de tela ruin. No obstante lo grotesco de esta figura, a ninguno de los ciudadanos elegantes de Buenos Aires le ocurrió reírse; porque eran demasiado avisados para no descifrar el enigma. Quería humillar a los hombres cultos, y mostrarles el caso que hacía de sus trajes europeos.

Ultimamente, derechos exorbitantes sobre la extracción de ganados que no fuesen los suyos, completaron el sistema de administración establecido en su provincia. Pero a más de estos medios directos de fortuna, hay uno que me apresuro a exponer, por desembarazarme de una vez de un hecho que abraza toda la vida pública de Facundo. ¡El juego! Facundo tenía la rabia del juego, como otros la de los licores, como otros la del rapé. Un alma poderosa, pero incapaz de abrazar una grande esfera de ideas, necesitaba esta ocupación facticia en que una pasión está en continuo ejercicio, contrariada y halagada a la vez, irritada, excitada, atormentada. Siempre he creído que la pasión del juego es en los más casos una buena cualidad de espíritu que está ociosa por la mala organización de una sociedad. Estas fuerzas de voluntad, de abnegación y de constancia son las mismas que forman las fortunas del comerciante emprendedor, del banquero, y del conquistador que juega imperios a las batallas. Facundo ha jugado desde la infancia; el juego ha sido su único goce, su desahogo, su vida entera. ¿Pero sabéis lo que es un tallador que tiene en fondos el poder, el terror y la vida de sus compañeros de mesa? Esta es una cosa de que nadie ha podido formarse idea, sino después de haberlo visto durante veinte años. Facundo jugaba sin lealtad, dicen sus enemigos... Yo no doy fe a este cargo, porque la mala fe le era inútil, y porque perseguía de muerte a los que la usaban. Pero Facundo jugaba con fondos ilimitados; no permitió jamás que nadie levantase de la mesa el dinero con que jugaba; no era posible dejar de jugar, sin que él lo dispusiese; él jugaba cuarenta horas y más consecutivas; él no estaba turbado por el terror, y él podía mandar azotar o fusilar a compañeros de carpeta, que muchas veces eran hombres comprometidos. He aquí el secreto de la buena fortuna de Quiroga. Son raros los que le han ganado sumas considerables, aunque sean muchos los que en momentos dados de una partida de juego han tenido delante de sí pirámides de onzas ganadas a Quiroga: el juego ha seguido, porque al gananioso no le era permitido levantarse, y al fin sólo le ha quedado la gloria de contar que tenía ganado ya tanto y lo perdió en seguida.

El juego fue, pues, para Quiroga una diversión favorita y un sistema de expoliación. Nadie recibía dinero de él en La Rioja, nadie lo poseía sin ser invitado inmediatamente a jugar, y a dejarlo en poder del caudillo. La mayor parte de los comerciantes de La Rioja quiebran, desaparecen, porque el dinero ha ido a parar a la bolsa del General; y no es porque no les dé lecciones de prudencia. Un joven había ganado a Facundo cuatro mil pesos, y Facundo no quería jugar más. El joven cree que es una red que le tienden, que su vida está en peligro. Facundo repite que no juega más; insiste el joven atolondrado, y Facundo condescendiendo le gana los cuatro mil pesos y le manda dar doscientos azotes *por bárbaro*.[93]

Me fatigo de leer infamias, contestes en todos los manuscritos que consulto. Sacrifico la relación de ellas a la vanidad de autor, a la pretensión literaria. Diciendo más, los cuadros saldrían recargados, innobles, repulsivos.

Hasta aquí llega la vida del *Comandante de Campaña,* después que ha abolido la *ciudad* y la ha suprimido. Facundo hasta aquí es como Rosas en su estancia, aunque ni el juego ni la satisfacción brutal de todas las pasiones lo deshonrasen tanto antes de llegar al poder. Pero Facundo va a entrar en una nueva esfera, y tendremos luego que seguirlo por toda la República, que ir a buscarlo en los campos de batalla.

¿Qué consecuencias trajo para La Rioja la destrucción del orden *civil* ? Sobre esto no se razona, no se discurre. Se va a ver el teatro en que estos sucesos se desenvolvieron, y se tiende la vista sobre él: ahí está la respuesta. Los Llanos de La Rioja están hoy desiertos; la población ha emigrado a San Juan; los aljibes que daban de beber a millares de rebaños se han secado. En esos Llanos donde ahora veinte años pacían tantos millares de rebaños, vaga tranquilo el tigre que ha reconquistado su dominio, algunas familias de pordioseros recogen algarroba para mantenerse. Así han pagado los Llanos los males que extendieron sobre la República. ¡Ay de ti, Betsaida y Corozain![94] En verdad os digo que Sodoma y Gomorra fueron mejor tratadas que lo que debíais serlo vosotras.

---

93   esta anécdota es recogida por Ricardo Güiraldes en su relato *Facundo* incluído en sus *Cuentos de Muerte y de Sangre* (Stockcero ISBN 987-1136 07-2)

94   *Betsaida y Corozain*: ciudades comerciales, con relativo nivel de vida y bienestar material que se mostraron contrarias a las enseñanzas de Jesús (Mateo 11 20-24)

Capítulo VII

Sociabilidad (1825)

La société du moyen–âge était composée des débris de mille autres sociétés.
Toutes les formes de liberté et de servitude se rencontraient; la liberté monar-
chique du roi, la liberté individuelle du prêtre, la liberté privilégiée des villes,
la liberté représentative de la nation, l'esclavage romain, le servage barbare, la
servitude de l'aubain.
Chateaubriand

La sociedad medieval estaba compuesta por los restos de mil otras sociedades. Todas las formas
de libertad y sevidumbre se reencontraban: la libertad monárquica del rey, la libertad individual del sacerdote, la libertad privilegiada de las ciudades, la libertad representativa de la
nación, la esclavitud romana, el vasallaje bárbaro, laservidumbre del extranjero.

Facundo posee La Rioja como árbitro y dueño absoluto: no hay más voz que la suya, más interés que el suyo. Como no hay letras, no hay opiniones, y como no hay opiniones diversas, La Rioja es una máquina de guerra que irá adonde la lleven. Hasta aquí Facundo nada ha hecho de nuevo, sin embargo; esto era lo mismo que habían hecho el doctor Francia[95], Ibarra, López, Bustos[96]; lo que habían intentado Güemes y Aráoz[97] en el norte: destruir todo derecho para hacer valer el suyo propio. Pero un mundo de ideas, de intereses contradictorios se agitaba fuera de La Rioja, y el rumor lejano de las discusiones de la prensa y de los partidos llegaba hasta su residencia en los Llanos. Por otra parte, él no había podido elevarse sin que el ruido que hacía el edificio de la civilización que destruía no se oyese a la distancia, y los pueblos vecinos no fijasen en él sus miradas. Su nombre había pasado

95 *Francia*: José Gaspar Rodríguez de (1766-1840) gobernó el Paraguay desde 1814 hasta su muerte en 1840. Muy popular con las clases bajas impuso un estado policíaco autoritario basado en el espionaje y la coerción

96 *Bustos*: Juan Bautista (1779-1830) militar nacido en Córdoba. Marchó desde su ciudad a Buenos Aires en ocasión de las invasiones inglesas.Participó activamente en la Revolución de Mayo de 1810. Destinado al Ejército del Norte fue uno de los oficiales de confianza de Manuel Belgrano. Leal al Directorio de Buenos Aires combatió a los caudillos Borges (Santiago del Estero), Estanislao López (Santa Fe) y Artigas. Fue gobernador de su provincia entre 1820 y 1829. Enfrentado con el unitarismo Bustos se acercó a Facundo Quiroga. De-rrotado por el general José María Paz (abril de 1829) en su huida fue sorprendido por una patrulla unitaria en la costa del Río Primero. Para evitar ser capturado Bustos se arrojó a las aguas con su caballo. Acogido por Estanislao López falleció en Santa Fe en 1830

97 *Aráoz*: Bernabé de (1782-1824) gobernador de Tucumán en cuatro oportunidades entre 1819 y 1823. El 6 de Sep tiembre de 1820 proclamó la República Federal de Tucumán y asumió el gobierno con el título de Director Supremo

los límites de La Rioja: Rivadavia lo invitaba a contribuir a la organización de la República; Bustos y López a oponerse a ella; el Gobierno de San Juan se preciaba de contarlo entre sus amigos, y hombres desconocidos venían a los Llanos a saludarlo y pedirle apoyo para sostener este o el otro partido. Presentaba la República Argentina en aquella época un cuadro animado e interesante. Todos los intereses, todas las ideas, todas las pasiones se habían dado cita para agitarse y meter ruido. Aquí un caudillo que no quería nada con el resto de la República; allí un pueblo que nada más pedía que salir de su aislamiento; allá un Gobierno que transportaba la Europa a la América; acullá otro que odiaba hasta el nombre de civilización; en unas partes se rehabilitaba el Santo Tribunal de la Inquisición; en otras se declaraba la libertad de las conciencias como el primero de los derechos del hombre; unos gritaban Federación, otros Gobierno central; cada una de estas diversas fases tenía intereses y pasiones fuertes, invencibles en su apoyo. Yo necesito aclarar un poco este caos, para mostrar el papel que tocó desempeñar a Quiroga, y la grande obra que debió realizar. Para pintar el Comandante de Campaña que se apodera de la ciudad y la aniquila al fin, he necesitado describir el suelo argentino, los hábitos que engendra, los caracteres que desenvuelve. Ahora, para mostrar a Quiroga saliendo ya de su provincia y proclamando un principio, una idea, y llevándola a todas partes en la punta de las lanzas, necesito también trazar la carta geográfica de las ideas y de los intereses que se agitaban en las ciudades. Para este fin, necesito examinar dos ciudades, en cada una de las cuales predominaban las ideas opuestas, Córdoba y Buenos Aires, tales como existían hasta 1825.

CÓRDOBA

Córdoba era, no diré la ciudad más coqueta de la América, porque se ofendería de ello su gravedad española, pero sí una de las ciudades más bonitas del continente. Sita en una hondonada que forma un terreno elevado llamado *Los Altos,* se ha visto forzada a replegarse sobre sí misma, a estrechar y reunir sus regulares edificios. El cielo es purísimo, el invierno seco y tónico, el verano ardiente y tormentoso. Hacia el oriente tiene un bellísimo paseo de formas caprichosas de un golpe de vista mágico. Consiste en un estanque de agua encuadrado en una vereda espaciosa, que sombrean sauces añosos y colosales. Cada costado es de una cuadra de largo, encerrado bajo una reja de fierro forjado con enormes puertas en los centros de los cuatro costados, de manera que el paseo es una prisión encantada en que se da vueltas siempre en torno de un vistoso cenador de arquitectura griega. En la plaza principal está la magnífica catedral de orden gótico con su enorme cúpula recortada en arabescos, único modelo que yo sepa que haya en la América del Sud de la arquitectura de la Edad Media. A una cuadra está el templo y convento de la Compañía de Jesús, en cuyo presbiterio hay una trampa que da entrada a subterráneos que se extienden por debajo de la ciudad, y van a parar no se sabe todavía adónde; también se han encontrado los calabozos en que la Sociedad sepultaba vivos a sus reos. Si queréis, pues, conocer monumentos de la Edad Media, y examinar el poder y las formas de aquella célebre Orden, id a Córdoba, donde estuvo uno de sus grandes establecimientos centrales de América.

En cada cuadra de la sucinta ciudad hay un soberbio convento, un monasterio, o una casa de beatas o de ejercicios. Cada familia tenía entonces un clérigo, un fraile, una monja, o un corista; los pobres se contentaban con poder contar entre los suyos un betlemita[98], un motilón[99], un sacristán o un monacillo.

Cada convento o monasterio tenía una ranchería contigua, en que estaban reproduciéndose ochocientos esclavos de la Orden, negros, zambos, mulatos y mulatillas de ojos azules, rubias, rozagantes, de pierna bruñida como el mármol; verdaderas circasianas[100] dotadas de todas las gracias, con más una dentadura de origen africano, que servía de cebo a las pasiones humanas, todo para mayor honra y provecho del convento a que estas huríes pertenecían.

Andando un poco en la visita que hacemos, se encuentra la célebre Universidad de Córdoba, fundada nada menos que en el año 1613, y en cuyos claustros sombríos han pasado su juventud ocho generaciones de doctores en ambos derechos, ergotistas[101] insignes, comentadores y casuistas[102]. Oigamos al célebre Deán Funes[103] describir la enseñanza y espíritu de esta famosa Universidad, que ha provisto durante dos siglos de teólogos y doctores a una gran parte de la América. "El curso teológico duraba cinco años y medio. La Teología

---

98   *Betlemita*: o Betlehemita: orden hospitalaria creada por el beato español Pedro de Bethencourt (1619 a 1667) consagrada a atender enfermos, convalecientes, forasteros, y desvalidos.

99   *Motilón*: fraile lego que está rapado por igual, es decir, sin corona o tonsura

100   *Circasiana*: mujer perteneciente al pueblo caucasoide cuyo hábitat originario se localizaba en el Noroeste del Cáucaso, a orillas de los mares Negro y de Azov y constituía una raza famosa por su belleza de proporciones y por el color de su piel

101   *Ergotista*: persona aficionada a argüir en forma silogística, del Latin *ergo* (por lo tanto)

102   *Casuista*: quien expone casos prácticos propios de las ciencias morales y jurídicas

103   *Deán Funes*: Gregorio Funes (1749-1829) nacido en Córdoba, una vez ordenado Presbítero viajó a España donde se doctoró en Derecho Civil, obtuvo una canonjía de merced y regresó a Córdoba trayendo una rica biblioteca. Al poco tiempo fue nombrado Provisor, Vicario General y Gobernador del Obispado, y luego Deán de la Catedral. En Diciembre de 1807 fue nombrado para ocupar el rectorado del Colegio de Montserrat y del Cancelariato de la Universidad de Córdoba. Entonces formuló un reglamento de estudios que, aprobado por la Corte de España, rigió en las demás Universidades de América. Bajo su influencia la educación dejó de ser teocrática incorporándose los más modernos autores de la época como Voltaire, D'Alembert, Diderot y Rousseau. Se establecieron cátedras de matemáticas, física experimental, derecho canónico, geografía, música y francés. Independentista fervoroso desde 1810, fue diputado de la Junta Superior en la que se mostró moderado y proclive al federalismo al tiempo que actuó como redactor de la mayor parte de las proclamas, cartas y manifiestos. En 1816 fue electo diputado por Córdoba para el Congreso de Tucumán, y en 1819 gracias a su prestigio presidió el Congreso Constituyente que sancionó la Constitución de las Provincias Unidas de Sudamérica. En 1823 Bolívar y Sucre le ofrecieron el decanato de la Catedral de La Paz (Bolivia), cargo que aceptó. En 1826 fue electo diputado por Córdoba para la Asamblea General Constituyente donde defendió la constitución unitaria de 1819 y la preeminencia de Buenos Aires. Falleció en Buenos aires el 10 de enero de 1829.

participaba de la corrupción de los estudios filosóficos. Aplicada la filosofía de Aristóteles a la Teología formaba una mezcla de profano y espiritual. Razonamientos puramente humanos, sutilezas y sofismas engañosos; cuestiones frívolas e impertinentes: esto fue lo que vino a formar el gusto dominante de estas escuelas". Si queréis penetrar un poco más en el espíritu de libertad que daría esta instrucción, oíd al Deán Funes todavía: "Esta Universidad nació y se creó exclusivamente en manos de los jesuitas, quienes la establecieron en su colegio llamado Máximo, de la ciudad de Córdoba". Muy distinguidos abogados han salido de allí, pero literatos ninguno que no haya ido a rehacer su educación en Buenos Aires y con los libros modernos.

Esta ciudad docta no ha tenido hasta hoy teatro público, no conoció la ópera, no tiene aún diarios, y la imprenta es una industria que no ha podido arraigarse allí. El espíritu de Córdoba hasta 1829 es monacal y escolástico: la conversación de los estrados rueda siempre sobre las procesiones, las fiestas de los santos, sobre exámenes universitarios, profesión de monjas, recepción de las borlas de doctor.

Hasta dónde puede esto influir en el espíritu de un pueblo ocupado de estas ideas durante dos siglos, no puede decirse; pero algo ha debido influir, porque ya lo veis, el habitante de Córdoba tiende los ojos en torno suyo y no ve el espacio; el horizonte está a cuatro cuadras de la plaza; sale por las tardes a pasearse, y en lugar de ir y venir por una calle de álamos, espaciosa y larga como la cañada de Santiago, que ensancha el ánimo y lo vivifica, da vueltas en torno de un lago artificial de agua sin movimiento, sin vida, en cuyo centro está un cenador de formas majestuosas, pero inmóvil, estacionario: la ciudad es un claustro encerrado entre barrancas, el paseo es un claustro con verjas de fierro; cada manzana tiene un claustro de monjas o frailes; los colegios son claustros; la legislación que se enseña, la teología, toda la ciencia escolástica de la Edad Media es un claustro en que se encierra y parapeta la inteligencia contra todo lo que salga del texto y del comentario. Córdoba no sabe que existe en la tierra otra cosa que Córdoba; ha oído, es verdad, decir que Buenos Aires está por ahí, pero si lo cree, lo que no sucede siempre, pregunta: "¿Tiene Universidad? pero será de ayer: veamos ¿cuántos conventos tiene? ¿Tiene paseo como éste? Entonces eso no es nada".

¿Por qué autor estudian ustedes legislación allá? preguntaba el grave doctor Jigena a un joven de Buenos Aires. —Por Bentham [104]. —¿Por quién dice usted? ¿Por Benthamcito? señalando con el dedo el tamaño del volumen en dozavo, en que anda la edición de Bentham.

—...¡Por Benthamcito! En un escrito mío hay más doctrina que en esos

104 *Bentham*: Jeremy (1748-1832) filósofo británico fundador del utilitarismo. En su *Introduction to the Principles of Morals* (1780) propone como objetivo de la actividad política la consecución de la mayor felicidad para el mayor número de personas. Sus ideas fueron la base de una profunda crítica de la sociedad que aspiraba a comprobar la utilidad de las creencias, costumbres e instituciones existentes en su tiempo. Activista a favor de la reforma de las leyes, se enfrentó a las doctrinas políticas establecidas en su época tales como el derecho natural y el contractualismo. Fue el primero en proponer una justificación utilitarista para la democracia. Adelantándose extraordinariamente a su tiempo, luchó por el bienestar de los animales, el sufragio universal y la descriminalización de la homosexualidad.

mamotretos. ¡Qué Universidad y qué doctorzuelos! —¿Y ustedes por quién enseñan?— ¡Hoy!, ¿y el cardenal de Luca?[105]... ¿Qué dice Ud.? ¡Diecisiete volúmenes en folio!...

Es verdad que el viajero que se acerca a Córdoba, busca y no encuentra en el horizonte la ciudad santa, la ciudad mística, la ciudad con capelo y borlas de doctor. Al fin, el arriero le dice: "Vea ahí... abajo... entre los pastos..." Y en efecto, fijando la vista en el suelo y a corta distancia, vense asomar una, dos, tres, diez cruces seguidas de cúpulas y torres de los muchos templos que decoran esta Pompeya de la España de la *media–edad*.

Por lo demás, el pueblo de la ciudad compuesto de artesanos participaba del espíritu de las clases altas; el maestro zapatero se daba los aires de doctor en zapatería, y os enderezaba un texto latino al tomaros gravemente la medida; el *ergo* andaba por las cocinas y en boca de los mendigos y locos de la ciudad, y toda disputa entre ganapanes tomaba el tono y forma de las conclusiones. Añádase que durante toda la revolución, Córdoba ha sido el asilo de los españoles, en todas las demás partes maltratados. ¿Qué mella haría la revolución de 1810 en un pueblo educado por los jesuitas y enclaustrado por la naturaleza, la educación y el arte? ¿Qué asidero encontrarían las ideas revolucionarias, hijas de Rousseau, Mably[106], Raynal[107] y Voltaire[108], si por fortuna atravesaban la Pampa para descender a la catacumba española, en aquellas cabezas disciplinadas por el peripato[109], para hacer frente a toda idea nueva; en aquellas inteligencias que, como su paseo, tenían una idea inmóvil en el centro, rodeada de un lago de aguas muertas, que estorbaba penetrar hasta ellas?

Hacia los años de 1816, el ilustrado y liberal Deán Funes logró introducir en aquella antigua universidad los estudios hasta entonces tan despreciados: matemáticas, idiomas vivos, derecho público, física, dibujo y música. La juventud cordobesa empezó desde entonces a encaminar sus ideas por nuevas vías, y no tardó mucho en dejarse sentir los efectos, de lo que trataremos en otra parte, porque por ahora sólo caracterizo el espíritu maduro, tradicional, que era el que predominaba.

La revolución de 1810 encontró en Córdoba un oído cerrado, al mismo tiempo que las Provincias todas respondían a un tiempo al grito de: ¡a las armas! ¡a la libertad! En Córdoba empezó Liniers a levantar ejércitos para que fuesen a Buenos Aires a *ajusticiar* la revolución; a Córdoba mandó la Junta uno de los suyos y sus tropas, a decapitar a la España. Córdoba, en fin, ofendida del ultraje y esperando venganza y reparación, escribió con la mano docta de la Universidad, y en el idioma del breviario y los comentadores[110], aquel célebre anagrama que señalaba al pasajero la tumba de los primeros realistas sacrificados en los altares de la Patria:

Concha **L**iniers **A**llende **M**oreno **O**rellana **R**odriguez

En 1820, un ejército se subleva en Arequito, y su jefe cordobés abandona el pabellón de la Patria, y se establece pacíficamente en Córdoba, que se goza en haberle arrebatado un ejército. Bustos crea un Gobierno colonial sin responsabilidad, introduce la etiqueta de corte, el quietismo secular de la España, y así preparada llega Córdoba al año 25, en que se trata de organizar la República y constituir la revolución y sus consecuencias.

BUENOS AIRES

Examinemos ahora a Buenos Aires. Durante mucho tiempo lucha con los indígenas que la barren de la haz de la tierra[111]; vuelve a levantarse [112], cae en seguida, hasta que por los años 1620 se levanta ya en el mapa de los dominios españoles lo suficiente para elevarla a Capitanía General, separándola de la del Paraguay a que hasta entonces estaba sometida. En 1777 era Buenos Aires ya muy visible, tanto, que fue necesario rehacer la geografía administrativa de las colonias para ponerla al frente de un virreinato creado ex profeso para ella.

En 1806, el ojo especulador de Inglaterra recorre el mapa americano, y sólo ve a Buenos Aires, su río, su porvenir. En 1810 Buenos Aires pulula de revolucionarios avezados en todas las doctrinas anti–españolas, francesas y europeas. ¿Qué movimiento de ascensión se ha estado operando en la ribera occidental del Río de la Plata? La España colonizadora no era ni comerciante ni navegante; el Río de la Plata era para ella poca cosa: la España *oficial* miró con desdén una playa y un río. Andando el tiempo, el río había depuesto su sedimento de riquezas sobre esa playa pero muy poco del espíritu español, del gobierno español. La actividad del comercio había traído el espíritu y las ideas generales de Europa; los buques que frecuentaban sus aguas traían libros de todas partes, y noticias de todos los acontecimientos políticos del mundo. Nótese que la España no tenía otra ciudad comerciante en el Atlántico. La guerra con los ingleses aceleró el movimiento de los ánimos hacia la emancipación, y despertó el sentimiento de la propia importancia. Buenos Aires es un niño que vence a un gigante, se infatúa, se cree un héroe, y se aven-

---

105 *Cardenal de Luca*: Juan Bautista de Luca (1614-1683) canonistas italiano autor del *Theatrum veritatis et iustitiae*

106 *Mably*: Gabriel Bonnot de (1709-1785) escritor francés que propugnó la revolución como medio válido. Sus Obras completas aparecieron en 1789.

107 *Raynal*: Guillaume (1713-1796) historiador francés, enciclopedista, atacó al clero y fue perseguido por publicar su *Historia filosófica de las dos Indias*. Apoyó la revolución y más tarde al Directorio.

108 *Voltaire*: Francois Marie Arouet (1694-1778) célebre escritor francés conocido como poeta, dramaturgo y prosista, y por sus tratados filosóficos liberales basados en la tolerancia y la razón.

109 *Peripato*: sistema filosófico de Aristóteles, del término griego para *paseo*, ya que enseñaba mientras paseaba

110 *Idioma del breviario y los comentadores*: Latín

111 se refiere al sitio y posterior destrucción entre 1537 y 1541 de la ciudad fundada el 2 de febrero de 1536 por Pedro de Mendoza (1487-1537) primer adelantado del Río de la Plata

112 el 11 de Junio de 1580 Juan de Garay (1528-1583) después de haber fundado Santa Fe, vino a refundar a Santa María de los Buenos Aires

tura a cosas mayores. Llevada de este sentimiento de la propia suficiencia, inicia la revolución con una audacia sin ejemplo; la lleva por todas partes, se cree encargada de lo Alto para la realización de una grande obra. El *Contrato Social* vuela de mano en mano; Mably y Raynal son los oráculos de la prensa; Robespierre[113] y la Convención, los modelos. Buenos Aires se cree una continuación de la Europa; y si no confiesa francamente que es francesa y norteamericana en su espíritu y tendencias, niega su origen español, porque el Gobierno español, dice, la ha recogido después de adulta. Con la revolución vienen los ejércitos y la gloria, los triunfos y los reveses, las revueltas y las sediciones. Pero Buenos Aires, en medio de todos estos vaivenes, muestra la fuerza revolucionaria de que está dotada. Bolívar es todo. Venezuela es la peana de aquella colosal figura; Buenos Aires es una ciudad entera de revolucionarios. Belgrano, Rondeau, San Martín, Alvear y los cien generales que mandan sus ejércitos son sus instrumentos, sus brazos, no su cabeza ni su cuerpo. En la República Argentina no puede decirse: el general tal libertó el país, sino la Junta, el Directorio, el Congreso, el gobierno de tal o tal época mandó al general tal que hiciese tal cosa. El contacto con los europeos de todas las naciones es mayor aún desde los principios, que en ninguna parte del continente hispano–americano: la *des–españolización y la europeificación* se efectúan en diez años de un modo radical, sólo en Buenos Aires se entiende. No hay más que tomar una lista de vecinos de Buenos Aires para ver cómo abundan en los hijos del país los apellidos ingleses, franceses, alemanes, italianos. El año 1820 se empieza a organizar la sociedad, según las nuevas ideas de que está impregnada; y el movimiento continúa hasta que Rivadavia se pone a la cabeza del Gobierno. Hasta este momento Rodríguez y Las Heras han estado echando los cimientos ordinarios de los gobiernos libres. Ley de olvido, seguridad individual, respeto de la propiedad, responsabilidad de la autoridad, equilibrio de los poderes, educación pública, todo en fin se cimenta y constituye pacíficamente. Rivadavia viene de Europa, se trae a la Europa; más todavía, desprecia a la Europa; Buenos Aires (y por supuesto, decían, la República Argentina) realizará lo que la Francia republicana no ha podido, lo que la aristocracia inglesa no quiere, lo que la Europa despotizada echa de menos. Esta no era una ilusión de Rivadavia; era el pensamiento general de la *ciudad,* era su espíritu, su tendencia.

El más o el menos en las pretensiones dividía a los partidos, pero no ideas antagonistas en el fondo. ¿Y qué otra cosa había de suceder en un pueblo que sólo en catorce años había escarmentado a la Inglaterra, correteado la mitad del continente, equipado diez ejércitos, dado cien batallas campales, vencido en todas partes, mezclándose en todos los acontecimientos, violado todas las tradiciones, ensayado todas las teorías, aventurádolo todo y salido bien en todo: que vivía, se enriquecía, se civilizaba? ¿Qué había de suceder, cuando las

---

113 *Robespierre*: Maximilien de (1758-1794) Político y revolucionario francés que desde el Comité de Salvación Pública propugnó la institución de una dictadura para lograr la unidad de la República ante sus enemigos. Convencido de que el orden constitucional, al que aspiraba la Revolución, era distinto del orden revolucionario que debía llevar a él, instituyó el terror como mecanismo para construir una sociedad transparente y sana. Inspirador del período del Terror terminó ejecutado en la guillotina el 28 de julio de 1794

bases de Gobierno, la fe política que le había dado la Europa, estaban plagadas de errores, de teorías absurdas y engañosas, de malos principios; porque sus hombres políticos no tenían obligación de saber más que los grandes hombres de la Europa, que hasta entonces no sabían nada definitivo en materia de organización política? Este es un hecho grave que quiero hacer notar. Hoy los estudios sobre las constituciones, las razas, las creencias, la historia en fin, han hecho vulgares ciertos conocimientos prácticos que nos aleccionan contra el brillo de las teorías concebidas *a priori;* pero antes de 1820, nada de esto había trascendido por el mundo europeo. Con las paradojas del *Contrato Social* se sublevó la Francia; Buenos Aires hizo lo mismo: Montesquieu[114] distinguió tres poderes; y al punto tres poderes tuvimos nosotros: Benjamin Constant[115] y Bentham anulaban al ejecutivo; nulo de nacimiento se le constituyó allí; Say[116] y Smith[117] predicaban el comercio libre; comercio libre, se repitió: Buenos Aires confesaba y creía todo lo que el mundo sabio de Europa creía y confesaba. Sólo después de la revolución de 1830 en Francia, y de sus resultados incompletos, las ciencias sociales toman nueva dirección, y se comienzan a desvanecer las ilusiones. Desde entonces empiezan a llegarnos libros europeos que nos demuestran que Voltaire no tenía razón, que Rousseau era un sofista, que Mably y Raynal unos anárquicos, que no hay tres poderes, ni contrato social, etc., etc. Desde entonces sabemos algo de razas, de tendencias, de hábitos nacionales, de antecedentes históricos. Tocqueville nos revela por la primera vez el secreto de Norte–América; Sismondi[118] nos descubre el vacío de las cons-

114 *Montesquieu*: Charles-Louis de Secondat (1689-1775) filósofo francés. En 1721 publicó las *Cartas persas*, una reflexión crítica de la realidad francesa (sociedad, instituciones, religión, absolutismo) a través de los ojos de un joven persa residente en Francia. Luego *Consideraciones sobre las causas de la grandeza y decadencia de los romanos* y en 1784 *El espíritu de las leyes*, donde expone su teoría acerca de la existencia de un orden en el acontecer histórico y unas leyes que condicionan la actuación humana. Para Montesquieu la monarquía constitucional, la mejor forma de gobierno, al reunir las ventajas de la república y de las monarquías absolutas. En este sentido, Inglaterra representa los postulados de Montesquieu. Postuló dividir el poder del estado en tres partes específicas y diferentes, que se contrapesen. La división de poderes (legislativo, ejecutivo y judicial) es garantía, según Montesquieu, contra un gobierno tiránico y despótico.

115 *Benjamin Constant*: Henri Benjamin Constant de Rebecque (1767-1830) Escritor y político nacido en Lausanne, Suiza. Uno de los principales teóricos del liberalismo doctrinario francés. Madame de Staël lo impulsó a intervenir en política y logró su nombramiento como tribuno del Consulado de Napoleón. Escribió *Adolphe, anecdote trouvée dans les papiers d´un inconnu*, calificado como novela psicológica, *Cécile* y varias obras más como *De l'Esprit de Conquête ou Réflexions sur les institutions* y *Cours de politique constitutionelle*

116 *Say*: Jean Baptiste (1767-1832) Economista francés de la Escuela Clásica, seguidor de Adam Smith aunque en su *Traité d'èconomie politique* hizo aportes de gran originalidad como la Ley de Say (toda oferta crea su propia demanda). Participó activamente en la revolución francesa. Partidario del laissez-faire, se opuso a la política intervencionista de Napoleón.

117 *Smith*: Adam (1723-1790) su libro *Investigación sobre la Naturaleza y Causas de la Riqueza de las Naciones* es considerado el origen de la Economía como ciencia. Se ocupó del crecimiento económico y la distribución, el valor, el comercio internacional, etc. Opuesto a las ideas mercantilistas restrictivas de la libre competencia, sostenía que hay una *mano invisible* que convierte los esfuerzos individuales en beneficios para todos.

118 *Sismondi*: Jean-Charles-Leonard Simonde de (1773-1842) Economista suizo. Testigo en Inglaterra de la crisis de sobreproducción de 1817 elaboró su propia teoría sobre el capitalismo y el liberalismo decimonónico. Escribió *De la riqueza comercial* y *Nuevos principios de economía política*, una crítica al capitalismo inglés.

tituciones; Thierry[119], Michelet[120] y Guizot, el espíritu de la historia; la Revolución de 1830[121] toda la decepción del constitucionalismo de Benjamin Constant; la Revolución española[122], todo lo que hay de incompleto y atrasado en nuestra raza. ¿De qué culpan, pues, a Rivadavia y a Buenos Aires? ¿De no tener más saber que los sabios europeos que los extraviaban? Por otra parte, ¿cómo no abrazar con ardor las ideas generales el pueblo que había contribuido tanto y con tan buen suceso a generalizar la Revolución? ¿Cómo ponerle rienda al vuelo de la fantasía del habitante de una llanura sin límites, dando frente a un río sin ribera opuesta, a un paso de la Europa, sin conciencia de sus propias tradiciones, sin tenerlas en realidad; pueblo nuevo, improvisado, y que desde la cuna se oye saludar pueblo grande?

Así educado, mimado hasta entonces por la fortuna, Buenos Aires se entregó a la obra de constituirse a sí y a la República, como se había entregado a la de libertarse a sí y a la América, con decisión, sin medios términos, sin contemporización con los obstáculos. Rivadavia era la encarnación viva de ese espíritu poético, grandioso, que dominaba la sociedad entera. Rivadavia, pues, continuaba la obra de Las Heras en el ancho molde en que debía vaciarse un grande estado americano, una república. Traía sabios europeos para la prensa y las cátedras, colonias para los desiertos, naves para los ríos, interés y libertad para todas las creencias, crédito y Banco Nacional para impulsar la industria; todas las grandes teorías sociales de la época, para moldear su gobierno; la Europa, en fin, a vaciarla de golpe en la América, y realizar en diez años la obra que antes necesitara el transcurso de siglos. ¿Era quimérico este proyecto? Protesto que no. Todas sus creaciones administrativas subsisten, salvo las que la barbarie de Rosas halló incómodas para sus atentados. La libertad de cultos, que el alto clero de Buenos Aires apoyó, no ha sido restringida; la población europea se disemina por las estancias, y toma las armas de su motu proprio para romper con el único obstáculo que la priva de las bendiciones que le ofrecía aquel suelo; los ríos están pidiendo a gritos que se rompan las cataratas oficiales que les estorban ser navegados, y el Banco Nacional es una institución tan hondamente arraigada, que él ha salvado la sociedad

119 *Thierry:* Amédée (1797-1873) Historiador francés. Escxribió *Histoire de la conquête de l'Angleterre par les Normands, de ses causes et ses suites jusqu'a nos jours* e *Histoire des Gaulois, despuis les temps les plus reculés jusqu'a l'entière soumission de la Gaulle à la domination romaine*

120 *Michelet:* Jules (1798-1874) Ensayista e historiador francés, defensor de los derechos democráticos y republicanos. Entre otras obras escribio *Histoire romaine, Histoire de France, Histoire de la Révolution Française* e *Histoire du XIXe siècle*

121 *Revolución de 1830:* ciclo revolucionario en Europa cuyo resultado fue el triunfo del liberalismo. A diferencia del ciclo de 1820 que había consistido en levantamientos esencialmente nacionalistas dirigidos por militares, las rvueltas liberales fueron encabezadas por elementos de las clases medias. Comprendió revoluciones en Francia, Bélgica, parte de Alemania, Italia, Suiza y Polonia, todas con el propósito de llevar al gobierno más cerca de la sociedad. El primer estallido revolucionario fue en Francia entre Carlos X y su minis-tro conservador, por una parte, y la Cámara liberal, por otra.

122 *Revolución española:* se refiere a la llamada "Década Ominosa" entre 1823-1833 iniciada con la decisión de Fernando VII de restablecer el absolutismo y declarar "nulos y sin ningún valor todos los actos del gobierno llamado constitucional", seguido por la primera guerra carlista, una lucha dinástica que involucró el enfrentamiento entre el absolutismo y el liberalismo

de la miseria a que la habría conducido el tirano. Sobre todo, por fantástico y extemporáneo que fuese aquel gran sistema, a que se encaminan y precipitan todos los pueblos americanos ahora, era por lo menos ligero y tolerable para los pueblos, y por más que hombres sin conciencia lo vociferen todos los días, Rivadavia nunca derramó una gota de sangre, ni destruyó la propiedad de nadie; descendiendo voluntariamente de la Presidencia fastuosa a la pobreza noble y humilde del proscripto. Rosas, que tanto lo calumnia, se ahogaría en el lago que nunca podría formar toda la sangre que ha derramado; y los cuarenta millones de pesos fuertes del tesoro nacional y los cincuenta de fortunas particulares que ha consumido en diez años, para sostener la guerra interminable que sus brutalidades han encendido, en manos del *fatuo,* del *iluso* Rivadavia, se habrían convertido en canales de navegación, ciudades edificadas, y grandes y multiplicados establecimientos de utilidad pública. Que le quede, pues, a este hombre, ya muerto para su patria, la gloria de haber representado la civilización europea en sus más nobles aspiraciones, y que sus adversarios cobren la suya de mostrar la barbarie americana en sus formas más odiosas y repugnantes; porque Rosas y Rivadavia son los dos extremos de la República Argentina, que se liga a los salvajes, por la Pampa, y a la Europa por el Plata.

No es el elogio sino la apoteosis la que hago de Rivadavia y de su partido, que han muerto para la República Argentina como elemento político, no obstante que Rosas se obstine suspicazmente en llamar unitarios a sus actuales enemigos. El antiguo partido unitario, como el de la Gironda, sucumbió hace muchos años. Pero en medio de sus desaciertos y sus ilusiones fantásticas, tenía tanto de noble y de grande, que la generación que le sucede le debe los más pomposos honores fúnebres. Muchos de aquellos hombres quedan aún entre nosotros, pero no ya como partido organizado: son las momias de la República Argentina, tan venerables y nobles como las del imperio de Napoleón. Estos unitarios del año 25 forman un tipo separado, que nosotros sabemos distinguir por la figura, por los modales, por el tono de la voz, y por las ideas. Me parece que entre cien argentinos reunidos, yo diría: éste es *unitario.* El unitario tipo marcha derecho, la cabeza alta; no da vuelta, aunque sienta desplomarse un edificio; habla con arrogancia; completa la frase con gestos desdeñosos y ademanes concluyentes; tiene ideas fijas, invariables; y a la víspera de una batalla se ocupará todavía de discutir en toda forma un reglamento, o de establecer una nueva formalidad legal; porque las fórmulas legales son el culto exterior que rinde a sus ídolos, la Constitución, las garantías individuales. Su religión es el porvenir de la República, cuya imagen colosal, indefinible, pero grandiosa y sublime, se le aparece a todas horas cubierta con el manto de las pasadas glorias, y no le deja ocuparse de los hechos que presencia. Es imposible imaginarse una generación más razonadora, más *deductiva,* más emprendedora y que haya carecido en más alto grado de sentido práctico. Llega la noticia de un triunfo de sus enemigos; todos lo repiten; el parte oficial lo detalla; los dispersos vienen heridos. Un *unitario* no cree en tal triunfo, y se funda en razones tan concluyentes, que os hace dudar de lo que vuestros ojos están viendo. Tiene tal fe en la superioridad de su causa, y tanta constancia y abnegación para consagrarle su vida, que el destierro, la pobreza, ni el lapso de los años entibiarán en un ápice su ardor. En cuanto a temple de alma y energía, son infinitamente superiores a la generación que les ha sucedido. Sobre todo lo que más los distingue de nosotros son sus modales finos, su política ceremoniosa, y sus ademanes pomposamente cultos. En los estrados no tienen rival, y no obstante que ya están desmontados por la edad, son más galanes, más bulliciosos y alegres con las damas que sus hijos. Hoy día las formas se descuidan entre nosotros a medida que el movimiento democrático se hace más pronunciado, y no es fácil darse idea de la cultura y refinamiento de la sociedad de Buenos Aires hasta 1828. Todos los europeos que arribaban creían hallarse en Europa, en los salones de París; nada faltaba, ni aun la petulancia francesa, que se dejaba notar entonces en el elegante de Buenos Aires.

Me he detenido en estos pormenores para caracterizar la época en que se trataba de constituir la República, y los elementos diversos que se estaban combatiendo. Córdoba, española por educación literaria y religiosa, estacionaria y hostil a las innovaciones revolucionarias, y Buenos Aires, todo novedad, todo revolución y movimiento, son las dos fases prominentes de los partidos que dividían las ciudades todas; en cada una de las cuales estaban luchando estos dos elementos diversos, que hay en todos los pueblos cultos. No sé si en América se presenta un fenómeno igual a éste; es decir, los dos partidos, retrógrado y revolucionario, conservador y progresista, representados altamente cada uno por una ciudad civilizada de diverso modo, alimentándose cada una de ideas extraídas de fuentes distintas: Córdoba, de la España, los Concilios, los Comentadores, el Digesto; Buenos Aires, de Bentham, Rousseau, Montesquieu y la literatura francesa entera.

A estos elementos de antagonismo se añadía otra causa no menos grave: tal era el aflojamiento de todo vínculo nacional, producido por la Revolución de la Independencia. Cuando la autoridad es sacada de un centro, para fundarla en otra parte, pasa mucho tiempo antes de echar raíces. El *Republicano* decía el otro día que "la autoridad no es más que un convenio entre gobernantes y gobernados". ¡Aquí hay muchos *unitarios* todavía! La *autoridad se funda en el asentimiento indeliberado que una nación da a un hecho permanente*. Donde hay deliberación y voluntad, no hay autoridad. Aquel estado de transición se llama *federalismo;* y de toda revolución y cambio consiguiente de autoridad, todas las naciones tienen sus ideas y sus intentos de *federación*.

Me explicaré. Arrebatado a la España Fernando VII, la autoridad, aquel hecho permanente, deja de ser; y la España se reúne en Juntas provinciales, que niegan autoridad a los que gobiernan en nombre del rey: Esto es *federación* de la España. Llega la noticia a la América, y se desprende de la España, separándose en varias secciones: *federación de la América.*

Del virreinato de Buenos Aires salen, al fin de la lucha, cuatro Estados: Bolivia, Paraguay, Banda Oriental y República Argentina: *federación del virreinato.*

La República Argentina se divide en provincias, no en las antiguas Intendencias, sino por ciudades: *federación de las Ciudades.*

No es que la palabra *federación* signifique separación; sino que dada la separación previa, expresa la unión de partes distintas. La República Argentina se hallaba en esta crisis social, y muchos hombres notables y bien intencionados de las *ciudades* creían que es posible hacer *federaciones* cada vez que un hombre o un pueblo se sienten sin respeto por una autoridad nominal, y de puro convenio. Así pues, había esta otra manzana de discordia en la República, y los partidos, después de haberse llamado *realistas* y patriotas, *congresistas* y ejecutivistas, *pelucones* y liberales, concluyeron con llamarse *federales* y unitarios. Miento, que no concluye aún la fiesta; que a D. Juan Manuel Rosas se le ha antojado llamar a sus enemigos presentes y futuros, *salvajes inmundos unitarios,* y uno nacerá *salvaje* estereotipado allí dentro de veinte años, como son federales hoy todos los que llevan la carátula que él les ha puesto.

Pero la República Argentina está geográficamente constituida de tal manera, que ha de ser unitaria siempre, *aunque el rótulo de la botella* diga lo contrario. Su llanura continua, sus ríos confluentes a un puerto único la hacen fatalmente "una e indivisible". Rivadavia, más conocedor de las necesidades del país, aconsejaba a los pueblos que se uniesen bajo una Constitución común, haciendo nacional el puerto de Buenos Aires. Agüero, su eco en el Congreso, decía a los porteños con su acento magistral y unitario: "DEMOS VOLUNTARIAMENTE A LOS PUEBLOS LO QUE MAS TARDE NOS RECLAMARAN CON LAS ARMAS EN LA MANO."

El pronóstico falló por una palabra. Los pueblos no reclamaron de Buenos Aires el puerto con las armas sino con la *barbarie,* que le mandaron en Facundo y Rosas. Pero Buenos Aires se quedó con la barbarie y el puerto, que sólo a Rosas ha servido y no a las provincias. De manera que Buenos Aires y las provincias se han hecho el mal mutuamente sin reportar ninguna ventaja.

Todos estos antecedentes he necesitado establecer para continuar con la vida de Juan Facundo Quiroga; porque aunque parezca ridículo decirlo, Facundo es el rival de Rivadavia. Todo lo demás es transitorio, intermediario y de poco momento: el partido federal de las ciudades era un eslabón que se ligaba al partido bárbaro de las campañas. La República era solicitada por dos fuerzas unitarias: una que partía de Buenos Aires y se apoyaba en los liberales del interior; otra que partía de las campañas, y se apoyaba en los caudillos que ya habían logrado dominar las ciudades: la una civilizada, constitucional, europea; la otra bárbara, arbitraria, americana.

Estas dos fuerzas habían llegado a su más alto punto de desenvolvimiento, y sólo una palabra se necesitaba para trabar la lucha; y ya que el partido revolucionario se llamaba *unitario,* no había inconveniente para que el partido adverso adoptase la denominación de *federal* sin comprenderla.

Pero aquella fuerza bárbara estaba diseminada por toda la República, dividida en provincias, en cacicazgos: necesitábase una mano poderosa para fundirla y presentarla en un todo homogéneo, y Quiroga ofreció su brazo para realizar esta grande obra.

El gaucho argentino, aunque de instintos comunes a los pastores, es eminentemente provincial: lo hay porteño, santafecino, cordobés, llanista, etc. Todas sus aspiraciones las encierra en su provincia; las demás son enemigas o extrañas, son diversas tribus que se hacen entre sí la guerra. López apoderado de Santa Fe, no se cura de lo que pasa alrededor suyo, salvo que vengan a importunarlo, que entonces monta a caballo y echa fuera a los intrusos. Pero como no estaba en sus manos que las provincias no se tocasen por todas partes, no podían tampoco evitar que al fin se uniesen en un interés común; y de ahí les viniese esa misma *unidad* que tanto se interesaban en combatir.

Recuérdese que al principio dije que las correrías y viajes de la juventud de Quiroga habían sido la base de su futura ambición. Efectivamente, Facundo, aunque gaucho, no tiene apego a un lugar determinado; es riojano, pero se ha educado en San Juan, ha vivido en Mendoza, ha estado en Buenos Aires. Conoce la República; sus miradas se extienden sobre un grande horizonte: dueño de La Rioja, quisiera naturalmente presentarse revestido del poder en el pueblo en que aprendió a leer, en la ciudad donde levantó unas tapias, en aquella otra, donde estuvo preso e hizo una acción gloriosa. Si los sucesos lo atraen fuera de su provincia no se resistirá a salir por cortedad ni encogimiento. Muy distinto de Ibarra o López, que no gustan sino de defenderse en su territorio, él acometerá el ajeno, y se apoderará de él. Así la Providencia realiza las grandes cosas por medios insignificantes e inapercibibles, y la Unidad bárbara de la República va a iniciarse a causa de que un *gaucho malo* ha andado de provincia en provincia levantando tapias y dando puñaladas.

Capítulo VIII

Ensayos

¡Cuánto dilata el día! Porque mañana quiero galopar diez cuadras
sobre un campo sembrado de cadáveres.
Shakespeare

Tal como la hemos visto pintada era en 1825 la fisonomía política de la República, cuando el Gobierno de Buenos Aires invitó a las provincias a reunirse en un Congreso general. De todas partes fue acogida esta idea con aprobación, ya fuese que cada caudillo contase con constituirse caudillo legítimo de su provincia, ya que el brillo de Buenos Aires ofuscase todas las miradas, y no fuese posible negarse sin escándalo a una pretensión tan racional. Se ha imputado al gobierno de Buenos Aires como una falta haber promovido esta cuestión, cuya solución debía ser tan funesta para él mismo y para la civilización, que como las religiones mismas, es generalizadora, propagandista, y mal creería un hombre si no deseara que todos creyesen como él.

Facundo recibió en La Rioja la invitación, y acogió la idea con entusiasmo, quizá por aquellas simpatías que los espíritus altamente dotados tienen por las cosas esencialmente buenas.

En 1825, la República se preparaba para la guerra del Brasil y a cada provincia se había encomendado la formación de un regimiento para el ejército. A Tucumán vino con este encargo el coronel Madrid[123], que impaciente por obtener los reclutas y elementos necesarios para levantar su regimiento, no vaciló mucho en derrocar aquellas autoridades morosas, y subir él al Gobierno a fin de expedir los decretos convenientes al efecto. Este acto subversivo ponía al Gobierno de Buenos Aires en una posición delicada. Había descon-

---

123 *Coronel Madrid*: Gregorio Aráoz de LaMadrid (1795-1857) quien como era partidario de la causa unitaria, al derrocar al gobernador Francisco Javier López suscitó temores en las provincias norteñas de que Rivadavia trataba de imponer el poder centralista por la fuerza

fianza en los Gobiernos, celos de provincia, y el coronel Madrid venido de Buenos Aires y trastornando un Gobierno provincial, lo hacía aparecer a aquél a los ojos de la nación como instigador. Para desvanecer esta sospecha, el Gobierno de Buenos Aires insta a Facundo que invada a Tucumán y restablezca las autoridades provinciales, Madrid explica al Gobierno el motivo real, aunque bien frívolo por cierto, que lo ha impulsado, y protesta de su adhesión inalterable. Pero ya era tarde; Facundo estaba en movimiento, y era preciso prepararse a rechazarlo. Madrid pudo disponer de un armamento que pasaba para Salta; pero por delicadeza, por no agravar más los cargos que contra él pesaban, se contentó con tomar 50 fusiles y otros tantos sables, suficientes, según él, para acabar con la fuerza invasora.

Es el General Madrid uno de esos tipos naturales del suelo argentino. A la edad de 14 años empezó a hacer la guerra a los españoles, y los prodigios de su valor romancesco pasan los límites de lo posible: se ha hallado en ciento cuarenta encuentros, en todos los cuales la espada de Madrid ha salido mellada y destilando sangre: el humo de la pólvora y los relinchos de los caballos lo enajenan materialmente, y con tal que él acuchille todo lo que se le pone por delante, caballeros, cañones, infantes, poco le importa que la batalla se pierda. Decía que es un tipo natural de aquel país, no por esta valentía fabulosa, sino porque es oficial de caballería, y poeta además[124]. Es un Tirteo[125] que anima al soldado con canciones guerreras, el cantor de que hablé en la primera parte; es el espíritu gaucho, civilizado y consagrado a la libertad. Desgraciadamente, no es un general *cuadrado* como lo pedía Napoleón; el valor predomina sobre las otras cualidades del general en proporción de ciento a uno. Y si no, ved lo que hace en Tucumán: pudiendo, no reúne fuerzas suficientes, y con un puñado de hombres presenta la batalla, no obstante que lo acompaña el coronel Díaz Vélez poco menos valiente que él. Facundo traía doscientos infantes y sus Colorados de caballería: Madrid tiene cincuenta infantes y algunos escuadrones de milicias. Comienza el combate, arrolla la caballería de Facundo y a Facundo mismo, que no vuelve al campo de batalla sino después de concluido todo. Queda la infantería en columna cerrada; Madrid manda cargarla, no es obedecido, y la carga él solo. Cierto; él solo atropella la masa de infantería; voltéanle el caballo, se endereza, vuelve a cargar, mata, hiere, acuchilla todo lo que está a su alcance, hasta que caen caballo y caballero traspasados de balas y bayonetazos, con lo cual la victoria se decide por la infantería. Todavía en el suelo, le hunden en la espalda la bayoneta de un fusil, le disparan el tiro, y bala y bayoneta lo traspasan, asándolo además con el fogonazo. Facundo vuelve al fin a recuperar su *bandera* negra que ha perdido y se encuentra con una batalla ganada y Madrid muerto, bien muerto. Su ropa está ahí; su espada, su caballo, nada falta, excepto el cadáver, que no puede reconocerse entre los muchos mutilados y desnudos que yacen en el campo. El coronel Díaz Vélez, prisionero, dice que su hermano tenía una

---

124 como dato curioso cabe destacar que entre sus oficiales se hallaba el joven Hilario Ascasubi quien con 19 años era Teniente del regimiento 17 de caballería

125 *Tirteo*: poeta elegíaco griego del SigloVII a. C. combatió junto a Esparta en la Segunda Guerra Mesénica (700 al 500 a. C.) su poesía gira en torno a la exigencia de arriesgar la vida por la victoria en la primera fila de los combatientes.

lanzada en una pierna; no hay cadáver allí con herida semejante.

Madrid acribillado de once heridas se había arrastrado hasta unos matorrales, donde su asistente lo encontró delirando con la batalla, y respondiendo al ruido de pasos que se acercaban: "¡No me rindo!" Nunca se había rendido el Coronel Madrid hasta entonces.

He aquí la famosa acción del Tala, primer ensayo de Quiroga fuera de los términos de la Provincia. Ha vencido en ella al valiente de los valientes, y conserva su espada como trofeo de la victoria. ¿Se detendrá ahí? Pero veamos la fuerza que se ha suscitado contra el Coronel del Regimiento número 15, que ha trastornado un Gobierno para equipar su cuerpo. Facundo enarbola en el Tala una bandera que no es argentina, que es de su invención. Es un paño negro con una calavera y huesos cruzados en el centro. Esta es su bandera, que ha perdido al principio del combate, y que "va a recobrar", dice a sus soldados dispersos, "aunque sea en la puerta del infierno". La muerte, el espanto, el infierno, se presentan en el pabellón y la proclama del General de los Llanos. ¿Habéis visto este mismo paño mortuorio sobre el féretro de los muertos cuando el sacerdote canta *Portae inferi* ?

Pero hay algo más todavía, que revela desde entonces el espíritu de la fuerza pastora, árabe, tártara, que va a destruir las ciudades. Los colores argentinos son el celeste y el blanco; el cielo transparente de un día sereno y la luz nítida del disco del sol: la paz y la justicia para todos. A fuerza de odiar la tiranía y la violencia, nuestro pabellón y nuestras armas excomulgan el blasón y los trofeos guerreros. Dos manos en señal de unión sostienen el gorro frigio del liberto; las Ciudades Unidas, dice este símbolo, sostendrán la libertad adquirida; el sol principia a iluminar el teatro de este juramento, y la noche va desapareciendo poco a poco. Los ejércitos de la República, que llevan la guerra a todas partes para hacer efectivo aquel porvenir de luz, y tornar en día la aurora que el escudo de armas anuncia, visten azul oscuro y con cabos diversos, visten a la europea. Bien; en el seno de la República, del fondo de sus entrañas se levanta el color *colorado* y se hace el vestido del soldado, el pabellón del ejército, y últimamente, la cucarda nacional, que so pena de la vida ha de llevar todo argentino.

¿Sabéis lo que es el color colorado? Yo no lo sé tampoco; pero voy a reunir algunas reminiscencias.

Tengo a la vista un cuadro de las banderas de todas las naciones del mundo. Sólo hay una europea culta en que el colorado predomine, no obstante el origen bárbaro de sus pabellones. Pero hay otras coloradas; leo: Argel, pabellón colorado con calavera y huesos; Túnez, pabellón colorado. Mogol ídem; Turquía, pabellón colorado con creciente. Marruecos, Japón, colorado con la cuchilla exterminadora. Siam, Surat, etc., lo mismo.

Recuerdo que los viajeros que intentan penetrar en el interior del Africa se proveen de paño *colorado* para agasajar a los príncipes negros. "El rey de Elve", dicen los hermanos Lardner, "llevaba un surtú español de paño *colorado*, y pantalones del mismo color."

Recuerdo que los presentes que el Gobierno de Chile manda a los caciques de Arauco, consisten en mantas y ropas *coloradas*, porque este color agrada mucho a los salvajes.

La capa de los emperadores romanos que representaban al Dictador era de púrpura, esto es, *colorada*.

El manto real de los reyes bárbaros de Europa fue siempre *colorado*.

La España ha sido el último país europeo que ha repudiado el *colorado*, que llevaba en la capa grana.

Don Carlos en España, el pretendiente absoluto, izó una bandera *colorada*.

El reglamento regio de Génova [126], disponiendo que los senadores lleven toga purpúrea, *colorada*, previene que se practique así particularmente "in esecuzione di giudicato criminale ad effetto di incutere colla grave sua decorosa presenza il *terrore* e lo *spavento, nei cattivi* ".

El verdugo en todos los estados europeos vestía de *colorado* hasta el siglo pasado.

Artigas agrega al pabellón argentino una faja diagonal *colorada*.

Los ejércitos de Rosas visten de *colorado*.

Su retrato se estampa en una cinta *colorada*.

¿Qué vínculo misterioso liga todos estos hechos? ¿Es casualidad que Argel, Túnez, el Japón, Marruecos, Turquía, Siam, los africanos, los salvajes, los Nerones romanos, los reyes bárbaros, il terrore e lo spavento, el verdugo y Rosas se hallen vestidos con un color proscripto hoy día por las sociedades cristianas y cultas? ¿No es el *colorado* el símbolo que expresa violencia, sangre y barbarie? Y si no, ¿por qué este antagonismo?

La Revolución de la Independencia Argentina se simboliza en dos tiras celestes y una blanca: cual si dijera ¡justicia, paz, justicia!

¡La reacción, acaudillada por Facundo y aprovechada por Rosas, se simboliza en una cinta colorada, que dice: ¡terror, sangre, barbarie!

La especie humana ha dado en todos los tiempos este significado al color grana, colorado, púrpura: id a estudiar el Gobierno en los pueblos que ostentan este color, y hallaréis a Rosas y a Facundo; el terror, la barbarie, la sangre corriendo todos los días. En Marruecos el Emperador tiene la singular prerrogativa de matar él mismo a los criminales. Necesito detenerme sobre este punto. Toda civilización se expresa en trajes, y cada traje indica un sistema de ideas entero. ¿Por qué usamos hoy la barba entera? Por los estudios que se han hecho en estos tiempos sobre la Edad Media: la dirección dada a la literatura romántica se refleja en la moda. ¿Por qué varía ésta todos los días? Por la libertad del pensamiento europeo: fijad el pensamiento, esclavizadlo, y tendréis vestido invariable: así en Asia, donde el hombre vive

126 : El Sr. Alberdi me suministra este dato tomado de su viaje por Italia. *N. del A.*

bajo gobiernos como el de Rosas, lleva desde los tiempos de Abraham vestido talar.

Aún hay más: cada civilización ha tenido su traje, y cada cambio en las ideas, cada revolución en las instituciones, un cambio en el vestir. Un traje la civilización romana, otro la Edad Media; el frac no principia en Europa sino después del renacimiento de las ciencias; la moda no la impone al mundo sino la nación más civilizada; de frac visten todos los pueblos cristianos, y cuando el Sultán de Turquía Abdul Medjil quiere introducir la civilización europea en sus estados, depone el turbante, el caftán y las bombachas para vestir frac, pantalón y corbata.

Los argentinos saben la guerra obstinada que Facundo y Rosas han hecho al frac y a la moda. El año de 1840 un grupo de mazorqueros rodea en la oscuridad de la noche a un individuo que iba con levita por las calles de Buenos Aires. Los cuchillos están a dos dedos de su garganta: "Soy Simón Pereira", exclama. —Señor, el que anda vestido así se expone. —Por lo mismo me visto así; ¿quién si no yo anda con levita?[127] Lo hago para que me conozcan desde lejos." Este señor es primo y compañero de negocios de D. Juan Manuel Rosas. Pero para terminar las explicaciones que me propongo dar sobre el color *colorado* iniciado por Facundo, e ilustrar por sus símbolos el carácter de la guerra civil, debo referir aquí la historia de la *cinta colorada,* que hoy sale ya a ostentarse afuera. En 1820 aparecieron en Buenos Aires con Rosas, los Colorados de las Conchas; la campaña mandaba ese contingente. Rosas, veinte años después, reviste al fin la *ciudad* de colorado; casas, puertas, empapelados, vajillas, tapices, colgaduras, etc. etc. Ultimamente, consagra este color oficialmente, y lo impone como una medida de Estado.

La historia de la cinta colorada es muy curiosa. Al principio fue una divisa que adoptaron los entusiastas; mandóse después llevarla a todos, para que *probase la uniformidad* de la opinión. Se deseaba obedecer pero al mudar de vestido se olvidaba. La policía vino en auxilio de la memoria: se distribuían mazorqueros por las calles, y sobre todo en las puertas de los templos, y a la salida de las señoras se distribuían sin misericordia zurriagazos[128] con vergas de toro. Pero aún quedaba mucho que arreglar. ¿Llevaba uno la cinta negligentemente anudada? — ¡Vergazos!, era unitario. — ¿Llevábala la chica? — ¡Vergazos!, era unitario. — ¿No la llevaba?, Degollado por contumaz. No paró ahí ni la solicitud del Gobierno ni la educación pública. No bastaba ser federal, ni llevar la cinta, que era preciso además que ostentase el retrato del ilustre Restaurador sobre el corazón en señal de amor *intenso* y los letreros "mueran los salvajes inmundos unitarios". ¿Creeríase que con esto estaba terminada la obra de envilecer a un pueblo culto, y hacerle renunciar a toda dignidad personal? ¡Ah! todavía no estaba bien disciplinado. Amanecía una mañana en una esquina de Buenos Aires un figurón[129] pintado en pa-

---

127 *Quién si no yo anda con levita*: la frase tiene sentido porque Simón Pereyra y Arguibel, amén de primo de Doña Encarnación de Ezcurra y Arguibel, mujer de Rosas, era proveedor de uniformes para el ejército. Tenía un taller con costureras donde trabajaron, entre otras, las hijas de Manuel Dorrego tras el fusilamiento de su padre en 1828

128 *Zurriagazo*: golpe dado con algo flexible. De *zurriago*, látigo

129 *Figurón*: denominación genérica para el personaje principal en las comedias españolas, generalmente extravagante y ridículo

pel, con una cinta flotante de media vara. En el momento que alguno la veía, retrocedía despavorido llevando por todas partes la alarma; entrábase en la primer tienda, y salía de allí con una cinta flotante de media vara. Diez minutos después toda la ciudad se presentaba en las calles, cada uno con su cinta flotante de media vara de largo. Aparecía otro día otro figurón con una ligera alteración en la cinta: la misma maniobra. Si alguna señorita se olvidaba del moño colorado, la Policía le pegaba *gratis* uno en la cabeza ¡con brea derretida! ¡Así se ha conseguido uniformar la opinión! Preguntad en toda la República Argentina si hay uno que no sostenga y crea ser federal... Ha sucedido mil veces que un vecino ha salido a la puerta de su casa, y visto barrida la parte frontera de la calle, al momento ha mandado barrer, le ha seguido su vecino, y en media hora ha quedado barrida toda la calle entera, creyéndose que era una orden de la policía. Un pulpero iza una bandera por llamar la atención; velo el vecino, y temeroso de ser tachado de tardo por el Gobierno, iza la suya; ízanla los del frente, ízanla en toda la calle, pasa a otras, y en un momento queda empavesada Buenos Aires. La policía se alarma, e inquiere qué noticia tan fausta se ha recibido, que ella ignora sin embargo... ¡Y éste era el pueblo que rendía a once mil ingleses en las calles, y mandaba después cinco ejércitos por el continente americano a caza de españoles!

Es que el terror es una enfermedad del ánimo que aqueja a las poblaciones como el cólera morbus, la viruela, la escarlatina. Nadie se libra al fin del contagio. Y cuando se trabaja diez años consecutivos para inocularlo, no resisten al fin ni los ya vacunados. No os riáis, pues, pueblos hispano–americanos al ver tanta degradación. ¡Mirad que sois españoles y la Inquisición educó así a la España! Esta enfermedad la traemos en la sangre.

Volvamos a tomar el hilo de los hechos. Facundo entró triunfante en Tucumán, y regresó a La Rioja, pasados unos pocos días sin cometer actos notables de violencia, y sin imponer contribuciones porque la regularidad constitucional de Rivadavia había formado una conciencia pública que no era posible arrostrar de un golpe.

Facundo regresa a La Rioja, aunque enemigo de la presidencia, el General Quiroga aunque no sabía qué decir fijamente sobre el motivo de esta oposición a la presidencia, lo que es muy natural, él mismo no podría haberse dado cuenta de ello. Yo no soy federal", decía siempre, "¿que soy tonto?" "¿Sabe Ud.", decía una vez a D. Dalmacio Vélez, ¿por qué he hecho la guerra? ¡Por esto!" y sacaba una onza de oro. Mentía Facundo.

Otras veces decía: "Carril, gobernador de San Juan, me hizo un desaire, desatendiendo mi recomendación por Carita y me eché por eso en la oposición al Congreso." Mentía. Sus enemigos decían: "Tenía muchas acciones en la Casa de moneda, y propusieron venderla al Gobierno Nacional en $ 300.000. Rivadavia rechazó esta propuesta, porque era un robo escandaloso. Facundo se alistó desde entonces entre sus enemigos".

El hecho es cierto, pero no fue éste el motivo.

Créese que cedió a las sugestiones de Bustos e Ibarra, para oponerse; pero hay un documento que acredita lo contrario. En carta que escribía al general Madrid, en 1832, le decía:

"Cuando fui invitado por los muy nulos y bajos Bustos e Ibarra, no considerándolos capaces de hacer oposición con provecho al déspota Presidente D. Bernardino Rivadavia, los desprecié; pero habiéndome asegurado el edecán del finado Bustos, Coronel D. Manuel del Castillo, que Ud. estaba de acuerdo con este negocio y era el más interesado en él, no trepidé un momento en decidirme a arrostrar todo compromiso, contando únicamente con su espada para esperar un desenlace feliz... ¡Cuál fue mi chasco!, etc."

No era federal; ¿ni cómo había de serlo? Qué, ¿es necesario ser tan ignorante como un caudillo de campaña, para conocer la forma de gobierno que más conviene a la República? ¿Cuanta menos instrucción tiene un hombre, tanta más capacidad es la suya para juzgar de las arduas cuestiones de la alta política? ¿Pensadores como López, como Ibarra, como Facundo, eran los que con sus estudios históricos, sociales, geográficos, filosóficos, legales, iban a resolver el problema de la conveniente organización de un Estado? ¡Eh!... Dejemos a un lado las palabras vanas con que con tanta impudencia se han burlado de los incautos. Facundo dio contra el Gobierno que lo había mandado a Tucumán, por la misma razón que dio contra Aldao que lo mandó a La Rioja. Se sentía fuerte y con voluntad de obrar: impulsábalo a ello un instinto ciego, indefinido, y obedecía a él; era el Comandante de Campaña, el *gaucho malo,* enemigo de la justicia civil, del orden civil, del hombre educado, del sabio, del frac, de la *ciudad,* en una palabra. La destrucción de todo esto le estaba encomendada de lo Alto, y no podía abandonar su misión.

Por este tiempo una singular cuestión vino a complicar los negocios. En Buenos Aires, puerto de mar, residencia de dieciséis mil extranjeros, el Gobierno propuso conceder a estos extranjeros la libertad de cultos, y la parte más ilustrada del clero sostuvo y sancionó la ley: los conventos habían sido antes regularizados y rentados los sacerdotes. En Buenos Aires este asunto no metió bulla, porque eran puntos estos en que las opiniones estaban de acuerdo, las necesidades eran patentes. La cuestión de libertad de cultos es en América una cuestión de política y de economía. Quien dice libertad de cultos, dice inmigración europea y población. Tan no causó impresión en Buenos Aires, que Rosas no se ha atrevido a tocar nada de lo acordado entonces; y es preciso que sea un absurdo inconcebible aquello que Rosas no intente.

En las provincias, empero, ésta fue una cuestión de religión, de salvación y condenación eternas: ¡Imaginaos cómo la recibiría Córdoba! En Córdoba se levantó una inquisición: San Juan experimentó una sublevación *católica,* porque así se llamó el partido para distinguirse de los *libertinos,* sus enemigos. Sofocada esta revolución en San Juan, sábese un día que Facundo está a las puertas de la ciudad con una bandera negra dividida por una cruz sanguinolenta, rodeada de este lema: ¡Religión o muerte!

¿Recuerda el lector que he copiado de un manuscrito, que Facundo *nunca se confesaba, no oía misa, ni rezaba, y que él mismo decía que no creía en nada* ? Pues bien: el espíritu de partido aconsejó a un célebre predicador llamarlo el *enviado de Dios,* e inducir a la muchedumbre a seguir sus banderas. Cuando este mismo sacerdote abrió los ojos y se separó de la cruzada criminal que había predicado, Facundo decía que nada más sentía, que no haberlo a las manos para darle seiscientos azotes.

Llegado a San Juan, los principales de la ciudad, los magistrados que no habían fugado, los sacerdotes complacidos por aquel auxilio divino, salen a encontrarlo y en una calle forman dos largas filas. Facundo pasa sin mirarlos; síguenle a distancia, turbados, mirándose unos a otros en la común humillación, hasta que llegan al centro de un potrero de alfalfa, alojamiento que el General pastor, este *hicso*[130] moderno, prefiere a los adornados edificios de la ciudad. Una negra que lo había servido en su infancia se presenta a ver a su Facundo, él la sienta a su lado, conversa afectuosamente con ella, mientras que los sacerdotes y los notables de la ciudad están de pie, sin que nadie les dirija la palabra, sin que el jefe se digne despedirlos.

Los *Católicos* debieron quedar un poco dudosos de la importancia e idoneidad del auxilio que tan inesperadamente les venía. Pocos días después, sabiendo que el Cura de la Concepción era *libertino,* mandó traerlo con sus soldados, vejándolo en el tránsito, ponerle una barra de grillos, mandándole prepararse para morir. Porque han de saber mis lectores chilenos, que por entonces había en San Juan sacerdotes libertinos, curas, clérigos, frailes, que pertenecían al partido de la Presidencia. Entre otros el presbítero Centeno, muy conocido en Santiago, fue con otros seis, uno de los que más trabajaron en la reforma eclesiástica. Mas, era necesario hacer algo en favor de la religión para justificar el lema de la bandera. Con tan laudable fin escribe una esquelita a un sacerdote adicto suyo, pidiéndole consejo sobre la resolución que ha tomado, dice, de fusilar a todas las autoridades, en virtud de no haber decretado aún la devolución de las temporalidades.

El buen sacerdote, que no había previsto lo que importa armar el crimen en nombre de Dios, tuvo por lo menos escrúpulo sobre la forma en que se iba a hacer reparación, y consiguió que se les dirigiese un oficio pidiéndoles u ordenándoles que así lo hiciesen.

¿Hubo cuestión religiosa en la República Argentina? Yo lo negaría redondamente, si no supiese que cuanto más bárbaro y por tanto más irreligioso es un pueblo, tanto más susceptible es de preocuparse y fanatizarse. Pero las masas no se movieron espontáneamente, y los que adoptaron aquel lema, Facundo, López, Bustos, etc., eran completamente indiferentes. Esto es ca-

---

130 *Hicso*: según el historiador judío Josefo así llamaban los egipcios a los invasores asiáticos, nómadas y cananeos, que gobernaron Egipto a partir del año 1720 a. C. Se cree que la palabra proviene del egipcio *hik shasu*, que significa «gobernantes de las montañas», «reyes pastores», o simplemente «gobernantes extranjeros». Como establecieron su capital en Avaris (Dinastías XV y XVI) y no respetaron a los dioses egipcios se transformaron en sinónimo de extremadamente crueles y tiránicos. La principal característica de su ejército es que contaba con carros y caballos, mientras que los egipcios sólo poseían infantería.

pital. Las guerras religiosas del siglo XV en Europa son mantenidas de ambas partes por creyentes sinceros, exaltados, fanáticos y decididos hasta el martirio, sin miras políticas, sin ambición. Los puritanos leían la Biblia en el momento antes del combate, oraban, y se preparaban con ayunos y penitencias. Sobre todo, el signo en que se conoce el espíritu de los partidos es que realizan sus propósitos cuando llegan a triunfar, aún más allá de donde estaban asegurados antes de la lucha. Cuando esto no sucede, hay decepción en las palabras. Después de haber triunfado en la República argentina el partido que se apellida católico ¿qué ha hecho por la religión o los intereses del sacerdocio?

Lo único que yo sepa, es haber expulsado a los jesuitas y degollado cuatro sacerdotes respetables[131] en SANTOS LUGARES [132], después de haberles desollado vivos la corona y las manos; ¡poner al lado del Santísimo Sacramento el retrato de Rosas y sacarlo en procesión bajo el palio! ¿Cometió jamás profanaciones tan horribles el partido *libertino* ?

Pero ya es demasiado detenerme sobre este punto. Facundo en San Juan ocupó su tiempo en jugar, abandonando a las autoridades el cuidado de reunirle las sumas que necesitaba para resarcirse de los gastos que le imponía la defensa de la religión. Todo el tiempo que permaneció allí habitó bajo un toldo en el centro de un potrero de alfalfa, y ostentó (porque era ostentación meditada) el *chiripá*. ¡Reto e insulto que hacía a una ciudad donde la mayor parte de los ciudadanos cabalgaban en sillas inglesas, y donde los trajes y gustos bárbaros de la campaña eran detestados, por cuanto es una provincia exclusivamente agricultora!

Una campaña más todavía sobre Tucumán contra el General Madrid completó el *debut* o exhibición de este nuevo Emir de los pastores. El General Madrid había vuelto al Gobierno de Tucumán sostenido por la provincia, y Facundo se creyó en el deber de desalojarlo. Nueva expedición, nueva batalla, nueva victoria. Omito sus pormenores porque en ellos no encontraremos sino pequeñeces. Un hecho hay, sin embargo, ilustrativo. Madrid tenía en la batalla del Rincón ciento diez hombres de infantería; cuando la acción se terminó, habían muerto sesenta en línea, y excepto uno, los cincuenta restantes estaban heridos. Al día siguiente, Madrid se presenta de nuevo a combatir, y Quiroga le manda uno de sus ayudantes, desnudo, a decirle simplemente que la acción principiaría por los cincuenta prisioneros que dejaba arrodillados, y

131 Estos sacerdotes fueron el cura Villafañe de la provincia de Tucumán, de edad de setenta y seis años. Dos curas Frías perseguidos de Santiago del Estero, establecidos en la campaña de Tucumán, el uno de setenta y cuatro años, el otro de setenta y seis. El canónigo Cabrera de la Catedral de Córdoba, de setenta años. Los cuatro fueron conducidos a Buenos Aires y degollados en Santos Lugares previas las profanaciones referidas. *N. del A.*

132 *Santos Lugares*: No se trata de la localidad hoy incluida en el partido de Tres de Febrero. A fines del siglo XVIII se designó con el nombre de *Santos Lugares de Jerusalén* a un paraje comprendido en el partido de San Isidro, que hoy forma parte de General San Martín. En este mismo lugar, años más tarde, se estableció *La Posta*, albergue obligado de los ejércitos patriotas. Por allí pasó en 1813 el entonces Coronel San Martín con sus granaderos. En 1836 se fundó el pueblo de *Santos Lugares de Rosas*, nombre dado por estar allí asentado el campamento militar de Juan Manuel de Rosas. Luego de la derrota de Rosas en Caseros, el 3 de febrero de 1852, se produjo el levantamiento del campamento y la decadencia del lugar, entonces los vecinos solicitaron la traza del pueblo rebautizándolo con el nombre de General San Martín

una compañía de soldados apuntándoles; con cuya intimación Madrid abandonó toda tentativa de hacer aún resistencia.

En todas estas tres expediciones en que Facundo ensaya sus fuerzas, se nota todavía poca efusión de sangre, pocas violaciones de la moral. Es verdad que se apodera, en Tucumán de ganados, cueros, suelas, e impone gruesas contribuciones en especies metálicas; pero aún no hay azotes a los ciudadanos, no hay ultrajes a las señoras; son los males de la conquista, pero aún sin sus horrores: el sistema pastoril no se desenvuelve sin freno y con toda la ingenuidad que muestra más tarde.

¿Qué parte tenía el Gobierno legítimo de La Rioja en estas expediciones? ¡Oh! Las formas existen aún, pero el espíritu estaba todo en el Comandante de campaña. Blanco deja el mando, harto de humillaciones[133], y Agüero entra en el Gobierno. Un día Quiroga raya su caballo[134] en la puerta de su casa, y le dice: "Sr. gobernador: vengo a avisarle que estoy acampado a dos leguas con mi escolta." Agüero renuncia. Trátase de elegir nuevo gobierno, y a petición de los vecinos, él se digna indicarles a Galván. Recíbese éste, y en la noche es asaltado por una partida; fuga y Quiroga se ríe mucho de la aventura. La Junta de Representantes se componía de hombres que ni leer sabían.

Necesita dinero para la primera expedición a Tucumán y pide al tesoro de la Casa de Moneda 8.000 pesos por cuenta de sus acciones, que no había pagado: en Tucumán pide 25.000 pesos para pagar a sus soldados, que nada reciben, y más tarde pasa la cuenta de 18.000 pesos a Dorrego para que le abone los costos de la expedición que había hecho por orden del Gobierno de Buenos Aires. Dorrego se apresura a satisfacer tan justa demanda. Esta suma se la reparten entre él y Moral, Gobernador de La Rioja, que le sugirió la idea: seis años después daba en Mendoza 700 azotes al mismo Moral en castigo de su ingratitud.

Durante el gobierno de Blanco se traba una disputa en una partida de juego. Facundo toma de los cabellos a su contendor, lo sacude y le quiebra el pescuezo. El cadáver fue enterrado y apuntada la partida "muerto de muerte natural." Al salir para Tucumán, manda una partida a casa de Sárate, propietario pacífico pero conocido por su valor y su desprecio a Quiroga; sale aquél a la puerta, y apartando a la mujer e hijos, lo fusilan, dejando a la viuda el cuidado de enterrarlo. De vuelta de la expedición se encuentra con Gutiérrez, ex gobernador de Catamarca y partidario del Congreso, y le insta que vaya a vivir a La Rioja, donde estará seguro. Pasan ambos una temporada en la mayor intimidad, pero un día que le ha visto en las carreras rodeado de gauchos amigos, lo aprehenden, dándole una hora para prepararse a morir. El espanto reina en La Rioja; Gutiérrez es un hombre respetable, que se ha granjeado el afecto de todos. El presbítero Dr. Colina, el cura Herrera, el padre provincial Tarrima, el padre Cernadas, guardián de San Francisco, y el padre prior de Santo Domingo, se presentan a pedirle que al menos dé al reo tiempo para testar y confesarse. "Ya veo, contestó, que Gutiérrez tiene aquí muchos partidarios. ¡A ver

---

133 a menos de un mes de haber sido nombrado por Quiroga, ver nota 87, p. 70

134 *Rayar el caballo*: sofrenarlo deteniendo su carrera de golpe de tal modo que patine dejando "rayas" en el suelo

una ordenanza! Lleve a estos hombres a la cárcel, y que mueran en lugar de Gutiérrez." Son llevados, en efecto: dos se echan a llorar a gritos y a correr para salvarse; a otro le sucede algo peor que desmayarse; los otros son puestos en capilla. Al oír la historia, se echa a reír Facundo, y los manda poner en libertad. Estas escenas con los sacerdotes son frecuentes en el *enviado de Dios*. En San Juan hace pasearse a un negro vestido de clérigo: en Córdoba a nadie desea coger sino al Dr. Castro Barros[135], con quien tiene que arreglar una cuenta: en Mendoza anda con un clérigo prisionero con sentencia de muerte, y es sentado en el banco para ser fusilado; en Antiles hace lo mismo con el cura de Alguia, y en Tucumán con el prior de un convento. Es verdad que a ninguno fusila; eso estaba reservado a Rosas, jefe también del partido *católico;* pero los veja, los humilla, los ultraja, lo que no estorba que todos los viejos y las beatas dirijan sus plegarias al cielo porque dé la victoria a sus armas.

Pero la historia de Gutiérrez no concluye aquí. Quince días después recibe orden de salir desterrado con escolta. Llegado que hubo a un alojamiento, se enciende fuego para cenar, y Gutiérrez se comide a soplarlo. El oficial le descarga un palo, sucédense otros, y los sesos saltan por los alrededores. Un chasque sale inmediatamente, avisando al Gobernador Moral, que habiendo querido fugarse el reo... El oficial no sabía escribir, y entre las provisiones de viaje ¡había traído, desde La Rioja, el oficio cerrado!

Estos son los acontecimientos principales que ocurren durante los primeros ensayos de fusión de la República que hace Facundo; porque éste es un simple ensayo; todavía no ha llegado el momento de la alianza de todas las fuerzas pastoras, para que salga de la lucha la nueva organización de la República. Rosas es ya grande en la campaña de Buenos Aires, pero aún no tiene nombre ni títulos: trabaja, empero, la agita, la subleva. La Constitución dada por el Congreso [136] es rechazada de todos los pueblos en que los caudillos tienen influencia. En Santiago del Estero se presenta el enviado en traje de etiqueta, y lo recibe Ibarra en mangas de camisa y *chiripá*. Rivadavia *renuncia, en razón de que la voluntad de los pueblos está en oposición,* "¡pero el vandalaje os va a devorar!", añade en su despedida. ¡Hizo bien en renunciar! Rivadavia tenía por misión presentarnos el constitucionalismo de Benjamín Constant con todas sus palabras huecas, sus decepciones y sus ridiculeces. Rivadavia ignoraba que cuando se trata de la civilización y la libertad de un pueblo, un Gobierno tiene ante Dios y ante las generaciones venideras arduos deberes que desempeñar, y que no hay caridad ni compasión en abandonar a una nación, por treinta años a las devastaciones y a la cuchilla del primero que se presente a despedazarla y degollarla. Los pueblos en su infancia son unos niños que nada prevén, que nada conocen, y es preciso que los hombres de alta previsión y de alta comprensión les sirvan de padre. El vandalaje nos ha devorado, en efecto, y es bien triste gloria el vaticinarlo en una proclama, y no hacer el menor esfuerzo por estorbarle.

135 *Dr. Castro Barros*: Pedro Ignacio de (1777 - 1849) clérigo nacido en La Rioja. Fue rector de la Universidad de Córdoba, representante de La Rioja en la Asamblea del año 13 y en el Congreso de Tucumán. Firmante del Acta de la Independencia (9 de julio de 1816)

136 Reunido en 1823 a raíz del peligro de guerra con Brasil que había ocupado la Banda Oriental. Su Constitución de 1826 fue resistida por las provincias debido a su carácter de unitaria.

Capítulo IX

Guerra social

Il y a un quatrième élément qui arrive: ce sont les barbares, ce sont des hordes nou-
velles, qui viennent se jeter dans la société antique avec une complète fraîcheur de
moeurs, d'âme et d'esprit, qui n'ont rien fait, qui sont prêts à tout recevoir avec toute
l'aptitude de l'ignorance la plus docile et la plus naïve.
Lerminier

HAY UN CUARTO ELEMENTO QUE LLEGA: SON LOS BÁRBAROS, SON LAS HORDAS NUEVAS, QUE VIENEN A ARROJARSE EN LA SOCIEDAD ANTIGUA CON UNA ABSOLUTA FRESCURA DE COSTUMBRES, DE ALMAS Y DE ESPÍRITU; QUE NO HAN HECHO NADA, QUE ESTÁN PRONTOS PARA RECIBIR TODO CON TODA LA APTITUD DE LA IGNORANCIA MÁS DÓCIL Y MÁS INGENUA.

La Tablada

La Presidencia ha caído en medio de los silbos y las rechiflas de sus adversarios. Dorrego, el hábil jefe de la oposición en Buenos Aires, es el amigo de los gobiernos del interior, sus fautores y sostenedores en la campaña parlamentaria en que logró triunfar. En el exterior, la victoria parece haberse divorciado de la República; y aunque sus armas no sufren desastres en el Brasil, se siente por todas partes la necesidad de la paz. La oposición de los jefes del interior había debilitado el ejército, destruyendo o negando los contingentes que debían reforzarlo. En el interior reina una tranquilidad aparente; pero el suelo parece removerse, y rumores extraños turban la quieta superficie. La prensa de Buenos Aires brilla con resplandores siniestros, la amenaza está en el fondo de los artículos que se lanzan diariamente oposición y Gobierno. La administración Dorrego siente que el vacío empieza a hacerse en torno suyo, que el partido de la ciudad, que se ha denominado federal y lo ha elevado, no tiene elementos para sostenerse con brillo después de la Presidencia. La administración Dorrego no había resuelto ninguna de las cuestiones que tenían dividida la República, mostrando, por el contrario, toda la impotencia del federalismo. Dorrego era porteño antes de todo. ¿Qué le importaba el interior? El ocuparse de sus intereses habría sido manifestarse unitario; es decir, nacional. Dorrego había prometido a los caudillos y pueblos todo cuanto podía afianzar la perpetuidad de los unos y favorecer los intereses de los otros; elevado, empero al Gobierno, "¿qué nos importa", decía allá en sus círculos, "que los tiranuelos despoticen a esos pueblos? ¿Qué valen para nosotros cuatro mil pesos anuales dados a López, dieciocho mil a Quiroga, para nosotros que tenemos el puerto y la aduana que nos produce millón y medio, que el fatuo Rivadavia quería convertir en rentas nacionales?" Porque no olvidemos que el sistema de aislamiento se traduce por una frase cortísima: "Cada uno para sí". ¿Pudo prever Dorrego y su partido que las provincias vendrían un día a castigar a Buenos Aires por haberles negado su influencia civilizadora; y que a fuerza de despreciar su atraso y su barbarie, ese atraso y esa barbarie habían de penetrar en las calles de Buenos Aires, establecerse allí y sentar sus reales en el Fuerte?

Pero Dorrego podía haberlo visto, si él o los suyos hubiesen tenido mejores ojos. Las provincias estaban ahí, a las puertas de la ciudad, esperando la ocasión de penetrar en ella. Desde los tiempos de la presidencia, los decretos de la autoridad civil encontraban una barrera impenetrable en los arrabales exteriores de la ciudad. Dorrego había empleado como instrumento de oposición esta resistencia exterior; y cuando su partido triunfó, condecoró al aliado de extramuros con el dictado de *Comandante General de la Campaña.* ¿Qué lógica de hierro es ésta que hace escalón indispensable para un caudillo, su elevación a Comandante de Campaña? Donde no existe este andamio, como sucedía entonces en Buenos Aires, se levanta ex profeso, como si se quisiese antes de meter el lobo en el redil, exponerlo a las miradas de todos y elevarlo en los escudos.

Dorrego, más tarde, encontró que el *Comandante de Campaña* que había estado haciendo bambolear la presidencia y tan poderosamente había contribuido a derrocarla, era una palanca aplicada constantemente al Gobierno, y que caído Rivadavia y puesto en su lugar Dorrego, la palanca continuaba su trabajo de desquiciamiento. Dorrego y Rosas están en presencia el uno del otro, observándose y amenazándose. Todos los del círculo de Dorrego recuerdan su frase favorita: "¡El *gaucho pícaro* !" "Que siga enredando, decía, "y el día menos pensado lo fusilo." ¡Así decían también los Ocampos cuando sentían sobre su hombro la robusta garra de Quiroga!

Indiferente para los pueblos del interior, débil con su elemento federal de la *ciudad,* y en lucha ya con el poder de la campaña que había llamado en su auxilio, Dorrego, que ha llegado al gobierno por la oposición parlamentaria y la polémica, trata de atraerse a los unitarios, a quienes ha vencido. Pero los partidos no tienen ni caridad ni previsión. Los unitarios, se le ríen en las barbas, se conjuran y se pasan la palabra: "Vacila", dicen, "dejémosle caer." Los unitarios no comprendían que con Dorrego venían replegándose a la *ciudad,* los que habían querido hacerse intermediarios entre ellos y la campaña, y que el monstruo de que huían no buscaba a Dorrego, sino a la *ciudad,* a las instituciones civiles, a ellos mismos, que eran su más alta expresión.

En este estado de cosas, concluida la paz con el Brasil, desembarca la primera división del ejército mandada por Lavalle. Dorrego conocía el espíritu de los veteranos de la independencia, que se veían cubiertos de heridas, encaneciendo bajo el peso del morrión, y sin embargo, apenas eran coroneles, mayores, capitanes; gracias si dos o tres habían ceñido la banda de general, mientras que en el seno de la República y sin traspasar jamás las fronteras, había decenas de caudillos que en cuatro años habían elevádose de *gauchos malos* a comandantes, de comandantes a generales, de generales a conquistadores de pueblos, y al fin a soberanos absolutos de ellos. ¿Para qué buscar otro motivo al odio implacable que bullía bajo las corazas de los veteranos? ¿Qué les aguardaba después de que el nuevo orden de cosas les había estorbado hacer, como ellos pretendían, ondear sus penachos por las calles de la capital del Imperio del Brasil?

El 1º de diciembre amanecieron formados en la plaza de la Victoria los cuerpos de línea desembarcados. El gobernador Dorrego había tomado la campaña; los unitarios llenaban las avenidas hendiendo el aire con sus vivas y sus gritos de triunfo. Algunos días después, setecientos coraceros mandados por oficiales generales salían por la calle del Perú con rumbo a la Pampa, a encontrar algunos millares de gauchos, indios amigos y alguna fuerza regular, acaudillados por Dorrego y Rosas. Un momento después estaba el campo de Navarro lleno de cadáveres, y al día siguiente un bizarro oficial que hoy está al servicio de Chile[137], entregaba en el cuartel general a Dorrego prisionero. Una hora más tarde, el cadáver de Dorrego yacía traspasado de balazos. El jefe que había ordenado su ejecución anunció el hecho a la ciudad en estos términos de abnegación y altanería:

"Participo al Gobierno Delegado, que el Coronel Manuel Dorrego acaba de ser fusilado por mi orden al frente de los regimientos que componen esta división.
"La Historia, Sr. Ministro, juzgará imparcialmente si el señor Dorrego ha debido o no morir, y si al sacrificarlo a la tranquilidad de un pueblo enlutado por él, puedo haber estado poseído de otro sentimiento que el del bien público.
"Quiera el pueblo de Buenos Aires persuadirse que la muerte del Coronel Dorrego es el mayor sacrificio que puedo hacer en su obsequio.
"Saluda al Sr. Ministro con toda consideración,

Juan Lavalle ".

¿Hizo mal Lavalle?... Tantas veces lo han dicho, que sería fastidioso añadir un sí en apoyo de los que *después* de palpadas las consecuencias, han desempeñado la fácil tarea de incriminar los motivos de donde procedieron. "Cuando el mal existe, es porque está en las *cosas* y allí solamente ha de ir a

---

137 quienes entregaron al prisionero fueron el Comandante José Bernardino Escribano (1790-1834) y el mayor Mariano Antonio de Acha (1799-1841). Para cuando Sarmiento publicó *Facundo* ambos estaban muertos

buscársele; si un *hombre* lo representa, haciendo desaparecer la *personificación,* se le renueva. César asesinado, renació más terrible en Octavio." Sería un anacronismo oponer este sentir a L. Blanc[138], expresado antes por Lerminier[139] y otros mil, enseñado por la historia tantas veces, a nuestros partidos hasta 1829, educados con las exageradas ideas de Mably, Raynal, Rousseau, sobre los déspotas, la tiranía, y tantas otras palabras que aún vemos quince años después formando el fondo de las publicaciones de la prensa. Lavalle no sabía por entonces, que matando el cuerpo no se mata el alma, y que los personajes políticos traen su carácter y su existencia del fondo de ideas, intereses y fines del partido que representan. Si Lavalle en lugar de Dorrego hubiese fusilado a Rosas, habría quizá ahorrado al mundo un espantoso escándalo, a la humanidad un oprobio, y a la República mucha sangre y muchas lágrimas; pero aun fusilando a Rosas, la *campaña* no habría carecido de representantes, y no se habría hecho más que cambiar un cuadro histórico por otro. Pero lo que hoy se afecta ignorar es que no obstante la responsabilidad puramente personal que del acto se atribuye Lavalle, la muerte de Dorrego era una consecuencia necesaria de las ideas dominantes entonces, y que dando cima a esta empresa, el soldado intrépido hasta desafiar el fallo de la historia, no hacía más que realizar el voto confesado y proclamado del ciudadano. Sin duda que nadie me atribuirá el designio de justificar al muerto, a expensas de los que sobreviven por haberlo hecho, salvo quizás las formas, lo menos sustancial sin duda en caso semejante. ¿Qué había estorbado la proclamación de la Constitución de 1826, sino la hostilidad contra ella, de Ibarra, López, Bustos, Quiroga, Ortiz, los Aldao, cada uno dominando una provincia y algunos de ellos influyendo sobre las demás? Luego, ¿qué cosa debía parecer más lógica en aquel tiempo y para aquellos hombres lógicos *a priori* por educación literaria, sino allanar el único obstáculo que según ellos se presentaba para la suspirada organización de la República? Estos errores políticos que pertenecen a una época más bien que a un hombre, son sin embargo muy dignos de consideración; porque de ellos depende la explicación de muchos fenómenos sociales. Lavalle fusilando a Dorrego, como se proponía fusilar a Bustos, López, Facundo y los demás caudillos, respondía a una exigencia de su época y de su partido. Todavía en 1834 había hombres en Francia que creían que haciendo desaparecer a Luis Felipe la República francesa volvería a alzarse gloriosa y grande como en tiempos pasados. Acaso también la muerte de Dorrego fue uno de esos hechos fatales, predestinados, que forman el nudo del drama histórico, y que eliminados lo dejan incompleto, frío, absurdo. Estábase incubando hacía tiempo en la República la guerra civil: Rivadavia la había visto venir pálida, frenética, armada de teas y puñales. Facundo, el caudillo más joven y emprendedor, había paseado sus hordas por las faldas de los Andes y encerrádose a su pesar en su guarida; Rosas en Buenos Aires tenía ya su trabajo maduro y en estado de ponerlo en exhibición; era una obra de diez

---

138 *Blanc*: Louis (1811-1882) político e historiador francés. Miembro del gobierno provisional en 1848. Escribió una *Historia de la revolución francesa* y otra denominada *La organización del trabajo*, esta ultima publicada en 1841.

139 *Lerminier*: Eugène (1803-1857) historiador y filósofo francés, escribió *Introducción General a la Historia del Derecho*

años realizada en derredor del fogón del gaucho, en la pulpería al lado del cantor. Dorrego estaba de más para todos; para los unitarios, que lo menospreciaban, para los caudillos, a quienes era indiferente; para Rosas, en fin, que ya estaba cansado de aguardar y de surgir a la sombra de los partidos de la *ciudad;* que quería gobernar pronto, incontinenti; en una palabra, pugnaba por producirse aquel elemento que no era, porque no podía serlo, federal en el sentido estricto de la palabra, aquello que se estaba removiendo y agitando desde Artigas hasta Facundo, tercer elemento social lleno de vigor y de fuerza, impaciente por manifestarse en toda su desnudez, por medirse con las ciudades y la civilización europea. Si quitáis de la historia la muerte de Dorrego, ¿Facundo habría perdido la fuerza de expansión que sentía rebullirse en su alma, Rosas habría interrumpido la obra de personificación de la campaña en que estaba atareado sin descanso ni tregua desde mucho antes de manifestarse en 1820, ni todo el movimiento iniciado por Artigas e incorporado ya en la circulación de la sangre de la República? ¡No! Lo que Lavalle hizo, fue dar con la espada un corte al nudo gordiano en que había venido a enredarse toda la sociabilidad argentina; dando una sangría, quiso evitar el cáncer lento, la estagnación; poniendo fuego a la mecha, hizo que reventase la mina por la mano de unitarios y federales preparada de mucho tiempo atrás.

Desde este momento nada quedaba que hacer para los tímidos, sino taparse los oídos y cerrar los ojos. Los demás vuelan a las armas por todas partes y el tropel de los caballos hace retemblar la Pampa, y el cañón enseña su negra boca a la entrada de las ciudades.

Me es preciso dejar a Buenos Aires, para volver al fondo de las demás provincias a ver lo que en ellas se prepara. Una cosa debo notar de paso, y es que López, vencido en varios encuentros, solicita en vano una paz tolerable; que Rosas piensa seriamente en trasladarse al Brasil.[140] Lavalle se niega a toda transacción, y sucumbe. ¿No veis al unitario entero en este desdén del gaucho, en esta confianza en el triunfo de la ciudad? Pero ya lo he dicho; la *montonera* fue siempre débil en los campos de batalla, pero terrible en una larga campaña. Si Lavalle hubiera adoptado otra línea de conducta, y conservado el puerto en poder de los hombres de la ciudad, ¿qué habría sucedido?... El gobierno de sangre de la pampa, ¿habría tenido lugar?

Facundo estaba en su elemento. Una campaña debía abrirse, los *chasques*[141] se cruzan por todas partes, el aislamiento feudal va a convertirse en confederación guerrera; todo es puesto en requisición para la próxima campaña; y no es que sea necesario ir hasta las orillas del Plata para encontrar un buen campo de batalla; no: el General Paz con ochocientos veteranos ha venido a Córdoba, batido y destrozado a Bustos, y apoderándose de la ciudad que está a un paso de los Llanos, y que ya asedian e importunan con su algazara, las montoneras de la Sierra de Córdoba.

Facundo apresura sus preparativos; arde por llegar a las manos con un

140 :Tengo estos hechos de D. Domingo de Oro quien estaba por entonces al lado de López, y servía de padrino de Rosas, muy desvalido para con aquél en aquellos momentos. *N. del A.*

141 *Chasque*: o *chasqui* (quechua) corredor de a pie. Mensajero.

general manco [142], que no puede manejar una lanza ni hacer describir círculos al sable. Ha vencido a Madrid; ¡qué podrá hacer Paz! De Mendoza debe reunírsele don Félix Aldao con un regimiento de auxiliares perfectamente equipados *de colorado,* y disciplinados; y no estando aún en línea una fuerza de setecientos hombres de San Juan, Facundo se dirige a Córdoba con 4.000 hombres ansiosos de medir sus armas con los coraceros del 2 y los altaneros jefes de línea.

La batalla de la Tablada es tan conocida, que sus pormenores no interesan ya. En la *Revista de Ambos Mundos* se encuentra brillantemente descrita; pero hay algo que debe notarse. Facundo acomete la ciudad con todo su ejército, y es rechazado durante un día y una noche de tentativas de asalto, por cien jóvenes dependientes de comercio, treinta artesanos artilleros, dieciocho soldados retirados, seis coraceros enfermos, parapetados detrás de zanjas hechas a la ligera y defendidas por sólo cuatro piezas de artillería. Sólo cuando anuncia su designio de incendiar la hermosa ciudad, puede obtener que le entreguen la plaza pública, que es lo único que no está en su poder. Sabiendo Paz que se acerca, deja como inútil la infantería, y marcha a su encuentro con las fuerzas de caballería, que eran, sin embargo, de triple número que el ejército enemigo. Allí fue el duro batallar, allí las repetidas cargas de caballería; pero ¡todo inútil!

Aquellas enormes masas de jinetes que van a revolcarse sobre los ochocientos veteranos, tienen que volver atrás a cada minuto, y volver a cargar para ser rechazados de nuevo. En vano la terrible lanza de Quiroga hace en la retaguardia de los suyos tanto estrago, como el cañón y la espada de Ituzaingó [143] hacen al frente. ¡Inútil! En vano remolinean los caballos al frente de las bayonetas y en la boca de los cañones. ¡Inútil! son las olas de una mar embravecida que vienen a estrellarse en vano contra la inmóvil y áspera roca: a veces queda sepultada en el torbellino que en su derredor levanta el choque; pero un momento después sus crestas negras, inmóviles, tranquilas, reaparecen burlando la rabia del agitado elemento. De cuatrocientos auxiliares sólo quedan sesenta; de seiscientos *Colorados* no sobrevive un tercio; y los demás cuerpos sin nombre se han deshecho, y convertídose en una masa informe e indisciplinada que se disipa por los campos. Facundo vuela a la ciudad, y al amanecer del día siguiente estaba como el tigre en acecho, con sus cañones e infantes; todo, empero, quedó muy en breve terminado, y mil quinientos cadáveres patentizaron la rabia de los vencidos y la firmeza de los vencedores.

Sucedieron en estos días de sangre dos hechos que siguen después repitiéndose. Las tropas de Facundo mataron en la ciudad al mayor Tejedor, que llevaba en la mano una bandera parlamentaria; en la batalla del segundo día, un coronel de Paz fusiló nueve oficiales prisioneros. Ya veremos las consecuencias.

142 *Paz*: José María (1791-1854) Militar de carrera. Luchó en Tucumán, Vilcapugio y Ayo-huma, bajo las órdenes del general Belgrano. Perdió un brazo en la acción de Venta y Media (20 de Octubre , 1815), a resultas de lo cual fue conocido con el nombre de "el manco Paz"

143 el General paz había participado en la batalla de Ituzaingó entre las fuerzas imperiales brasileñas y las republicanas de las Provincias Unidas del Río de la Plata el 20 de febrero de 1827

En la Tablada de Córdoba se midieron las fuerzas de la campaña y de la ciudad bajo sus más altas inspiraciones, Facundo y Paz, dignas personificaciones de las dos tendencias que van a disputarse el dominio de la República. Facundo, ignorante, bárbaro, que ha llevado por largos años una vida errante que sólo alumbran de vez en cuando los reflejos siniestros del puñal que gira en torno suyo; valiente hasta la temeridad, dotado de fuerzas hercúleas, gaucho de a caballo como el primero, dominándolo todo por la violencia y el terror, no conoce más poder que el de la fuerza brutal, no tiene fe sino en el caballo; todo lo espera del valor, de la lanza, del empuje terrible de sus cargas de caballería. ¿Dónde encontraréis en la República Argentina un tipo más acabado del ideal del *gaucho malo* ? ¿Creéis que es torpeza dejar en la *ciudad* su infantería y su artillería? No; es instinto, es gala de gaucho: la infantería deshonraría el triunfo, cuyos laureles debe coger desde a caballo.

Paz es, por el contrario, el hijo legítimo de la ciudad, el representante más cumplido del poder de los pueblos civilizados. Lavalle, Madrid y tantos otros son argentinos siempre, soldados de caballería, brillantes como Murat, si se quiere; pero el instinto gaucho se abre paso por entre la coraza y las charreteras. Paz es militar a la europea: no cree en el valor solo si no subordina a la táctica, a la estrategia y a la disciplina; apenas sabe andar a caballo; es además manco y no puede manejar una lanza. La ostentación de fuerzas numerosas le incomoda; pocos soldados, pero bien instruidos. Dejadle formar un ejército; esperad que os diga ya está en estado, y concededle que escoja el terreno en que ha de dar la batalla, y podéis fiarle entonces la suerte de la República. Es el espíritu guerrero de la Europa hasta en el arma que ha servido: es artillero y por tanto matemático, científico, calculador. Una batalla es un problema que resolverá por ecuaciones, hasta daros la incógnita, que es la victoria. El general Paz no es un genio, como el Artillero de Tolón[144], y me alegro de que no lo sea; la libertad pocas veces tiene mucho que agradecer a los genios; es un militar hábil, y un administrador honrado que ha sabido conservar las tradiciones europeas y civiles, y que espera de la ciencia lo que otros aguardan de la fuerza brutal; es, en una palabra, el representante legítimo de las *ciudades,* de la civilización europea, que estamos amenazados de ver interrumpida en nuestra patria. ¡Pobre general Paz! ¡Gloriaos en medio de vuestros repetidos contratiempos! ¡Con vos andan los penates de la República Argentina! ¡Todavía el destino no ha decidido entre vos y Rosas, entre la *ciudad* y la Pampa, entre la banda celeste y la cinta *colorada* ! ¡Tenéis la única cualidad de espíritu que vence al fin la resistencia de la materia bruta, la que hizo el poder de los mártires! Tenéis fe. ¡Nunca habéis dudado! ¡La fe os salvará y en vos confía la civilización!

Algo debe haber de predestinado en este nombre. Desprendido del seno de una revolución mal aconsejada como la del 1º de diciembre, él es el único que sabe justificarla con la victoria; arrebatado de la cabeza de su ejército por

---

144 *Artillero de Tolón*: Napoleón Bonaparte (1769-1821), que había ingresado como artillero en 1785, fue nombrado general (el más joven del ejército revolucionario) por haber definido con su estrategia el sitio de Tolón (1793) contra las fuerzas aliadas realistas

el poder sublime del gaucho, anda de prisión en prisión diez años, y Rosas mismo no se atreve a matarlo, como si un ángel tutelar velara sobre la conservación de sus días. Escapado como por milagro en medio de una noche tempestuosa, las olas agitadas del Plata le dejan al fin tocar la ribera Oriental: rechazado aquí, desairado allá, le entregan al fin las fuerzas extenuadas de una provincia que ha visto sucumbir ya dos ejércitos. De estas migajas que recoge con paciencia y prolijidad, forma sus medios de resistencia, y cuando los ejércitos de Rosas han triunfado por todas partes y llevado el terror y las matanzas a todos los confines de la República, el general manco, el general boleado, grita desde los pantanos de Caaguazú: ¡La República vive aún! Despojado de sus laureles por las manos de los mismos a quienes ha salvado, y arrojado indignamente de la cabeza de su ejército, se salva de entre sus enemigos en el Entre Ríos, porque el cielo desencadena sus elementos para protegerlo, y porque el gaucho del bosque Montiel no se atreve a matar al buen manco que no mata a nadie. Llegado a Montevideo, sabe que Ribera ha sido derrotado, acaso porque él no estuvo para enredar al enemigo con sus propias maniobras. Toda la *ciudad* consternada se agolpa a su humilde morada de fugitivo a pedirle una palabra de consuelo, una vislumbre de esperanza. "Si me dieran veinte días, no toman la plaza", es la única respuesta que da sin entusiasmo, pero con la seguridad del matemático. Dale Oribe lo que Paz le pide, y tres años van corriendo desde aquel día de consternación para Montevideo. Cuando ha afirmado bien la plaza y habituado a la guarnición improvisada a pelear diariamente, como si fuese ésta una ocupación como cualquiera otra de la vida, vase al Brasil, se detiene en la Corte más tiempo que el que sus parciales desearan, y cuando Rosas esperaba verlo bajo la vigilancia de la policía imperial, sabe que está en Corrientes disciplinando seis mil hombres, que ha celebrado una alianza con el Paraguay, y más tarde llega a sus oídos que el Brasil ha invitado a la Francia y a la Inglaterra para tomar parte en la lucha: de manera que la cuestión entre la *campaña* pastora y las *ciudades* se ha convertido al fin en cuestión entre el manco matemático, el científico Paz y el gaucho bárbaro Rosas; entre la Pampa por un lado, y Corrientes, el Paraguay, el Uruguay, el Brasil, la Inglaterra y la Francia por otro.

Lo que más honra a este general, es que los enemigos a quienes ha combatido no le tienen ni rencor ni miedo. La *Gaceta* de Rosas, tan pródiga en calumnias y difamaciones, no acierta a injuriarlo con provecho, descubriendo a cada paso el respeto que a sus detractores inspira: llámale manco boleado, castrado, porque siempre ha de haber una brutalidad y una torpeza mezclada con los gritos sangrientos del Caribe. Si fuese a penetrarse en lo íntimo del corazón de los que sirven a Rosas, se descubriría la afección que todos tienen al general Paz, y los antiguos federales no han olvidado que él era el que estaba siempre protegiéndolos contra el encono de los antiguos unitarios. Quién sabe si la Providencia, que tiene en sus manos la suerte de los estados, ha querido guardar este hombre que tantas veces ha escapado a la destrucción, para volver a reconstruir la República bajo el imperio de las leyes que permiten la libertad, sin la licencia, y que hacen inútil el terror y las violencias que los estúpidos necesitan para mandar. Paz es provinciano, y como tal tiene ya una garantía de que no sacrificaría las provincias a Buenos Aires y al puerto, como lo hace hoy Rosas, para tener millones con que empobrecer y barbarizar a los pueblos del interior, como los federales de las *ciudades* acusaban al Congreso de 1826.

El triunfo de la Tablada abría una nueva época para la ciudad de Córdoba, que hasta entonces, según el mensaje pasado a la Representación Provincial por el general Paz, "había ocupado el último lugar entre los pueblos argentinos". "Recordad que ha sido", continúa el mensaje, "donde se han cruzado las medidas y puesto obstáculos a todo lo que ha tenido tendencia a constituir la nación, o esta misma Provincia, ya sea bajo el sistema federal, ya bajo el unitario."

Córdoba, como todas las ciudades argentinas, tenía su elemento liberal, ahogado hasta entonces por un gobierno absoluto y quietista, como el de Bustos. Desde la entrada de Paz, este elemento oprimido se manifiesta en la superficie; mostrando cuánto se ha robustecido durante los nueve años de aquel gobierno español.

He pintado antes en Córdoba el antagonista en ideas a Buenos Aires; pero hay una circunstancia que la recomienda poderosamente para el porvenir. La ciencia es el mayor de los títulos para el cordobés: dos siglos de Universidad han dejado en las conciencias esta civilizadora preocupación, que no existe tan hondamente arraigada en las otras provincias del interior; de manera que no bien cambiada la dirección y materia de los estudios, pudo Córdoba contar ya con un mayor número de sostenedores de la civilización, que tiene por causa y efecto el dominio y cultivo de la inteligencia. Ese respeto a las luces, ese valor tradicional concedido a los títulos universitarios, desciende en Córdoba hasta las clases inferiores de la sociedad, y no de otro modo puede explicarse cómo las masas *cívicas* de Córdoba abrazaron la revolución civil que traía Paz, con un ardor que no se ha desmentido diez años después, y que ha preparado millares de víctimas de entre las clases artesana y proletaria de la ciudad, a la ordenada y fría rabia del *mazorquero*. Paz traía consigo un intérprete para entenderse con las masas cordobesas de la ciudad: Barcala[145], el coronel negro que tan gloriosamente se había ilustrado en el Brasil, y que se paseaba del brazo con los jefes del ejército. Barcala, el liberto consagrado durante tantos años a mostrar a los artesanos el buen camino, y hacerles amar una revolución que no distinguía ni color ni clase para condecorar el mérito; Barcala fue el encargado de popularizar el cambio de ideas y miras obrado en la ciudad, y lo consiguió más allá de lo que se creía deber esperarse. Los cívicos de

---

145 *Barcala*: Lorenzo (1795-1835) Coronel nacido en Mendoza, hijo de africanos esclavos, Sargento mayor en el regimiento de Pardos de Mendoza fue instructor de reclutas en El Plumerillo y hombre de confianza de San Martín, quien le encargó en 1817 la protección de la Guarnición Militar que quedaba en Mendoza y por lo que no participó en las campañas de Chile y Perú. Participó en la Campaña del Brasil y en las luchas civiles tomó partido por los unitarios. Sirvió a las órdenes del General Paz, quien le profesaba un visible respeto

Córdoba pertenecen desde entonces a la *ciudad,* al orden civil, a la civilización.

La juventud cordobesa se ha distinguido en la actual guerra por la abnegación y constancia que ha desplegado, siendo infinito el número de los que han sucumbido en los campos de batalla, en las matanzas de la *mazorca,* y mayor aún el de los que sufren los males de la expatriación. En los combates de San Juan quedaron las calles sembradas de esos doctores cordobeses a quienes barrían los cañones que intentaban arrebatar al enemigo.

Por otra parte, el clero, que tanto había fomentado la oposición al Congreso y a la Constitución, había tenido sobrado tiempo para medir el abismo a que conducían la civilización los defensores del *culto exclusivo* de la clase de Facundo, López y demás, y no vaciló en prestar adhesión decidida al General Paz.

Así, pues, los doctores como los jóvenes, el clero como las masas, aparecieron desde luego unidos bajo un solo sentimiento, dispuestos a sostener los principios proclamados por el nuevo orden de cosas. Paz pudo contraerse ya a reorganizar la provincia y a anudar relaciones de amistad con las otras. Celebróse un tratado con López, de Santa Fe, a quien D. Domingo de Oro inducía a aliarse con el general Paz; Salta y Tucumán lo estaban ya antes de la Tablada, quedando sólo las provincias occidentales, en estado de hostilidad.

Capítulo X

Guerra social

Que cherchez–vous? Si vous êtes jaloux de voir un assemblage
effrayant de maux et d'horreurs vous l'avez trouvé.
Shakespeare

Qué busca Vd.? Si está Vd. deseoso de ver un conjunto
horrible de males y horrores pues lo ha encontrado

Oncativo

¿Qué había sido de Facundo, entre tanto? En la Tablada lo había dejado todo: armas, jefes, soldados, reputación; todo excepto la rabia y el valor. Moral, gobernador de La Rioja, sorprendido por la noticia de tamaño descalabro, se aprovecha de un ligero pretexto para salir fuera de la ciudad, dirigiéndose hacia Los Pueblos, y desde Sañogasta dirige un oficio a Quiroga, cuya llegada supo allí, ofreciéndole los recursos de la provincia. Antes de la expedición a Córdoba, las relaciones entre ambos jefes de la provincia, el Gobernador nominal y el caudillo, el mayordomo y el señor, habían aparecido resfriadas. Facundo no había encontrado tanto armamento como el que resultaba de los cómputos que podían hacerse sumando el que existía en la provincia en tal época, más el traído de Tucumán, de San Juan, de Catamarca, etc. Otra circunstancia singular agrava las sospechas que en el ánimo de Quiroga pesan contra el Gobernador. Sañogasta es la casa señorial de los Doria, Dávila, enemigos de Facundo; y el gobernador previendo las consecuencias que el espíritu suspicaz de Facundo deducirá de la fecha y lugar del oficio, lo data de Uanchin, punto distante cuatro leguas. Sabe, empero Quiroga, que es de Sañogasta de donde le escribía Moral, y toda duda queda aclarada. Bárcena, un instrumento odioso de matanzas que él ha adquirido en Córdoba, y Fontanel, salen con partidas a recorrer los pueblos, y prender a todos los vecinos acomodados que encuentren. La batida, sin embargo, no ha sido feliz: la caza ha husmeado a los lebreles, y huye despavorida en todas direcciones. Las partidas volvieron con sólo once vecinos, que fueron fusilados en el acto. D. Inocencio Moral, tío del gobernador, con los hijos, uno de catorce años de edad y otro de veinte; Ascueta, Gordillo, Cantos (chileno), Sotomayor, Barrios, otro Gordillo, Corro, transeúnte de San Juan, y Pasos, fueron las víctimas de aquella jornada. El último, D. Mariano Pasos, había experimentado ya en otra ocasión el resentimiento de Quiroga. Al salir para una de sus primeras expediciones, había dicho aquél a un señor Rincón, comerciante como él, al ver el desaliño y desorden de las tropas: "¡Qué gente para ir a pelear!" Sabido esto por Quiroga, hace llamar a ambos aristarcos[146], cuelga al primero en un pilar de las casas de cabildo, y le hace dar doscientos azotes, mientras que el otro permanece con los calzones quitados para recibir su parte, de que Quiroga le hace merced. Más tarde, este agraciado fue gobernador de La Rioja, y muy adicto al General.

El Gobernador Moral, sabiendo lo que le aguardaba, huyó, pues, de la provincia, bien que más tarde recibió setecientos azotes por ingrato; pues este mismo Moral es el que participó de los 18.000 pesos arrancados a Dorrego.

Aquel Bárcena de que hablé antes fue el encargado de asesinar al comisionado de la Compañía inglesa de minas. Le he oído yo mismo los horribles pormenores del asesinato, cometido en su propia casa, apartando a la mujer y los hijos para que dejasen paso a las balas y a los sablazos. Este mismo Bárcena era el jefe de la *mazorca* que acompañó a Oribe a Córdoba, y que en un baile que se daba en celebración del triunfo sobre Lavalle, hacía rodar por el salón las cabezas ensangrentadas de tres jóvenes cuyas familias estaban allí. Porque debe tenerse presente que el ejército que vino a Córdoba en persecución de Lavalle, traía una compañía de mazorqueros, que llevaban al costado izquierdo la cuchilla convexa, a manera de una pequeña cimitarra, que Rosas mandó hacer ex profeso en las cuchillerías de Buenos Aires para degollar hombres.

¿Qué motivo tuvo Quiroga para estas atroces ejecuciones? Dícese que en Mendoza dijo a Oro que su único objeto había sido aterrar. Cuéntase que continuando las matanzas en la campaña sobre infelices campesinos, sobre el que acertaba a pasar por Atiles, campamento general, uno de los Villafañes le dijo con el acento de la compasión, del temor y de la súplica: "¿Hasta cuándo, mi general?" "No sea usted bárbaro", contestó Quiroga. "¿Cómo me rehago sin esto?" He aquí su sistema todo entero: el terror sobre el ciudadano, para que abandone su fortuna; el terror sobre el gaucho, para que con su brazo sostenga una causa que ya no es la suya: el terror suple a la falta de actividad y de trabajo para administrar, suple al entusiasmo, suple a la estrategia, suple a todo. Y no hay que alucinarse: el terror es un medio de gobierno que produce mayores resultados que el patriotismo y la espontaneidad. La Rusia lo ejercita desde los tiempos de Iván, y ha conquistado todos los pueblos bárbaros; los bandi-

---

146 *Aristarco*: censor o crítico de escritos ajenos, por Aristarco de Samotracia (c. 215- c. 143 a.C.) gramático y crítico alejandrino. Discípulo y sucesor de Aristófanes de Bizancio en la dirección de la biblioteca de Alejandría, es autor de ediciones y comentarios de Hesíodo, Alceo, Píndaro y Homero.

dos de los bosques obedecen al jefe que tiene en su mano esta coyunda[147] que domeña las cervices más altivas. Es verdad que degrada a los hombres, los empobrece, les quita toda elasticidad de ánimo, que en un día, en fin, arranca a los estados lo que habrían podido dar en diez años: pero ¿qué importa todo esto al Zar de las Rusias, al jefe de los bandidos, o al Caudillo argentino?

Un bando de Facundo ordenó que todos los habitantes de la ciudad de La Rioja emigrasen a los Llanos so pena de la vida, y esta orden se cumplió al pie de la letra. El enemigo implacable de la *ciudad* temía no tener tiempo suficiente para irla matando poco a poco, y le da el golpe de gracia. ¿Qué motiva esta inútil emigración? ¿Temía Quiroga? ¡Oh! ¡Sí temía en este momento! En Mendoza levantaban un ejército los unitarios que se habían apoderado del Gobierno; Tucumán y Salta estaban al Norte, y al Oriente Córdoba, la Tablada y Paz: estaba, pues, cercado, y una batida general podía al fin *empacar* al Tigre de los Llanos. Facundo había hecho alejar ganados hacia la cordillera, mientras que Villafañe acudía a Mendoza con fuerzas en apoyo de los Aldao, y él aglomeraba sus nuevos reclutas en Atiles. Estos terroristas tienen también sus momentos de terror: Rosas también lloraba como un chiquillo y se daba contra las paredes cuando supo la revolución de Chascomús, y once enormes baúles entraban en su casa para recoger sus efectos y embarcarse una hora antes de que le llegara la noticia del triunfo de Alvarez. ¡Pero por Dios! no asustéis nunca a los terroristas. ¡Ay de los pueblos desde que el conflicto pasa! ¡Entonces son las *matanzas de Setiembre*[148] y la exposición en el mercado de pirámides de cabezas humanas!

Quedaban en La Rioja, no obstante de la orden de Facundo, una niña y un sacerdote: la Severa y el padre Colina. La historia de la Severa Villafañe es un romance lastimero, es un cuento de hadas, en que la más hermosa princesa de sus tiempos anda errante y fugitiva, disfrazada de pastora unas veces, mendigando un asilo y un pedazo de pan otras, para escapar a las asechanzas de algún gigante espantoso, de algún sanguinario Barbazul. La Severa ha tenido la desgracia de excitar la concupiscencia del tirano, y no hay quien la valga para librarse de sus feroces halagos. No es sólo virtud lo que la hace resistir a la seducción: es repugnancia invencible, instintos bellos de mujer delicada que detesta los tipos de la fuerza brutal, porque teme que ajen su belleza. Una mujer bella trocará muchas veces un poco de deshonor propio, por un poco de la gloria que rodea a un hombre célebre; pero de esa gloria noble y alta que para descollar sobre los hombres no necesita de encorvarlos ni envilecerlos, a fin de que en medio de tanto matorral rastrero pueda alcanzarse a ver el arbusto espinoso y descolorido. No: es otra la causa de la fragilidad de la piadosa Mme de Maintenon[149], la que se atribuye a Mme Roland[150] y tantas otras

---

147 *Coyunda*: correa fuerte con la cual se uncen los bueyes al yugo

148 *Matanzas de Septiembre*: episodio del 2 de septiembre de 1792 en Francia, más de mil monárquicos –aproximadamente unos doscientos cincuenta sacerdotes- y presuntos traidores apresados en diversos lugares de Francia, fueron sometidos a juicio y ejecutados en lo que se considera el primer asesinato colectivo de la Revolución Francesa

149 *Mme. de Maintenon*: Françoise d'Aubigné (1635-1719) niñera de los hijos naturales de Luis XIV y Mme. de Montespan, luego amante y finalmente casada en secreto (1652) con el rey

150 *Mme. Roland*: Jeanne Manon Philipon (1754-1793) casada con Roland de La Platière, ministro de Luis XVI, revolucionaria francesa partidaria de los Girondinos

mujeres que hacen el sacrificio de su reputación por asociarse a nombres esclarecidos. La Severa resiste años enteros. Una vez escapa de ser envenenada por su Tigre en una pasa de higo; otra, el mismo Quiroga, despechado, toma opio para quitarse la vida. Un día se escapaba de las manos de los asistentes del General, que van a extenderla de pies y manos en una muralla, para alarmar su pudor; otro, Quiroga la sorprende en el patio de su casa, la agarra de un brazo, la baña en sangre a bofetadas, la arroja por tierra, y con el tacón de la bota le quiebra la cabeza. ¡Dios mío! ¿No hay quien favorezca a esta pobre niña? ¿No tiene parientes? ¿No tiene amigos? ¡Si tal! Pertenece a las primeras familias de La Rioja: el general Villafañe es su tío, tiene hermanos que presencian estos ultrajes; hay un cura que le cierra la puerta cuando viene a esconder su virtud detrás del santuario. La Severa huye al fin a Catamarca, se encierra en un beaterio. Dos años después pasaba por allí Facundo, y manda que se abra el asilo y la superiora traiga a su presencia a las reclusas. Una hubo que dio un grito al verlo y cayó exánime. ¿No es éste un lindo romance? ¡Era la Severa!

Pero vamos a Atiles, donde se está preparando un ejército para ir a recobrar la reputación perdida en la Tablada; porque no se trata sino de reputación del gaucho cargador. Dos unitarios de San Juan han caído en su poder; un joven Castro y Calvo, chileno, y un Alejandro Carril. Quiroga pregunta al uno cuánto da por su vida. "Veinticinco mil pesos", contesta temblando. "¿Y Ud. cuánto da?", dice al otro. "Yo sólo puedo dar cuatro mil; soy comerciante y nada más poseo." Mandan traerse las sumas de San Juan, y ya hay treinta mil pesos para la guerra, reunidos a tan poca costa. Mientras el dinero llega, Facundo los aloja bajo un algarrobo, los ocupa en hacer cartuchos pagándoles dos reales diarios por su trabajo.

El Gobierno de San Juan tiene conocimiento de los esfuerzos que la familia de Carril hace para mandar el rescate y se aprovecha del descubrimiento. Gobierno de ciudadanos, aunque federal, no se atreve a fusilar ciudadanos, y se siente impotente para arrancar dinero a los unitarios. El Gobierno intima orden de salir para Atiles a los presos que pueblan las cárceles; las madres y las esposas saben lo que significa Atiles, y unas primero, y otras después, logran reunir las sumas pedidas, para hacer volver a sus deudos del camino que conduce a la guarida del Tigre. Así, Quiroga gobierna a San Juan con sólo su terrorífico nombre.

Cuando los Aldao están fuertes en Mendoza y no han dejado en La Rioja un solo hombre, viejo o joven, soltero o casado, en estado de llevar armas, Facundo se transporta a San Juan a establecer en aquella población, rica entonces en unitarios acaudalados, sus cuarteles generales. Llega y hace dar seiscientos azotes a un ciudadano notable por su influencia, sus talentos y su fortuna. Facundo anda en persona al lado del cañón que lleva la víctima moribunda por las cuatro esquinas de la plaza; porque Facundo es muy solícito en esta parte de la administración; no es como Rosas que desde el fondo de su gabinete, donde está tomando *mate,* expide a la Mazorca las órdenes que debe ejecutar, para achacar después al *entusiasmo federal* del pobre pueblo todas las atrocidades con que ha hecho estremecer a la humanidad. No creyendo aún bastante este paso previo a toda otra medida, Facundo hace traer un viejecito cojo a quien se acusa o no se acusa de haber servido de baqueano a algunos prófugos, y lo hace fusilar en el acto, sin confesión, sin permitirle una palabra, porque el *enviado de* Dios no se cuida siempre de que sus víctimas se confiesen.

Preparada así la *opinión pública,* no hay sacrificios que la *ciudad* de San Juan no esté pronta a hacer en defensa de la federación; las contribuciones se distribuyen sin réplica; salen armas de debajo de tierra; Facundo compra fusiles, sables, a quien se los presenta. Los Aldao triunfan de la incapacidad de los unitarios, por la violación de los tratados del Pilar, y entonces Quiroga pasa a Mendoza. Allí era el terror inútil; las matanzas diarias ordenadas por el Fraile, de que di detalles en su biografía, tenían helada como un cadáver a la ciudad: pero Facundo necesitaba confirmar allí el espanto que su nombre infundía por todas partes. Algunos jóvenes sanjuaninos han caído prisioneros; éstos por lo menos le pertenecen. A uno de ellos manda hacer esta pregunta: ¿Cuántos fusiles puede entregar dentro de cuatro días? El joven contesta que si se le da tiempo para mandar a Chile a procurarlos, y a su casa para recolectar fondos, verá lo que puede hacer. Quiroga reitera la pregunta, pidiendo que conteste categóricamente: Ninguno. Un minuto después llevaban a enterrar el cadáver, y seis sanjuaninos más le seguían a cortos intervalos. La pregunta sigue haciéndose de palabra o por escrito a los prisioneros mendocinos, y las respuestas son más o menos satisfactorias. Un reo de más alto carácter se presenta: el general Alvarado ha sido aprehendido. Facundo lo hace traer a su presencia. "Siéntese, general, le dice; ¿en cuántos días podrá entregarme seis mil pesos por su vida?" "En ninguno, señor: no tengo dinero." "¡Eh!, pero tiene usted amigos, que no lo dejarán fusilar." "No tengo, señor; yo era un simple transeúnte por esta provincia cuando, forzado por el voto público, me hice cargo del Gobierno." "¿Para dónde quiere usted retirarse?", continúa después de un momento de silencio. "Para donde S. E. lo ordene." "Diga usted, ¿adónde quiere ir?" "Repito que donde se me ordene." "¿Qué le parece San Juan?" "Bien, señor." "¿Cuánto dinero necesita?" "Gracias, señor; no necesito." Facundo se dirige a un escritorio, abre dos gavetas henchidas de oro, y retirándose le dice: "Tome, general, lo que necesite." "Gracias, señor, nada." Una hora después el coche del general Alvarado estaba a la puerta de su casa cargado con su equipaje, y el general Villafañe que debía acompañarlo a San Juan, donde a su llegada le entregó cien onzas de oro de parte del general Quiroga, suplicándole que no se negase a admitirlas.

Como se ve, el alma de Facundo no estaba del todo cerrada a las nobles inspiraciones. Alvarado era un antiguo soldado, un general grave y circunspecto, y poco mal le había causado. Más tarde decía de él: "Este general Alvarado es un buen militar, pero no entiende nada de esta guerra que hacemos nosotros".

En San Juan le trajeron un francés, Barreau, que había escrito de él lo que un francés puede escribir. Facundo le pregunta si es el autor de los artículos que tanto le han herido, y con la respuesta afirmativa: "¿Qué espera usted ahora?", replica Quiroga. "Señor, la muerte." "Tome usted esas onzas y váyase enhoramala."

En Tucumán estaba Quiroga tendido sobre un mostrador. "¿Dónde está el general?", le pregunta un andaluz que se ha achispado un poco para salir con honor del lance. "Ahí adentro; ¿qué se le ofrece?" "Vengo a pagar cuatrocientos mil pesos que me ha puesto de contribución. ¡Como no le cuesta nada a ese animal!" "¿Conoce, patrón, al general?" "Ni quiero conocerlo, ¡forajido!" "Pase adelante; tomemos un trago de caña." Más avanzado estaba este original diálogo, cuando un ayudante se presenta, y dirigiéndose a uno de los interlocutores: "Mi general", le dice... "¡Mi general!... repite el andaluz abriendo un palmo de boca... Pues qué... ¿sois vos el General?... ¡Canario! Mi general, continúa hincándose de rodillas, soy un pobre diablo, pulpero... ¡qué quiere V. S.!... me arruina...; pero el dinero está pronto... vamos..., ¡no hay que enfadarse!" Facundo se echa a reír, lo levanta, lo tranquiliza, y le entrega su contribución, tomando sólo doscientos pesos prestados, que le devuelve religiosamente más tarde. Dos años después, un mendigo paralítico le gritaba en Buenos Aires: "Adiós, mi general: soy el andaluz de Tucumán, estoy paralítico." Facundo le dio seis onzas.

Estos rasgos prueban la teoría que el drama moderno ha explotado con tanto brillo; a saber: que aun en los caracteres históricos más negros, hay siempre una chispa de virtud que alumbra por momentos, y se oculta. Por otra parte, ¿por qué no ha de hacer el bien el que no tiene freno que contenga sus pasiones? Esta es una prerrogativa del poder, como cualquiera otra.

Pero volvamos a tomar el hilo de los acontecimientos públicos. Después de inaugurado el terror en Mendoza de un modo tan solemne, Facundo se retira al Retamo, adonde los Aldao llevan la contribución de cien mil pesos que han arrancado a los unitarios aterrados. Allí estaba la mesa de juego que acompañaba siempre a Quiroga, allí acuden los aficionados del partido; allí en fin es el trasnochar a la claridad opaca de las antorchas. En medio de tantos horrores y de tantos desastres, el oro circula allí a torrentes y Facundo gana al fin de quince días los cien mil pesos de la contribución, los muchos miles que guardan sus amigos federales, y cuanto puede apostarse a una carta. La guerra, empero, pide erogaciones, y vuelven a trasquilar las ovejas antes trasquiladas. Esta historia de las jugarretas famosas del Retamo, en que hubo noche que ciento treinta mil pesos estaban sobre la carpeta, es la historia de toda la vida de Quiroga. "Mucho se juega, general", le decía un vecino en su última expedición a Tucumán. "¡Eh!, ¡esto es una miseria! ¡En Mendoza y San Juan podía uno divertirse! Allí sí corría dinero. Al fraile le gané una noche cincuenta mil pesos, al clérigo Lima otra veinticinco mil; ¡pero, esto!..., ¡éstas son pij...!"

Un año se pasa en estos aprestos de guerra, y al fin en 1830 sale un nuevo y formidable ejército para Córdoba, compuesto de las divisiones reclutadas en La Rioja, San Juan, Mendoza y San Luis. El general Paz, deseoso de evitar la efusión de sangre, aunque estuviese seguro de agregar un nuevo laurel a los que ya ceñían sus sienes, mandó al Mayor Paunero, oficial lleno de prudencia, energía y sagacidad, al encuentro de Quiroga, proponiéndole no sólo la paz, sino una alianza. Crése que Quiroga iba dispuesto a abrazar cualquier coyuntura de transacción; pero las sugestiones de la Comisión mediadora de Buenos Aires, que no traía otro objeto que evitar toda transacción, y el orgullo y la presunción de Quiroga, que se veía a la cabeza de un nuevo ejército más poderoso y mejor disciplinado que el primero, le hicieron rechazar las propuestas pacíficas del modesto General Paz. Facundo esta vez había combinado algo que tenía visos de plan de campaña. Inteligencias establecidas en la Sierra de Córdoba habían sublevado la población pastora; el General Villafañe se acercaba por el Norte con una división de Catamarca, mientras que Facundo caía por el Sud. Poco esfuerzo de penetración costó al general Paz para penetrar los designios de Quiroga y dejarlos burlados. Una noche desapareció el ejército de las inmediaciones de Córdoba; nadie podía darse cuenta de su paradero; todos lo habían encontrado, aunque en diversos lugares y a la misma hora. Si alguna vez se ha realizado en América algo parecido a las complicadas combinaciones estratégicas de las campañas de Bonaparte en Italia, es en esta vez en que Paz hacía cruzar la Sierra de Córdoba por cuarenta divisiones, de manera que los prófugos de un combate fuesen a caer en manos de otro cuerpo apostado al efecto en lugar preciso e inevitable. La montonera aturdida, envuelta por todas partes, con el ejército a su frente, a sus costados, a su retaguardia, tuvo que dejarse coger en la red que se le había tendido y cuyos hilos se movían a reloj desde la tienda del General. La víspera de la batalla de Oncativo aún no habían entrado en línea todas las divisiones de esta maravillosa campaña de quince días, en la que habían obrado combinadamente en un frente de cien leguas. Omito dar pormenores sobre aquella memorable batalla en que el General Paz, para dar valor a su triunfo, publicaba en el boletín la muerte de 70 de los suyos, no obstante no haber perdido sino doce hombres en un combate en que se encontraban ocho mil soldados y veinte piezas de artillería. Una simple maniobra había derrotado al valiente Quiroga, y tantos horrores, y tantas lágrimas derramadas para formar aquel ejército, habían terminado en dar a Facundo una temporada de jugarretas, y a Paz algunos miles de prisioneros inútiles.

Capítulo XI

GUERRA SOCIAL

Un cheval! Vite un cheval!... Mon royaume pour un cheval!
Shakespeare
UN CABALLO! REAPIDO UN CABALLO!...MI REINO POR UN CABALLO!

CHACÓN

Facundo, el *gaucho malo* de los Llanos, no vuelve a sus pagos esta vez, que se encamina hacia Buenos Aires, y debe a esta dirección imprevista de su fuga salvar de caer en manos de sus perseguidores. Facundo ha visto que nada le queda que hacer en el interior; no hay esta vez tiempo de martirizar y estrujar a los pueblos para que den recursos sin que el vencedor llegue por todas partes en su auxilio.

Esta batalla de Oncativo, o la Laguna Larga, era muy fecunda en resultados; por ella Córdoba, Mendoza, San Juan, San Luis, La Rioja, Catamarca, Tucumán, Salta y Jujuy quedaban libres de la dominación de caudillos. La unidad de la República propuesta por Rivadavia por las vías parlamentarias, empezaba a hacerse efectiva desde Córdoba, por medio de las armas, y el general Paz, al efecto, reunió un Congreso de agentes de aquellas provincias, para que acordasen lo que más conviniera para darse instituciones. Lavalle había sido menos afortunado en Buenos Aires, y Rosas, que estaba destinado a hacer un papel tan sombrío y espantoso en la historia argentina, ya empezaba a influir en los negocios públicos y gobernaba la ciudad. Quedaba, pues, la República dividida en dos fracciones: una en el interior, que deseaba hacer capital de la Unión a Buenos Aires; otra en Buenos Aires, que fingía no querer ser capital de la República, a no ser que abjurase la civilización europea y el orden civil.

La batalla aquella había dejado en descubierto otro grande hecho; a saber: que la *montonera* había perdido su fuerza primitiva, y que los ejércitos de las ciudades podían medirse con ella y destruirla. Este es un hecho fecundo en la historia argentina. A medida que el tiempo pasa, las bandas pastoras pierden su espontaneidad primitiva. Facundo necesita ya de terror para moverlas, y en batalla campal se presentan como azoradas en presencia de las tropas disciplinadas y dirigidas por las máximas estratégicas que el arte europeo ha enseñado a los militares de las ciudades. En Buenos Aires, empero, el resultado es diverso: Lavalle, no obstante su valor, que ostenta en el Puente de Márquez y en todas partes, no obstante sus numerosas tropas de línea, sucumbe al fin de la campaña, encerrado en el recinto de la ciudad por los millares de gauchos que han aglomerado Rosas y López; y por un tratado que tiene al fin los efectos de una capitulación, se desnuda de la autoridad, y Rosas penetra en Buenos Aires. ¿Por qué es vencido Lavalle? No por otra razón, a mi juicio, sino porque es el más valiente oficial de caballería que tiene la República Argentina, es el general argentino y no el general europeo; las cargas de caballería han hecho su fama romancesca. Cuando la derrota de Torata, o Moquegua, no recuerdo bien, Lavalle, protegiendo la retirada del ejército, da cuarenta cargas en día y medio, hasta que no le quedan veinte soldados para dar otra. No recuerdo si la caballería de Murat hizo jamás un prodigio igual. Pero ved las consecuencias funestas que para la República traen estos hechos. Lavalle en 1839 recordando que la montonera lo ha vencido en 1830, abjura toda su educación guerrera a la europea, y adopta el sistema montonero. Equipa cuatro mil caballos, y llega hasta las goteras de Buenos Aires con sus brillantes bandas, al mismo tiempo que Rosas, el gaucho de la Pampa, que lo ha vencido en 1830, abjura por su parte sus instintos montoneros, anula la caballería en sus ejércitos, y sólo confía el éxito de la campaña a la infantería reglada y al cañón. Los papeles están cambiados: el gaucho toma la casaca, el militar de la Independencia el *Poncho;* el primero triunfa; el segundo va a morir traspasado de una bala que le dispara de paso la *montonera.* ¡Severas lecciones, por cierto! Si Lavalle hubiera hecho la campaña de 1840 en silla inglesa y con el paletó francés, hoy estaríamos a orillas del Plata arreglando la navegación por vapor de los ríos y distribuyendo terrenos a la inmigración europea. Paz es el primer general ciudadano que triunfa del elemento pastoril, porque pone en ejercicio contra él todos los recursos del arte militar europeo, dirigidos por una cabeza matemática. La inteligencia vence a la materia, el arte al número.

Tan fecunda en resultados es la obra de Paz en Córdoba y tan alta levanta en dos años la influencia de las ciudades, que Facundo siente imposible rehabilitar su poder de caudillo, no obstante que ya lo ha extendido por todo el litoral de los Andes, y sólo la culta, la europea Buenos Aires puede servir de asilo a su barbarie.

Los diarios de Córdoba de aquella época transcribían las noticias europeas, las sesiones de las cámaras francesas; y los retratos de Casimiro Périer, Lamartine, Chateaubriand, servían de modelos en las clases de dibujo: tal era el interés que Córdoba manifestaba por el movimiento europeo. Leed la *Gaceta Mercantil,* y podréis juzgar del rumbo semibárbaro que tomó desde entonces la prensa en Buenos Aires.

Facundo fuga para Buenos Aires, no sin fusilar antes dos oficiales suyos para mantener el orden en los que le acompañan. Su teoría del *terror* no se desmiente jamás, es su talismán, su paladín, sus penates. Todo lo abandonará menos esta arma favorita.

Llega a Buenos Aires, se presenta al Gobierno de Rosas, encuéntrase en los salones con el General Guido, el más cumplimentero y ceremonioso de los generales, que han hecho su carrera haciendo cortesías en las antecámaras de palacio. Le dirige una muy profunda a Quiroga: "¡Qué! me muestra los dientes", le dice éste, "como si yo fuera perro." "Ahí me han mandado VV. una comisión de doctores a enredarme con el General Paz (Cavia y Cernadas). Paz me ha batido en regla." Quiroga deploró muchas veces después no haber dado oídos a las proposiciones del Mayor Paunero.

Facundo desaparece en el torbellino de la gran ciudad; apenas se oye hablar de algunas ocurrencias de juego. El General Mansilla le amenaza una vez de darle un candelerazo, diciéndole: "Qué, ¿se ha creído que está usted en las provincias?" Su traje de gaucho provinciano llama la atención, el embozo del poncho, su barba entera, que ha prometido llevar hasta que se lave la mancha de la Tablada, fija por un momento la atención de la elegante y europea ciudad; mas luego nadie se ocupa de él.

Preparábase entonces una grande expedición sobre Córdoba. Seis mil hombres de Buenos Aires y Santa Fe se estaban alistando para la empresa; López era el general en jefe; Balcarce, Enrique Martínez, y otros jefes iban bajo sus órdenes. Y ya el elemento pastoril domina, pero tiene una alianza con la *ciudad,* con el partido federal: todavía hay generales. Facundo se encarga de una tentativa desesperada sobre La Rioja o Mendoza; recibe para ello doscientos presidiarios sacados de todas las cárceles, engancha sesenta hombre más en el Retiro, reúne algunos de sus oficiales, y se dispone a marchar.

En Pavón estaba Rosas reuniendo sus caballerías *coloradas;* allí estaba también López de Santa Fe. Facundo se detuvo en Pavón a ponerse de acuerdo con los elementos jefes. Los tres más famosos caudillos están reunidos en la Pampa: López, el discípulo y sucesor inmediato de Artigas; Facundo, el bárbaro del interior; Rosas, el lobezno que se está criando aún y que ya está en vísperas de lanzarse a cazar por su propia cuenta. Los clásicos los habrían comparado con los triunviros Lépido, Marco Antonio y Octavio, que se reparten el imperio; y la comparación sería exacta hasta en la vileza y crueldad del Octavio argentino. Los tres caudillos hacen prueba y ostentación de su importancia personal. ¿Sabéis cómo? Montan a caballo los tres y salen todas las mañanas a *gauchear* por la Pampa: se bolean los caballos, los apuntan a las vizcacheras, ruedan, pechan, corren carreras. ¿Cuál es el más grande hombre? El más jinete, Rosas, el que triunfa al fin. Una mañana va a invitar a López a la correría: "No, compañero", le contesta éste; "si de hecho es Ud. muy bárbaro." Rosas, en efecto, los castigaba todos los días, los dejaba llenos de cardenales y contusiones. Estas justas del Arroyo de Pavón han tenido una celebridad fabulosa por toda la República, lo que no dejó de contribuir a allanar el camino del poder al campeón de la jornada, el imperio AL MAS DE A CABALLO.

Quiroga atraviesa la Pampa con trescientos adictos arrebatados los más de ellos al brazo de la justicia, por el mismo camino que veinte años antes, cuando sólo era un *gaucho malo,* ha huido de Buenos Aires desertando las filas de los Arribeños.

En la Villa del Río 4° encuentra una resistencia tenaz, y Facundo permanece tres días detenido por unas zanjas que sirven de parapeto a la guarnición. Se retiraba ya cuando un jastial[151] se le presenta y le revela que los sitiados no tienen un cartucho. ¿Quién es este traidor? El año 1818, en la tarde del 18 de marzo, el Coronel Zapiola, jefe de la caballería del ejército chileno–argentino, quiso hacer ante los españoles una exhibición del poder de la caballería de los patriotas en una hermosa llanura que está de este lado de Talca. Eran seis mil hombres los que componían aquella brillante parada. Cargan, y como la fuerza enemiga fuese mucho menor, la línea se reconcentra, se oprime, se embaraza y se rompe en fin; muévense los españoles en este momento, y la derrota se pronuncia en aquella enorme masa de caballería. Zapiola es el último en volver su caballo, que recibe a poco trecho un balazo; y cayera en manos del enemigo, si un soldado de Granaderos a Caballo no se desmontara, y lo pusiera como una pluma sobre su montura, dándole a ésta con el sable, para que más a prisa dispare. Un rezagado acierta a pasar, el Granadero desmontado, préndese a la cola del caballo, lo detiene en la carrera, salta a la grupa, y Coronel y soldado se salvan. Llámanle el Boyero, y este hecho le abre la carrera de los ascensos. En 1820, sacábase un hombre ensartado por ambos brazos en la hoja de su espada, y Lavalle lo ha tenido a su lado como uno de tantos insignes valientes. Sirvió a Facundo largo tiempo, emigró a Chile, y desde allí a Montevideo en busca de aventuras guerreras, donde murió gloriosamente peleando en la defensa de la plaza, lavándose de la falta de Río 4°. Si el lector se acuerda de lo que he dicho del capataz de carretas, adivinará el carácter, valor y fuerza del Boyero; un resentimiento con sus jefes, una venganza personal lo impulsan a aquel feo paso, y Facundo toma la Villa del Río 4° gracias a su revelación oportuna.

En la Villa del Río Quinto encuentra al valiente Pringles, aquel soldado de la guerra de la Independencia que, cercado por los españoles en un desfi-

---

151 *Jastial*: (metáf.) hombre rústico y grosero

ladero, se lanza al mar en su caballo, y entre el ruido de las olas que se estrellan contra la ribera hace resonar el formidable grito: ¡Viva la patria!

El inmortal Pringles, a quien el virrey Pezuela colmándolo de presentes devuelve a su ejército, y para quien San Martín en premio de tanto heroísmo hace batir aquella singular medalla que tenía por lema: ¡Honor y gloria a los vencidos en Chancay!, Pringles muere en manos de los presidiarios de Quiroga, que hace envolver el cadáver en su propia manta.

Alentado con este no esperado triunfo, se avanza hacia San Luis, que apenas le opone resistencia. Pasada la travesía, el camino se divide en tres. ¿Cuál de ellos tomará Quiroga? El de la derecha conduce a los Llanos, su patria, el teatro de sus hazañas, la cuna de su poder; allí no hay fuerzas superiores a las suyas, pero tampoco hay recursos; el del medio lleva a San Juan, donde hay mil hombres sobre las armas, pero incapaces de resistir a una carga de caballería en que él, Quiroga, vaya a la cabeza agitando su terrible lanza; el de la izquierda, en fin, conduce a Mendoza, donde están las verdaderas fuerzas de Cuyo a las órdenes del General Videla Castillo; hay allí un batallón de ochocientas plazas, decidido, disciplinado, al mando del coronel Barcela; un escuadrón de coraceros en disciplina que manda el teniente coronel Chenaut; milicia en fin y piquetes del 2° de cazadores y de los coraceros de la Guardia. ¿Cuál de estos tres caminos tomará Quiroga? Sólo tiene a sus órdenes trescientos hombres sin disciplina, y él viene además enfermo y decaído... Facundo toma el camino de Mendoza; *llega, ve y vence;* porque tal es la rapidez con que los acontecimientos se suceden. ¿Qué ha ocurrido? ¿Traición, cobardía? Nada de todo esto. Un plagio impertinente hecho a la estrategia europea, un error clásico por una parte, y una preocupación argentina, un error romántico por otra, han hecho perder del modo más vergonzoso la batalla. Ved cómo.

Videla Castillo sabe oportunamente que Quiroga se acerca, y no creyendo, como ningún general podía creer, que invadiese a Mendoza, destaca a las Lagunas los piquetes que tiene de tropas veteranas, que con algunos otros destacamentos de San Juan, forman al mando del Mayor Castro una buena fuerza de observación capaz de resistir a un ataque y de forzar a Quiroga a tomar el camino de los Llanos. Hasta aquí no hay error. Pero Facundo se dirige a Mendoza y el ejército entero sale a su encuentro. En el lugar llamado el Chacón hay un campo despejado que el ejército en marcha deja a su retaguardia; mas oyéndose a pocas cuadras el tiroteo de una fuerza que viene batiéndose en retirada, el general Castillo manda contramarchar a toda prisa a ocupar el campo despejado de Chacón. Doble error: 1°, porque una retirada a la proximidad de un enemigo terrible hiela el ánimo del soldado bisoño que no comprende bien la causa del movimiento. 2°, y mayor todavía, porque el campo más quebrado, más impracticable es mejor para batir a Quiroga, que no trae sino un piquete de infantería. ¿Imaginaos qué haría Facundo en un terreno intransitable, contra seiscientos infantes, una batería formidable de artillería, y mil caballos por delante? ¿No es éste el convite del zorro a la garza? Pues bien: todos los jefes son argentinos, gente de a caballo, no hay gloria verdadera, si no se conquista a sablazos; ante todo, es preciso campo abierto para las cargas de caballería: he aquí el error de estrategia argentina.

La línea se forma en lugar conveniente. Facundo se presenta a la vista, en un caballo blanco; el Boyero se hace reconocer y amenaza desde allá a sus antiguos compañeros de armas.

Principia el combate, y se manda cargar a unos escuadrones de milicias. Error de argentinos iniciar la batalla con cargas de caballería, error que ha hecho perder la República en cien combates; porque el espíritu de la pampa está allí en todos los corazones; pues si solevantáis un poco las solapas del frac con que el argentino se disfraza, hallaréis siempre el gaucho más o menos civilizado, pero siempre el gaucho. Sobre este error nacional viene un plagio europeo. En Europa, donde las grandes masas de tropas están en columna y el campo de batalla abraza aldeas y villas diversas, las tropas de *élite* quedan en las reservas para acudir a donde la necesidad las requiera. En América la batalla campal se da por lo común en campo raso, las tropas son poco numerosas, lo recio del combate es de corta duración; de manera que siempre interesa iniciarlo con ventaja. En el caso presente, lo menos conveniente era dar una carga de caballería, y si se quería dar, debía echarse mano de la mejor tropa, para arrollar de una vez los trescientos hombres que constituían la batalla y las reservas enemigas. Lejos de eso, se sigue la rutina, mandando milicias numerosas, que avanzan al frente, empiezan a mirar a Facundo, cada soldado teme encontrarse con su lanza, y cuando oye el grito de "¡a la carga!", se queda clavado en el suelo, retrocede, lo cargan a su vez, retrocede y envuelve las mejores tropas. Facundo pasa de largo hacia Mendoza, sin curarse de generales, infantería y cañones que a su retaguardia deja. He aquí la batalla del Chacón, que dejó flanqueado al ejército de Córdoba, que estaba a punto de lanzarse sobre Buenos Aires. El éxito más completo coronó la inconcebible audacia del movimiento de Quiroga. Desalojarlo de Mendoza era ya inútil: el prestigio de la victoria y el terror le darían medios de resistencia, a la par que por la derrota quedaban desmoralizados sus enemigos: se correría sobre San Juan, donde hallaría recursos y armas, y se empeñaría una guerra interminable y sin éxito. Los jefes se marcharon a Córdoba y la infantería con los oficiales mendocinos capituló al día siguiente. Los unitarios de San Juan emigraron a Coquimbo en número de doscientos, y Quiroga quedó pacífico poseedor de Cuyo y La Rioja. Jamás habían sufrido aquellos dos pueblos catástrofe igual, no tanto por los males que directamente hizo Quiroga, sino por el desorden de todos los negocios que trajo aquella emigración en masa de la parte acomodada de la sociedad.

Pero el mal fue mayor bajo el aspecto del retroceso que experimentó el espíritu de *ciudad,* que es lo que me interesa hacer notar. Otras veces lo he dicho, y esta vez debo repetirlo: consultada la posición mediterránea de Mendoza, era hasta entonces un pueblo eminentemente civilizado, rico en hombres ilustrados, y dotado de un espíritu de empresa y de mejora que no hay en pueblo alguno de la República Argentina; era la Barcelona del interior. Este espíritu había tomado todo su auge durante la administración de Videla Castillo. Construyéronse fuertes al Sud, que a más de alejar los límites de la provincia, la han dejado para siempre asegurada contra las irrupciones de los salvajes, y emprendióse la desecación de las ciénagas inmediatas; adornóse la ciudad; formáronse sociedades de Agricultura, Industria, Minería y Educación pública, dirigidas y secundadas todas por hombres inteligentes, entusiastas y emprendedores; fomentóse una fábrica de tejidos de cáñamo y de lana, que proveía de vestidos y lonas para las tropas; formóse una Maestranza, en la que se construían espadas, sables, corazas, lanzas, bayonetas y fusiles, sin que en éstos entrase más que el cañón de fabricación extranjera: fundiéronse balas de cañón huecas, y tipos de imprenta. Un francés Charon, químico, dirigía estos últimos trabajos, como también el ensayo de los metales de la provincia. Es imposible imaginarse desenvolvimiento más rápido ni más extenso de todas las fuerzas civilizadas de un pueblo. En Chile o en Buenos Aires todas estas fabricaciones no llamarían mucho la atención; pero en una provincia interior y con sólo el auxilio de artesanos del país, es un esfuerzo prodigioso. La prensa gemía bajo el peso del Diario y publicaciones periódicas, en las que el verso no se hacía esperar. Con las disposiciones que yo le conozco a ese pueblo, en diez años de un sistema semejante hubiérase vuelto un coloso; pero las pisadas de los caballos de Facundo vinieron luego a hollar estos retoños vigorosos de la civilización, y el fraile Aldao hizo pasar el arado y sembrar de sangre el suelo durante diez años. ¡Qué había de quedar!

El movimiento impreso entonces a las ideas no se contuvo aun después de la ocupación de Quiroga: los miembros de la Sociedad de Minería emigrados en Chile se consagraron desde su arribo al estudio de la química, la mineralogía y la metalurgia. Godoy Cruz, Correa, Villanueva, Doncel y muchos otros reunieron todos los libros que trataban de la materia, recolectaron de toda América colecciones de metales diversos, registraron los archivos chilenos para informarse de la historia del mineral de Uspallata, y a fuerza de diligencia lograron entablar trabajos allí, en que con el auxilio de la ciencia adquirida sacaron utilidad de la escasa cantidad de metal útil que aquellas minas contienen. De esta época data la nueva explotación de minas en Mendoza, que hoy se está haciendo con ventaja. Los mineros argentinos, no satisfechos con estos resultados, se desparramaron por el territorio de Chile, que les ofrecía un rico anfiteatro para ensayar su ciencia, y no es poco lo que han hecho en Copiapó y otros puntos en la explotación y beneficio, y en la introducción de nuevas máquinas y aparatos. Godoy Cruz desengañado de las minas, dirigió a otro rumbo sus investigaciones, y con el cultivo de la morera creyó resolver el problema del porvenir de las provincias de San Juan y Mendoza, que consiste en hallar una producción que en poco volumen encierre mucho valor.

La seda llena esta condición impuesta a aquellos pueblos centrales, por la inmensa distancia a que están de los puertos y el alto precio de los fletes. Godoy Cruz no se contentó con publicar en Santiago un folleto voluminoso y completo sobre el cultivo de la morera, la cría del gusano de seda y de la cochinilla, sino que distribuyéndolo gratis en aquellas provincias, ha estado durante diez años agitando sin descanso, propagando la morera, estimulando a todos a dedicarse a su cultivo, exagerando sus ventajas opimas; mientras que él aquí mantenía relaciones con la Europa para instruirse de los precios corrientes, mandando muestras de la seda que cosechaba, haciéndose conocedor práctico de sus defectos y perfecciones, aprendiendo y enseñando a hilar. Los frutos de esta grande y patriótica obra han correspondido a las esperanzas del noble artífice: hasta el año pasado había ya en Mendoza algunos millones de moreras, y la seda recogida por quintales, había sido hilada, torcida, teñida y vendida para Europa en Buenos Aires y Santiago, a cinco, seis y siete pesos libra; porque la joyante[152] de Mendoza no cede en brillo y finura a la más afamada de España o Italia. El pobre viejo ha vuelto al fin a su patria a deleitarse en el espectáculo de un pueblo entero consagrado a realizar el más fecundo cambio de industria, prometiéndose que la muerte no cerrará sus ojos antes de ver salir para Buenos Aires una caravana de carretas cargadas en el fondo de la América con la preciosa producción que ha hecho por tantos siglos la riqueza de la China, y que se disputan hoy las fábricas de Lyon, París, Barcelona, y de toda la Italia. ¡Gloria eterna del espíritu unitario, de ciudad y de civilización! ¡Mendoza, a su impulso, se ha anticipado a toda la América española en la explotación en grande de esta rica industria! [153] ¡Pedidle al espíritu de Facundo y de Rosas una sola gota de interés por el bien público, de dedicación a algún objeto de utilidad; torcedlo y exprimidlo, y sólo destilará sangre y crímenes! Me detengo en estos detalles, porque en medio de tantos horrores como los que estoy condenado a escribir, es grato pararse a contemplar las hermosas plantas que hemos visto pisoteadas del salvaje inculto de las Pampas: me detengo con placer, porque ellos probarán a los que aún dudaren, que la resistencia a Rosas y su sistema, aunque se haya hasta aquí mostrado débil en sus medios, sólo la defensa de la civilización europea, la de sus resultados y formas, es la que ha dado durante quince años tanta abnegación, tanta constancia a los que hasta aquí han derramado su sangre, o han probado las tristezas del destierro. Hay allí un mundo nuevo que está a punto de desenvolverse, y que no aguarda más para presentarse, cuan brillante es, sino que un general afortunado logre apartar el pie de hierro que tiene hoy oprimida la inteligencia del pueblo argentino. La historia, por otra parte, no ha de tejerse sólo con crímenes y empaparse en sangre, ni es por de-

---

152 *Joyante*: seda muy fina y lustrosa

153 El éxito final no ha justificado tan halagüeñas esperanzas. La industria de la seda languidece hoy en Mendoza, y desaparecerá por falta de fomento. *N. del A.*

más traer a la vista de los pueblos extraviados las páginas casi borradas de las pasadas épocas. Que siquiera deseen para sus hijos mejores tiempos que los que ellos alcanzan; porque no importa que hoy el Caníbal de Buenos Aires se canse de derramar sangre, y permita volver a ver sus hogares a los que ya trae subyugados y anulados la desgracia y el destierro. Nada importa esto para el progreso de un pueblo. El mal que es preciso remover es el que nace de un gobierno que tiembla a la presencia de los hombres pensadores e ilustrados, y que para subsistir necesita alejarlos o matarlos; nace de un sistema que reconcentrando en *un solo hombre* toda voluntad y toda acción, el bien que él no haga, porque no lo conciba, no lo pueda o no lo quiera, no se sienta nadie dispuesto a hacerlo por temor de atraerse las miradas suspicaces del tirano, o bien porque donde no hay libertad de obrar y de pensar, el espíritu público se extingue, y el egoísmo que se reconcentra en nosotros mismos, ahoga todo sentimiento de interés por los demás. "CADA UNO PARA SI; el azote del verdugo para todos": he ahí el resumen de la vida y gobierno de los pueblos esclavizados.

Si el lector se fastidia con estos razonamientos, contaréle crímenes espantosos. Facundo, dueño de Mendoza, tocaba para proveerse de dinero y soldados, los recursos que ya nos son bien conocidos. Una tarde cruzan la ciudad en todas direcciones partidas que están acarreando a un olivar cuantos oficiales encuentran de los que habían capitulado en Chacón: nadie sabe el objeto ni ellos temen por lo pronto nada, fiando en la fe de lo estipulado. Varios sacerdotes reciben, empero, orden de presentarse igualmente: cuando ya hay suficiente número de oficiales reunidos, se manda a los sacerdotes confesarlos; efectuado lo cual, se les forma en fila, y de uno en uno empiezan a fusilarlos, bajo la dirección de Facundo, que indica al que parece conservar aún la vida, y señala con el dedo el lugar donde deben darle el balazo que ha de ultimarlo. Concluida la matanza, que dura una hora, porque se hace con lentitud y calma, Quiroga explica a algunos el motivo de aquella terrible violación de la fe de los tratados. Los unitarios, dice, le han matado al general Villafañe y usa represalias. El cargo es fundado, aunque la satisfacción es un poco grosera. "Paz", decía otra vez, "me fusiló nueve oficiales: yo le he fusilado noventa y seis." Paz no era responsable de un acto que él lamentó profundamente, y que era motivado por la muerte de un parlamentario suyo. Pero el sistema de no dar cuartel seguido por Rosas con tanto tesón, y de violar todas las formas recibidas, pactos, tratados, capitulaciones, es efecto de causas que no dependen del carácter personal de los caudillos. El derecho de gentes que ha suavizado los horrores de la guerra, es el resultado de siglos de civilización; el salvaje mata a su prisionero, no respeta convenio alguno siempre que haya ventaja en violarlo; ¿qué freno contendrá al salvaje argentino, que no conoce ese derecho de gentes de las ciudades cultas? ¿Dónde habrá adquirido la conciencia del derecho? ¿En la Pampa?

La muerte de Villafañe ocurrió en el territorio chileno. Su matador sufrió ya la pena del talión, ojo por ojo, diente por diente. La justicia humana ha quedado satisfecha; pero el carácter del protagonista de aquel sangriento drama hace demasiado a mi asunto, para que me prive del placer de introducirlo. Entre los emigrados sanjuaninos que se dirigían a Coquimbo, iba un mayor del ejército del General Paz, dotado de esos caracteres originales que desenvuelve la vida argentina. El mayor Navarro, de una distinguida familia de San Juan, de formas diminutas y de cuerpo flexible y endeble, era célebre en el ejército por su temerario arrojo. A la edad de dieciocho años montaba guardia como alférez de milicias en la noche en que en 1820 se sublevó en San Juan el batallón N° 1 de los Andes: cuatro compañías forman enfrente del cuartel e intiman rendición a los cívicos. Navarro queda solo en la guardia, entorna la puerta y con su florete defiende la entrada; catorce heridas de sables y bayonetas recibe el alférez, y apretándose con una mano tres bayonetazos que ha recibido cerca de la ingle, con el otro brazo cubriéndose cinco que le han traspasado el pecho, y ahogándose con la sangre que corre a torrentes de la cabeza, se dirige desde allí a su casa, donde recobra la salud y la vida después de siete meses de una curación desesperada y casi imposible. Dado de baja por la disolución de los cívicos, se dedica al comercio; pero al comercio acompañado de peligros y aventuras. Al principio introduce cargamentos por contrabando en Córdoba; después trafica desde Córdoba con los indios; y últimamente se casa con la hija de un cacique, vive santamente con ella, se mezcla en las guerras de las tribus salvajes, se habitúa a comer carne cruda y beber la sangre en la degolladera de los caballos, hasta que en cuatro años se hace un salvaje hecho y derecho. Sabe allí que la guerra del Brasil va a principiar, y dejando a sus amados salvajes, sienta plaza en el ejército con su grado de alférez, y tan buena maña se da y tantos sablazos distribuye, que al fin de la campaña es capitán graduado de mayor y uno de los predilectos de Lavalle, el catador de valientes. En Puente Márquez deja atónito al ejército con sus hazañas, y después de todas aquellas correrías, queda en Buenos Aires con los demás oficiales de Lavalle. Arbolito, Pancho el Ñato, Molina y otros jefes de la campaña eran los altos personajes que ostentaban su valor por cafés y mesones. La animosidad con los oficiales del ejército era cada día más envenenada. En el café de la Comedia estaban algunos de estos héroes de la época, y brindaban a la muerte del general Lavalle. Navarro que los ha oído, se acerca, tómale el vaso a uno, sirve para ambos y dice: ¡tome usted a la salud de Lavalle! desenvainan las espadas y lo deja tendido. Era preciso salvarse, ganar la campaña y por entre las partidas enemigas llegar a Córdoba. Antes de tomar servicio, penetra tierra adentro a ver a su familia, a su padre político, y sabe con sentimiento que su cara mitad ha fallecido. Se despide de los suyos y dos de sus deudos, dos mocetones, el uno su primo y su sobrino el otro, le acompañan de regreso al ejército.

De la acción de Chacón traía un fogonazo en la sien que le había arreado todo el pelo y embutido la pólvora en la cara. Con este talante y acompañamiento y un asistente inglés tan gaucho y certero en el lazo y las bolas como el patrón y los parientes, emigraba el joven Navarro para Coquimbo, porque joven era y tan culto en su lenguaje y tan elegante en sus modales, como el primer pisaverde[154]; lo que no estorbaba que cuando veía caer una res, viniese a beberle la sangre. Todos los días quería volverse y las instancias de sus amigos bastaban apenas para contenerlo. "Yo soy hijo de la pólvora", decía con su voz grave y sonora, "la guerra es mi elemento." "La primera gota de sangre que ha derramado la guerra civil", decía otras veces, "ha salido de estas venas, y de aquí ha de salir la última." "Yo no puedo ir más adelante", repetía parando su caballo, "echo de menos sobre mis hombros las paletas de general." "En fin", exclamaba otras veces, "¿qué dirán mis compañeros cuando sepan que el mayor Navarro ha pisado el suelo extranjero sin un escuadrón con lanza en ristre?"

El día que pasaron la cordillera hubo una escena patética. Era preciso deponer las armas y no había forma de hacer concebir a los indios que había países donde no era permitido andar con la lanza en la mano: Navarro se acercó a ellos, les habló en la lengua: fuese animando poco a poco; dos gruesas lágrimas corrieron de sus ojos, y los indios clavaron con muestras de angustia sus lanzas en el suelo. Todavía después de emprendida la marcha, volvieron sus caballos y dieron vuelta en torno de ellas, como si les dijesen un eterno adiós.

Con estas disposiciones de espíritu pasó el mayor Navarro a Chile, y se alojó en Guanda, que está situada en la boca de la quebrada que conduce a la cordillera. Allí supo que Villafañe volvía a reunirse a Facundo, y anunció públicamente su propósito de matarlo. Los emigrados, que sabían lo que aquellas palabras importaban en boca del mayor Navarro, después de procurar en vano disuadirlo, se alejaron del lugar de la escena. Advertido Villafañe pidió auxilio a la autoridad, que le dio unos milicianos, los cuales lo abandonaron desde que se informaron de lo que se trataba. Pero Villafañe iba perfectamente armado y traía además seis riojanos. Al pasar por Guanda, Navarro salió a su encuentro, y mediando entre ambos un arroyo, le anunció en frases solemnes y claras su designio de matarlo; con lo que se volvió tranquilo a la casa en que estaba a la sazón almorzando. Villafañe tuvo la indiscreción de alojarse en Tilo, lugar distante sólo cuatro leguas de aquél en que el reto había tenido lugar. A la noche, Navarro requiere sus armas y una comitiva de 9 hombres que le acompañan, y que deja en lugar conveniente cerca de la casa de Tilo, avanzándose él solo a la claridad de la luna. Cuando hubo penetrado en el patio abierto de la casa, grita a Villafañe, que dormía con los suyos en el corredor: "¡Villafañe, levántate!: el que tiene enemigos no duerme." Toma éste su lanza, Navarro se desmonta del caballo, desenvaina la espada, se acerca y lo traspasa. Entonces dispara un pistoletazo, que era la señal de avanzar que había dado a su partida, la cual se echa

---

154 *Pisaverde*: persona presumida y afeminada que no conoce más ocupación que la de acicalarse y andar vagando en busca de galanteos.

sobre la comitiva del muerto, la mata o dispersa. Hacen traer los animales de Villafañe, cargan su equipaje y marchan en lugar de él a la República Argentina a incorporarse al ejército. Extraviando caminos, llegan al Río Cuarto, donde se encuentra con el coronel Echavarría, perseguido por los enemigos. Navarro vuela en su ayuda, y habiendo caído muerto el caballo de su amigo, le insta que monte a su grupa: no consiente éste; obstínase Navarro en no fugar sin salvarlo, y últimamente se desmonta de su caballo, y muere al lado de su amigo, sin que su familia pudiese descubrir tan triste fin sino después de tres años, en que el mismo que los ultimó contara la trágica historia, y desenterrara para mayor prueba los esqueletos de los dos infelices amigos. Hay en toda la vida de este malogrado joven tal originalidad que vale sin duda la pena de hacer una digresión en favor de su memoria.

Durante la corta emigración del mayor Navarro, habían ocurrido sucesos que cambiaban completamente la faz de los negocios públicos. La célebre captura del General Paz, arrebatado de la cabeza de su ejército por un tiro de bolas, decidía de la suerte de la República, pudiendo decirse que no se constituyó en aquella época, y las leyes ni las ciudades no afianzaron su dominio por accidente tan singular: porque Paz, con un ejército de cuatro mil quinientos hombres perfectamente disciplinados, y con un plan de operaciones combinado sabiamente, estaba seguro de desbaratar el ejército de Buenos Aires. Los que le han visto después triunfar en todas partes juzgarán que no hay mucha presunción de su parte en anticipaciones tan felices. Pudiéramos hacer coro a los moralistas que dan a los acontecimientos más fortuitos el poder de trastornar la suerte de los imperios; pero si es fortuito el acertar un tiro de bolas sobre un general enemigo, no lo es que venga de la parte de los que atacan las ciudades, del gaucho de la Pampa, convertido en elemento político. Así puede decirse que la civilización fue *boleada* aquella vez.

Facundo, después de vengar tan cruelmente a su general Villafañe, marchó a San Juan a preparar la expedición sobre Tucumán, a donde el ejército de Córdoba se había retirado después de la pérdida del General, lo que hacía imposible todo propósito invasor. A su llegada todos los ciudadanos federales, como en 1827, salieron a su encuentro; pero Facundo no gustaba de las recepciones. Manda una partida que salga adelante de la calle en que estaban reunidos, deja otra atrás, hace poner guardias en todas las avenidas, y tomando él por otro camino, entra en la ciudad dejando presos a sus oficiosos huéspedes, que tuvieron que pasar el resto del día y la noche entera agrupados en la calle, haciéndose lugar entre las patas de los caballos para dormitar un poco.

Cuando hubo llegado a la plaza, hace detener en medio de ella su coche, manda cesar el repique de las campanas y arrojar a la calle todo el amueblado de la casa que las autoridades han preparado para recibirle; alfombrados, colgaduras, espejos, sillas, mesas, todo se hacina en confusa mezcla en la plaza, y no desciende sino cuando se cerciora que no quedan más que las paredes limpias, una mesa pequeña, una sola silla y una cama. Mientras que esta operación se efectúa, llama a un niño que acierta a pasar cerca de su coche, le pregunta su nombre, y al oír el apellido Roza, le dice: "Su padre, don Ignacio de la Roza, fue un grande hombre, ofrezca a su madre de Ud. mis servicios."

Al día siguiente amanece en la plaza un banquillo de fusilar, de seis varas de largo. ¿Quiénes van a ser las víctimas? ¡Los unitarios se han fugado en masa, hasta los tímidos que no son unitarios! Facundo empieza a distribuir contribuciones a las señoras en defecto de sus maridos, padres o hermanos ausentes; y no son por eso menos satisfactorios los resultados. Omito la relación de todos los acontecimientos de este período, que no dejarían escuchar los sollozos y gritos de las mujeres amenazadas de ir al banquillo y de ser azotadas; dos o tres fusilados, cuatro o cinco azotados, una u otra señora condenada a hacer de comer a los soldados, y otras violencias sin nombre. Pero hubo un día de terror glacial que no debo pasar en silencio. Era el momento de salir la expedición sobre Tucumán: las divisiones empiezan a desfilar una en pos de otra; en la plaza están los troperos cargando los bagajes; una mula se espanta y se entra al templo de Santa Ana. Facundo manda que la enlacen en la Iglesia; el arriero va a tomarla con las manos, y en este momento un oficial que entra a caballo por orden de Quiroga, enlaza mula y arriero, y los saca a la cincha unidos, sufriendo el infeliz las pisadas, golpes y coces de la bestia. Algo no está listo en aquel momento: Facundo hace comparecer a las autoridades negligentes. Su Excelencia el Sr. Gobernador y Capitán General de la Provincia recibe una bofetada; el jefe de policía se escapa corriendo de recibir un balazo, y ambos ganan las calles de sus oficinas a dar las órdenes que han omitido.

Más tarde, Facundo ve uno de sus oficiales que da de cintarazos a dos soldados que peleaban, lo llama, lo acomete con la lanza, el oficial se prende del asta para salvar su vida, bregan y al fin el oficial se la quita y se la entrega respetuosamente; nueva tentativa de traspasarlo con ella, nueva lucha, nueva victoria del oficial, que vuelve a entregársela. Facundo entonces reprime su rabia, llama en su auxilio, apodéranse seis hombres del atlético oficial, lo estiran en una ventana, y bien amarrado de pies y manos, Facundo lo traspasa repetidas veces con aquella lanza que por dos veces le ha sido devuelta, hasta que ha apurado la última agonía, hasta que el oficial reclina la cabeza y el cadáver yace yerto y sin movimiento. Las furias están desencadenadas, el General Huidobro es amenazado con la lanza, si bien tiene el valor de desenvainar su espada y prepararse a defender su vida.

Y sin embargo de todo esto, Facundo no es cruel, no es sanguinario; es el bárbaro no más, que no sabe contener sus pasiones, y que una vez irritadas no conocen freno ni medida; es el terrorista que a la entrada de una ciudad fusila a uno y azota a otro; pero con economía, muchas veces con discernimiento. El fusilado es un ciego, un paralítico o un sacristán; cuando más el infeliz azotado es un ciudadano ilustre, un joven de las primeras familias. Sus brutalidades con las señoras vienen de que no tiene conciencia de las delicadas atenciones que la debilidad merece; las humillaciones afrentosas impuestas a los ciudadanos, provienen de que es campesino grosero y gusta por ello de maltratar y herir en el amor propio y el decoro a aquellos que sabe que lo desprecian. No es otro el motivo que hace del terror un sistema de Gobierno. ¿Qué habría hecho Rosas sin él en una sociedad como era antes la de Buenos Aires? ¿Qué otro medio de imponer al público ilustrado el respeto que la conciencia niega a lo que de suyo es abyecto y despreciable? Es inaudito el cúmulo de atrocidades que se necesita amontonar unas sobre otras para pervertir a un pueblo, y nadie sabe los ardides, los estudios, las observaciones y la sagacidad que ha empleado D. Juan Manuel Rosas para someter la *ciudad* a esa influencia mágica que trastorna en seis años la conciencia de lo justo y de lo bueno, que quebranta al fin los corazones más esforzados y los doblega al yugo. El terror de 1793 en Francia era un efecto, no un instrumento; Robespierre no guillotinaba nobles y sacerdotes para crearse una reputación ni elevarse él sobre los cadáveres que amontonaba. Era un alma adusta y severa aquella que había creído que era preciso amputar a la Francia todos sus miembros aristocráticos para cimentar la revolución. "Nuestros nombres", decía Danton, "bajarán a la posteridad execrados, pero habremos salvado la República." El terror entre nosotros es una invención gubernativa para ahogar toda conciencia, todo espíritu de ciudad, y forzar al fin a los hombres a reconocer como cabeza pensadora el pie que les oprime la garganta; es un desquite que toma el hombre inepto armado de puñal para vengarse del desprecio que sabe que su nulidad inspira a un público que le es infinitamente superior. Por eso hemos visto en nuestros días repetirse las extravagancias de Calígula, que se hacía adorar como dios, y asociaba al Imperio su caballo. Calígula sabía que era él el último de los romanos a quienes tenía, no obstante, bajo su pie. Facundo se daba aires de inspirado, de adivino, para suplir a su incapacidad natural de influir sobre los ánimos. Rosas se hacía adorar en los templos y tirar su retrato por las calles, en un carro a que iban uncidos generales y señoras, para crearse el prestigio que echaba de menos. Pero Facundo es cruel sólo cuando la sangre se le ha venido a la cabeza y a los ojos, y ve todo colorado. Sus cálculos fríos se limitan a fusilar a un hombre, a azotar a un ciudadano: Rosas no se enfurece nunca, calcula en la quietud y en el recogimiento de su gabinete, y desde allí salen las órdenes a sus sicarios.

Capítulo XII

GUERRA SOCIAL

Les habitants de Tucuman finissent leurs journées par des réunions champêtres, où à l'ombre de beaux arbres ils improvisent, au son d'une guitare rustique, des chants alter-natifs dans le genre de ceux que Virgile et Théocrite ont embellis. Tout jusqu'aux pré-noms grecs rappelle au voyageur étonné l'antique Arcadie.

Malte–Brun

LOS HABITANTES DE TUCUMÁN TERMINAN SUS JORNADAS CON REUNIONES CAMPESTRES. A LA SOMBRA DE HERMOSOS ÁRBOLES IMPROVISAN, ACOMPAÑADOS DE UNA GUITARRA RÚSTICA, CANTOS ALTERNADOS DEL GÉNERO QUE TANTO VIRGILIO COMO TEÓCRITO HAN EMBELLECIDO. TODO, HASTA LOS NOMBRES GRIEGOS, RECUERDA AL VIAJERO ASOMBRADO LA ANTIGUA ARCADIA.

CIUDADELA

La expedición salió, y los sanjuaninos federales y mujeres y madres de unitarios respiraron al fin, como si despertaran de una horrible pesadilla. Facundo desplegó en esta campaña un espíritu de orden y una rapidez en sus marchas, que mostraban cuánto lo habían aleccionado los pasados desastres. En veinticuatro días atravesó con su ejército cerca de trescientas leguas de territorio, de manera que estuvo a punto de sorprender a pie algunos escuadrones del ejército enemigo, que con la noticia inesperada de su próximo arribo lo vio presentarse en la Ciudadela, antiguo campamento de los ejércitos de la patria bajo las órdenes de Belgrano. Sería inconcebible el cómo se dejó vencer un ejército como el que mandaba Madrid en Tucumán, con jefes tan valientes y soldados tan aguerridos, si causas morales y preocupaciones antiestratégicas no viniesen a dar la solución de tan extraño enigma.

El general Madrid, jefe del ejército, tenía entre sus súbditos al general López, especie de caudillo de Tucumán que le era desafecto personalmente; y a más de que una retirada desmoraliza las tropas, el General Madrid no era el más adecuado para dominar el espíritu de los jefes subalternos. El ejército se presentaba a la batalla medio *federalizado,* medio *montonerizado;* mientras que el de Facundo traía esa unidad que dan el terror y la obediencia a un caudillo que no es *causa* sino *persona,* y que por tanto deja el libre albedrío y ahoga toda individualidad. Rosas ha triunfado de sus enemigos por esta *unidad* de hierro, que hace de todos sus satélites instrumentos pasivos, ejecutores ciegos de su suprema voluntad. La víspera de la batalla, el teniente coronel Balmaceda pide al general en jefe que se le permita dar la primera carga. Si así se hubiese efectuado, ya que era de regla principiar las batallas por cargas de caballería, y ya que un subalterno se toma la libertad de pedirlo, la batalla se hubiera ganado; porque el 2 de coraceros no halló jamás ni en el Brasil ni en la República Argentina quien resistiese a su empuje. Accedió el General a la demanda del comandante del 2; pero un Coronel halló que le quitaban el mejor cuerpo; el General López, que se comprometían al principio, las tropas de *élite* que debían formar la reserva según todas las reglas, y el General en jefe, no teniendo suficiente autoridad para acallar estos clamores, mandó a la reserva al escuadrón invencible y al insigne cargador que lo mandaba.

Facundo despliega su batalla a distancia tal, que lo pone al abrigo de la infantería que manda Barcala, y que debilita el efecto de ocho piezas de artillería que dirige el inteligente Arengreen. ¿Había previsto Facundo lo que sus enemigos iban a hacer? Una guerrilla ha precedido, en la que la partida de Quiroga arrolla la división tucumana: Facundo llama al jefe victorioso: "¿Por qué se ha vuelto usted?" "Porque he arrollado al enemigo hasta la ceja del monte". "¿Por qué no penetró en el monte acuchillando?" "Porque había fuerzas superiores." "¡A ver, cuatro tiradores!..." Y el jefe es ejecutado. Oíase, de un extremo a otro de la línea de Quiroga el tintín de las espuelas y de los fusiles de los soldados que temblaban no de miedo del enemigo, sino del terrible jefe que a su retaguardia andaba recorriendo la línea, y blandiendo su lanza cabo de ébano. Esperan como un alivio un desahogo del terror que los oprime, que se les mande echarse sobre el enemigo: lo harán pedazos, romperán la línea de bayonetas a trueque de poner algo de por medio entre ellos y la imagen de Facundo, que los persigue como un fantasma airado. Como se ve, pues, campeaba de un lado el terror, del otro la anarquía. A la primera tentativa de carga, desbándase la caballería de Madrid; sigue la reserva, y cinco jefes a caballo quedan tan sólo con la artillería, que menudeaba sus detonaciones y la infantería que se echaba a la bayoneta sobre el enemigo. ¿Para qué más pormenores? El detalle de una batalla lo da el que triunfa.

La consternación reina en Tucumán, la emigración se hace en masa; porque en aquella ciudad los federales son contados. ¡Era ésta la tercera visita de Facundo! Al día siguiente debe repartirse una contribución. Quiroga sabe que en un templo hay escondidos efectos preciosos; preséntase al sacristán, a quien interroga sobre el caso. Es una especie de imbécil, que contesta sonriéndose: "¿Te ríes? ¡A ver!... ¡cuatro tiradores!...", que lo dejan en el sitio, y las listas de la contribución se llenan en una hora. Las arcas del General se rehinchan de oro. Si alguno no ha comprendido bien, no le quedará duda cuando vea pasar presos para ser azotados, al guardián de San Francisco y al Presbítero Colombres. Facundo se presenta en seguida al depósito de prisioneros, separa los oficiales, y se retira a descansar de tanta fatiga, dejando orden de que se les fusile a todos.

Es Tucumán un país tropical en donde la naturaleza ha hecho ostentación de sus más pomposas galas; es el Edén de América, sin rival en toda la redondez de la tierra. Imaginaos los Andes cubiertos de un manto verdinegro de vegetación colosal, dejando escapar por debajo de la orla de este vestido, doce ríos que corren a distancias iguales en dirección paralela, hasta que empiezan a inclinarse todos hacia un rumbo, y forman reunidos un canal navegable que se aventura en el corazón de la América. El país comprendido entre los afluentes y el canal tiene a lo más cincuenta leguas. Los bosques que encubren la superficie del país son primitivos, pero en ellos las pompas de la India están revestidas de las gracias de la Grecia.

El nogal entreteje su anchuroso ramaje con el caoba y el ébano; el cedro deja crecer a su lado el clásico laurel, que a su vez resguarda bajo su follaje el mirto consagrado a Venus, dejando todavía espacio para que alcen sus varas el nardo balsámico y la azucena de los campos.

El odorífero cedro se ha apoderado por ahí de una cenefa de terreno que interrumpe el bosque; y el rosal cierra el paso en otras con sus tupidos y espinosos mimbres.

Los troncos añosos sirven de terreno a diversas especies de musgos florecientes, y las lianas y moreras festonan, enredan y confunden todas estas diversas generaciones de plantas.

Sobre toda esta vegetación que agotaría la paleta fantástica en combinaciones y riqueza de colorido, revolotean enjambres de mariposas doradas, de esmaltados picaflores, millones de loros color de esmeralda, urracas azules y tucanes naranjados. El estrépito de estas aves vocingleras os aturde todo el día, cual si fuera el ruido de una canora catarata.

El mayor Andrews[155], un viajero inglés que ha dedicado muchas páginas a la descripción de tantas maravillas, cuenta que salía por las mañanas a extasiarse en la contemplación de aquella soberbia y brillante vegetación; que penetraba en los bosques aromáticos, y delirando, arrebatado por la enajenación que lo dominaba, se internaba en donde veía que había oscuridad, espesura, hasta que al fin regresaba a su casa donde le hacían notar que se había desgarrado los vestidos, rasguñado y herido la cara, de la que venía a veces destilando sangre sin que él lo hubiese sentido. La ciudad está cercada por un bosque de muchas leguas formado exclusivamente de naranjos dulces, acopados a determinada altura, de manera de formar una bóveda sin límites, sostenida por un millón de columnas lisas y torneadas. Los rayos de aquel sol tórrido no han podido mirar nunca las escenas que tienen lugar sobre la alfombra de verdura que cubre la tierra bajo aquel toldo inmenso. ¡Y qué escenas! Los domingos van las beldades tucumanas a pasar el día en aquellas galerías sin límites; cada familia escoge un lugar aparente: apártanse las naranjas que embarazan el pa-

---

155 *Andrews*: Joseph, *Journey from Buenos Ayres through the provinces of Cordoba, Tucuman, and Salta, to Potosi, thence by the deserts of Caranja to Arica, and subsequently, to Santiago de Chili and Coquimbo, undertaken on behalf of the chilian and peruvían mining association, in the years 1825-2. by captain Andrews, late commander of H.C.S. Windham in the year 1825-26* - London: John Murray, Albemarle Street 1827

so, si es el otoño, o bien sobre la gruesa alfombra de azahares que tapiza el suelo, se balancean las parejas de baile, y con los perfumes de sus flores se dilatan
debilitándose a lo lejos los sonidos melodiosos de los tristes cantares que acompaña la guitarra. ¿Creéis por ventura, que esta descripción es plagiada de Las
mil y una noches u otros cuentos de hadas a la oriental? Daos prisa más bien a
imaginaros lo que no digo de la voluptuosidad y belleza de las mujeres que
nacen bajo un cielo de fuego, y que desfallecidas van a la siesta a reclinarse muellemente bajo la sombra de los mirtos y laureles, a dormirse embriagadas por
las esencias que ahogan al que no está habituado a aquella atmósfera.

Facundo había ganado una de esas enramadas sombrías, acaso para me-
ditar sobre lo que debía hacer con la pobre ciudad que había caído como una
ardilla bajo la garra del león. La pobre ciudad en tanto, estaba preocupada
con la realización de un proyecto, lleno de inocente coquetería. Una diputa-
ción de niñas rebosando juventud, candor y beldad, se dirige hacia el lugar
donde Facundo yace reclinado sobre su poncho. La más resuelta o entusiasta camina adelante, vacila, se detiene, empújanla las que le siguen: páranse
todas sobrecogidas de miedo; vuelven las púdicas caras, se alientan unas a
otras, y deteniéndose, avanzando tímidamente y empujándose entre sí, llegan al fin a su presencia. Facundo las recibe con bondad; las hace sentar en
torno suyo, las deja recobrarse, e inquiere al fin el objeto de aquella agradable visita. Vienen a implorar por la vida de los oficiales del ejército que van a
ser fusilados. Los sollozos se escapan de entre la escogida y tímida comitiva,
la sonrisa de la esperanza brilla en algunos semblantes, y todas las seducciones delicadas de la mujer son puestas en requisición para lograr el piadoso fin
que se han propuesto. Facundo está vivamente interesado, y por entre la espesura de su barba negra alcanza a discernirse en las facciones la complacen-
cia y el contento. Pero necesita interrogarlas una a una, conocer sus familias,
la casa donde viven, mil pormenores que parecen entretenerlo y agradarle, y
que ocupan una hora de tiempo, mantienen la expectación y la esperanza. Al
fin les dice con la mayor bondad: ¿No oyen ustedes esas descargas?

¡Ya no hay tiempo! ¡Los han fusilado! Un grito de horror sale de entre
aquel coro de ángeles, que se escapa como una bandada de palomas persegui-
das por el halcón. ¡Los habían fusilado en efecto! ¡Pero cómo! Treinta y tres
oficiales de coroneles abajo, formados en la plaza, desnudos enteramente, reciben parados la descarga mortal. Dos hermanitos hijos de una distinguida familia de Buenos Aires, se abrazan para morir, y el cadáver del uno resguarda
de las balas al otro. "Yo estoy libre", grita, "me he salvado por la ley." ¡Pobre
iluso! ¡Cuánto hubiera dado por la vida! ¡Al confesarse había sacado una sor-
tija de la boca, donde para que no se la quitaran, habíala escondido, encar-
gando al sacerdote devolverla a su linda prometida, que al recibirla dio en cambio la razón, que no ha recobrado hasta hoy la pobre loca!

Los soldados de caballería enlazan cada uno su cadáver y los llevan arrastrando al cementerio, si bien algunos pedazos de cráneos, un brazo y otros miembros quedan en la plaza de Tucumán, y sirven de pasto a los perros. ¡Ah! ¡Cuántas glorias arrastradas así por el lodo! ¡D. Juan Manuel Rosas hacía matar del mismo modo y casi al mismo tiempo en San Nicolás de los Arroyos veintiocho oficiales, fuera de ciento y más que habían perecido oscuramente! ¡Chacabuco, Maipú, Junín, Ayacucho, Ituzaingó! ¡Por qué han sido tus laureles una maldición para todos los que los llevaron!

Si al horror de estas escenas puede añadirse algo, es la suerte que cupo al respetable coronel Arraya, padre de ocho hijos: prisionero con tres lanzadas en la espalda, se le hizo entrar en Tucumán a pie, desnudo, desangrándose, y cargado con ocho fusiles. Extenuado de fatiga fue preciso concederle una cama en una casa particular. A la hora de la ejecución en la plaza algunos tiradores penetran hasta su habitación, y en la cama lo traspasan a balazos haciéndole morir en medio de las llamaradas de las incendiadas sábanas.

El coronel Barcala, el ilustre negro, fue el único jefe exceptuado de esta carnicería, porque Barcala era el amo de Córdoba y de Mendoza, en donde los *cívicos* lo idolatraban. Era un instrumento que podía conservarse para lo futuro. ¿Quién sabe lo que más tarde podrá suceder?

Al día siguiente principia en toda la ciudad una operación que se llama *secuestro*. Consiste en poner centinelas en las puertas de todas las tiendas y almacenes, en las barracas de cueros, en las curtiembres de suelas, en los depósitos de tabaco. En todas, porque en Tucumán no hay federales; esta planta que no ha podido crecer sino después de tres buenos riegos de sangre que ha dado al suelo Quiroga, y otro mayor que los tres juntos que le otorgó Oribe. Ahora dicen que hay federales que llevan una cinta que lo acredita, en la que está escrito: ¡Mueran los salvajes inmundos unitarios!

¡Cómo dudarlo un momento! Todas aquellas propiedades mobiliarias y los ganados de las campañas pertenecen de derecho a Facundo. Doscientas cincuenta carretas con la dotación de dieciséis bueyes cada una, se ponen en marcha para Buenos Aires llevando los productos del país. Los efectos europeos se ponen en un depósito que surte a un baratillo, en el que los comandantes desempeñan el oficio de baratilleros. Se vende todo y a vil precio. Hay más todavía: Facundo en persona vende camisas, enaguas de mujeres, vestidos de niños, los despliega, los enseña y agita ante la muchedumbre: un medio, un real, todo es bueno; la mercadería se despacha, el negocio está brillante, faltan brazos, la multitud se agolpa, se ahoga en la apretura. Sólo así empieza a notarse que pasados algunos días, los compradores escasean, y en vano se les ofrecen pañuelos de espumilla bordados por cuatro reales, nadie compra. ¿Qué ha sucedido? ¿Remordimientos de la plebe? Nada de eso. Se ha agotado el dinero circulante: las contribuciones por una parte, el secuestro por la otra, la venta barata han reunido el último medio que circulaba en la provincia. Si alguno queda en poder de los adictos u oficiales, la mesa de juego está ahí para dejar al fin y a la postre vacías todas las bolsas. En la puerta de calle de la casa del General están secándose al sol hileras de zurrones[156] de plata forrados en cuero. Ahí permanecen durante la noche sin custodia, y sin que los transeúntes se atrevan siquiera a mirarlos.

¡Y no se crea que la ciudad ha sido abandonada al pillaje, o que el soldado haya participado de aquel botín inmenso! No; Quiroga repetía después en Buenos Aires en los círculos de sus *compañeros* : "Yo jamás he consentido que el soldado robe; porque me ha parecido inmoral." Un chacarero se queja a Facundo en los primeros días, de que sus soldados le han tomado algunas frutas. Hácelos formar, y los culpables son reconocidos. Seiscientos azotes es la pena que cada uno sufre. El vecino, espantado, pide por las víctimas y le amenazan con llevar la misma porción. Porque así es el gaucho argentino: mata porque le mandan sus caudillos robar, y no roba porque no se lo mandan. Si queréis averiguar cómo no se sublevan estos hombres y no se desencadenan contra el que no les da nada en cambio de su sangre y de su valor, preguntadle a D. Juan Manuel Rosas todos los prodigios que pueden hacerse con el terror. ¡El sabe mucho de eso! ¡No sólo al miserable gaucho, sino al ínclito general, al ciudadano fastuoso y envanecido se le hacen obrar milagros! ¿No os decía que el terror produce resultados mayores que el patriotismo? El coronel del ejército de Chile, D. Manuel Gregorio Quiroga, ex gobernador federal de San Juan, y jefe de Estado Mayor del ejército de Quiroga, convencido de que aquel botín de medio millón es sólo para el general, que acaba de dar de bofetadas a un comandante que ha guardado para sí algunos reales de la venta de un pañuelo, concibe el proyecto de sustraer algunas alhajas de valor de las que están amontonadas en el depósito general, y resarcirse con ellas de sus sueldos. Descúbrese el robo, y el general le manda amarrar contra un poste y exponerlo a la vergüenza pública; y cuando el ejército regresa a San Juan, el coronel del ejército de Chile, ex gobernador de San Juan, el jefe del Estado Mayor, marcha a pie por caminos apenas practicables, acollarado con un *novillo* : ¡el compañero del novillo sucumbió en Catamarca, sin que se sepa si el novillo llegó a San Juan! En fin sabe Facundo que un joven Rodríguez, de lo más esclarecido de Tucumán, ha recibido carta de los prófugos; lo hace aprehender, lo lleva él mismo a la plaza, lo cuelga y le hace dar seiscientos azotes. Pero los soldados no saben dar azotes como los que aquel crimen exige, y Quiroga toma las gruesas riendas que sirven para la ejecución, batiéndolas en el aire con su brazo hercúleo, y descarga cincuenta azotes para que sirvan de modelo. Concluido el acto, él en persona remueve la tina de salmuera, le refriega las nalgas, le arranca los pedazos flotantes, y le mete el puño en las concavidades que aquéllos han dejado. Facundo vuelve a su casa, lee las cartas interceptadas, y encuentra en ellas encargos de los maridos a sus mujeres, libranzas de los comerciantes, recomendaciones de que no tengan cuidado por ellos, etc. Una palabra no hay que pueda interesar a la política: entonces pregunta por el joven Ro-

---

156 *Zurrón*: bolsa grande y rústica de cuero para llevar comida u objetos

dríguez y le dicen que está expirando. En seguida se pone a jugar y gana miles. D. Francisco Reto y D. N. Lugones han murmurado entre sí algo sobre los horrores que presencian. Cada uno recibe trescientos azotes y la orden de retirarse a sus casas cruzando la ciudad desnudos *completamente,* las manos puestas en la cabeza, y las asentaderas chorreando sangre; soldados armados van a la distancia para hacer que la orden se ejecute puntualmente. ¿Y queréis saber lo que es la naturaleza humana, cuando la infamia está entronizada y no hay a quién apelar en la tierra contra los verdugos? D. N. Lugones, que es de carácter travieso, se da vuelta hacia su compañero de suplicio, y le dice con la mayor compostura: "Pásame, compañero, la tabaquera, ¡pitemos un cigarro!" En fin, la disentería se declara en Tucumán, y los médicos aseguran que no hay remedio, que viene de afecciones morales, del terror, enfermedad contra la cual no se ha hallado remedio en la República Argentina hasta el día de hoy. Facundo se presenta un día en una casa, y pregunta por la señora a un grupo de chiquillos que juegan a las nueces; el más atisbado contesta que no está. "Dile que yo he estado aquí." "¿Y quién es usted?" "Soy Facundo Quiroga..." El niño cae redondo, y sólo el año pasado ha empezado a dar indicios de recobrar un poco la razón; los otros echan a correr llorando a gritos, uno se sube a un árbol, otro salta unas tapias y se da un terrible golpe... ¿Qué quería Facundo con esta señora?... ¡Era una hermosa viuda que había atraído sus miradas y venía a solicitarla! Porque en Tucumán el Cupido o el Sátiro no estaba ocioso. Agrádale una jovencita, le habla y le propone llevarla a San Juan. Imaginaos lo que la pobre niña podría contestar a esta deshonrosa proposición hecha por un tigre. Se ruboriza y balbuciendo, contesta que ella no puede resolver... Que su padre... Facundo se dirige al padre; y el angustiado padre disimulando su horror, objeta que quién le responde de su hija; que la abandonarán. Facundo satisface todas las objeciones, y el infeliz padre, no sabiendo lo que dice, y creyendo cortar aquel mercado abominable, propone que se le haga un documento... Facundo toma la pluma y extiende la seguridad requerida, pasando papel y pluma al padre para que firme el convenio. El padre es padre al fin, y la naturaleza habla diciendo: "¡No firmo, mátame!" "¡Eh, viejo cochino!", le contesta Quiroga, y toma la puerta, ahogándose de rabia...

Quiroga, el campeón de la *causa que han jurado los pueblos,* como se estila decir por allá, era bárbaro, avaro y lúbrico, y se entregaba a sus pasiones sin embozo: su sucesor no saquea los pueblos, es verdad, no ultraja el pudor de las mujeres; no tiene más que una pasión, una necesidad, la sed de *sangre humana,* y la del despotismo. En cambio, sabe usar de las palabras y de las formas que satisfacen a las exigencias de los indiferentes. Los *salvajes,* los *sanguinarios,* los *pérfidos, inmundos* unitarios; el *sanguinario* Duque de Abrantes, el *pérfido* Ministerio del Brasil, ¡la federación!, ¡el *sentimiento* americano!, ¡el oro inmundo de Francia, las pretensiones inicuas de la Inglaterra, la *conquista* europea! Palabras así bastan para encubrir la más espantosa y larga serie de crímenes que ha visto el siglo XIX. ¡Rosas!, ¡Rosas!, ¡Rosas! ¡Me prosterno y humillo ante tu poderosa inteligencia! ¡Sois grande como el Plata! ¡como los Andes! ¡Sólo tú has comprendido cuán despreciable es la especie humana, sus libertades, su ciencia y su orgullo! ¡Pisoteadla! ¡que todos los gobiernos del mundo civilizado te acatarán a medida que seas más insolente!: ¡Pisoteadla! ¡que no te faltarán perros fieles que recogiendo el mendrugo que les tiras, vayan a derramar su sangre en los campos de batalla o a ostentar en el pecho vuestra marca colorada por todas las capitales americanas! ¡Pisoteadla! ¡Oh!, ¡sí, pisoteadla!

En Tucumán, Salta y Jujuy quedaba por la invasión de Quiroga, interrumpido o debilitado un gran movimiento industrial y progresivo en nada inferior al que de Mendoza indicamos. El doctor Colombres a quien Facundo cargaba de prisiones, había introducido y fomentado el cultivo de la caña de azúcar, a que tanto se presta el clima, no dándose por satisfecho de su obra hasta que diez grandes ingenios estuvieron en movimiento. Costear plantas de La Habana, mandar agentes a los ingenios del Brasil para estudiar los procedimientos y aparejos; destilar la melaza, todo se había realizado con ardor y suceso, cuando Facundo echó sus caballadas en los cañaverales, y desmontó gran parte de los nacientes ingenios. Una Sociedad de agricultura publicaba ya sus trabajos y se preparaba a ensayar el cultivo del añil y de la cochinilla. A Salta se habían traído de Europa y Norte–América talleres y artífices para tejidos de lana, paños abatanados, jergones para alfombras y tafiletes; de todo lo que ya se había alcanzado resultados satisfactorios. Pero lo que más preocupaba a aquellos pueblos, porque es lo que más vitalmente les interesa, era la navegación del Bermejo, grande arteria comercial, que pasando por las inmediaciones o términos de aquellas provincias, afluye al Paraná y abre una salida a las inmensas riquezas que aquel cielo tropical derrama por todas partes. El porvenir de aquellas hermosas provincias depende de la habilitación para el comercio de las vías acuáticas; de ciudades mediterráneas, pobres y poco populosas, podrían convertirse en diez años en otros tantos focos de civilización y de riqueza si pudiesen, favorecidas por un Gobierno hábil, consagrarse a allanar los ligeros obstáculos que se oponen a su desenvolvimiento. No son éstos sueños quiméricos de un porvenir probable, pero lejano; no. En Norte–América los márgenes del Mississippi y de sus afluentes se han cubierto en menos de diez años, no sólo de populosas y grandes ciudades, sino de estados nuevos que han entrado a formar parte de la Unión; y el Mississippi no es más aventajado que el Paraná; ni el Ohio, el Illinois o el Arkansas recorren territorios más feraces ni comarcas más extensas que las del Pilcomayo, el Bermejo, el Paraguay y tantos grandes ríos que la Providencia ha colocado entre nosotros para marcarnos el camino que han de seguir más tarde las nuevas poblaciones que formarán la Unión argentina. Rivadavia había puesto en la carpeta de su bufete, como asunto vital, la navegación interna de los ríos: en Salta y Buenos Aires se había formado una grande asociación que contaba con medio millón de pesos, y el ilustre Soria realizado su viaje y publicado la carta del río. ¡Cuánto tiempo perdido desde 1825 hasta 1845! ¡Cuánto tiempo más aún, hasta que Dios sea servido ahogar el monstruo de la Pampa! Porque Rosas, oponiéndose tan tenazmente a la libre navegación de los ríos, protestando temores de intrusión europea, hostilizando a las ciudades del interior, y abandonándolas a sus propias fuerzas, no obedece simplemente a las preocupaciones godas contra los extranjeros, no cede solamente a las sugestiones de porteño ignorante que posee el puerto y la aduana general de la República, sin cuidarse de desenvolver la civilización y la riqueza de toda esta nación, para que su puerto esté lleno de buques cargados de productos del interior, y su aduana de mercaderías; sino que principalmente sigue sus instintos de gaucho de la pampa que mira con horror el agua, con desprecio los buques, y que no conoce mayor dicha ni felicidad igual a la de montar un buen parejero para transportarse de un lugar a otro. ¿Qué le importa la morera, el azúcar, el añil, la navegación de los ríos, la inmigración europea, y todo lo que sale del estrecho círculo de ideas en que se ha criado? ¿Qué le va en fomentar el interior, a él, que vive en medio de las riquezas y posee una aduana que sin nada de eso le da dos millones de fuertes anuales? Salta, Jujuy, Tucumán, Santa Fe, Corrientes y Entre Ríos serían hoy otras tantas Buenos Aires, si se hubiese continuado el movimiento industrial y civilizador tan poderosamente iniciado por los antiguos unitarios, y del que, sin embargo, han quedado tan fecundas semillas. Tucumán tiene hoy una grande explotación de azúcares y licores, que sería su riqueza, si pudiese sacarlos a poco costo de flete a las costas, a permutarlos por las mercaderías en esa ingrata y torpe Buenos Aires, desde donde le viene hoy el movimiento barbarizador impreso por el gaucho de la marca colorada. Pero no hay males que sean eternos, y un día abrirán los ojos esos pobres pueblos a quienes se les niega toda libertad de moverse, y se les priva de todos los hombres capaces e inteligentes, que podrían llevar a cabo la obra a realizar en pocos años el porvenir grandioso a que están llamados por la naturaleza aquellos países, que hoy permanecen estacionarios, empobrecidos y devastados. ¿Por qué son perseguidos en todas partes, o más bien, por qué eran unitarios *salvajes,* y no federales sabios, toda esa multitud de hombres animosos y emprendedores, que consagraban su tiempo a diversas mejoras sociales; éste a fomentar la educación pública, aquél a introducir el cultivo de la morera, éste otro al de la caña de azúcar, ése otro a seguir el curso de los grandes ríos, sin otro interés personal, sin otra recompensa que la gloria de merecer bien de sus conciudadanos? ¿Por qué ha cesado este movimiento y esta solicitud? ¿Por qué no vemos levantarse de nuevo el genio de la civilización europea, que brillaba antes, aunque en bosquejo, en la República Argentina? ¿Por qué su Gobierno, *unitario* hoy, como no lo intentó jamás el mismo Rivadavia, no ha dedicado una sola mirada a examinar los inextinguibles y no tocados recursos de un suelo privilegiado? ¿Por qué no se ha consagrado una vigésima parte de los millones que devora una guerra fratricida y de exterminio a fomentar la educación del pueblo, y promover su ventura? ¿Qué le ha dado en cambio de sus sacrificios y de sus sufrimientos? ¡Un trapo colorado! A esto ha estado reducida la solicitud del Gobierno durante quince años; ésta es la única medida de administración nacional; el único punto de contacto entre el amo y el siervo, ¡marcar el ganado!

Capítulo XIII

¡¡¡Barranca–Yaco!!!

*El fuego que por tanto tiempo abrasó la Albania, se apagó ya. Se ha limpiado toda
la sangre roja, y las lágrimas de nuestros hijos han sido enjugadas. Ahora nos atamos con
el lazo de la federación y de la amistad.*
Colden's — History of six nations

El vencedor de la Ciudadela ha empujado fuera de los confines de la República los últimos sostenedores del sistema unitario. Las mechas de los cañones están apagadas y las pisadas de los caballos han dejado de turbar el silencio de la Pampa. Facundo ha vuelto a San Juan, y desbandado su ejército, no sin devolver en efectos de Tucumán las sumas arrancadas por la violencia a los ciudadanos. ¿Qué queda por hacer? La paz es ahora la condición normal de la República, como lo había sido antes un estado perpetuo de oscilación y de guerra.

Las conquistas de Quiroga habían terminado por destruir todo sentimiento de independencia en las provincias, toda regularidad en la administración. El nombre de Facundo llenaba el vacío de las leyes, la libertad y el espíritu de ciudad habían dejado de existir, y los caudillos de provincias reasumídose en uno general, para una porción de la República. Jujuy, Salta, Tucumán, Catamarca, La Rioja, San Juan, Mendoza y San Luis, reposaban más bien que se movían, bajo la influencia de Quiroga. Lo diré todo de una vez: el federalismo había desaparecido con los unitarios, y la fusión unitaria más completa acababa de obrarse en el interior de la República en la persona del vencedor. Así, pues, la organización unitaria que Rivadavia había querido dar a la República y que había ocasionado la lucha, venía realizándose desde el interior; a no ser que para poner en duda este hecho concibamos que puede existir federación de ciudades que han perdido toda espontaneidad y están a merced de un caudillo. Pero no obstante la decepción de las palabras usuales, los hechos son tan claros, que ninguna duda dejan. Facundo habla en Tucumán con desprecio de la soñada federación; propone a sus amigos que se fijen para Presidente de la República en un provinciano; indica para candidato al Dr. D. José Santos Ortiz, ex–gobernador de San Luis, su amigo y secretario. "No es gaucho bruto como yo: es doctor y hombre de bien", dice, "Sobre todo, el hombre que sabe hacer justicia a sus enemigos, merece toda confianza".

Como se ve, en Facundo después de haber derrotado a los unitarios y dispersado a los doctores, reaparece su primera idea antes de haber entrado en la lucha, su decisión por la Presidencia y su convencimiento de la necesidad de poner orden en los negocios de la República. Sin embargo, algunas dudas lo asaltan. "Ahora, general", le dice alguno, "la nación se constituirá bajo el sistema federal. No queda ni la sombra de los unitarios." "¡Hum!", contesta meneando la cabeza. "Todavía hay *trapitos que machucar* "[157], y con aire significativo añade: "Los amigos de abajo[158] no quieren Constitución." Estas palabras las vertía, ya, desde Tucumán. Cuando le llegaron comunicaciones de Buenos Aires y gacetas en que se registraban los ascensos concedidos a los oficiales generales que habían hecho la estéril campaña de Córdoba, Quiroga decía al general Huidobro: "Vea usted si han sido para mandarme dos títulos en blanco para premiar a mis oficiales, después que nosotros lo hemos hecho todo. ¡Porteños habían de ser!" Sabe que López tiene en su poder su caballo moro sin mandárselo, y Quiroga se enfurece con la noticia. "¡Gaucho ladrón de vacas!, exclama, "¡caro te va a costar el placer de montar en bueno!" Y como las amenazas y los denuestos continuasen, Huidobro y otros jefes se alarmaban de la indiscreción con que se vierte de una manera tan pública.

¿Cuál es el pensamiento secreto de Quiroga? ¿Qué ideas lo preocupan desde entonces? El no es gobernador de ninguna provincia, no conserva ejército sobre las armas; tan sólo le quedaba un nombre reconocido y temido en ocho provincias, y un armamento. A su paso por La Rioja ha dejado escondidos en los bosques todos los fusiles, sables, lanzas, y tercerolas que ha recolectado en los ocho pueblos que ha recorrido; pasan de doce mil armas: un parque de veintiséis piezas de artillería queda en la ciudad con depósitos abundantes de municiones y fornituras; dieciséis mil caballos escogidos van a pacer en la quebrada de Huaco, que es un inmenso valle cerrado por una estrecha garganta. La Rioja es además de la cuna de su poder, el punto central de las provincias que están bajo su influencia. A la menor señal, el arsenal aquel proveerá de elementos de guerra a doce mil hombres. Y no se crea que lo de esconder los fusiles en los bosques es una ficción poética. Hasta el año 1841 se han estado desenterrando depósitos de fusiles, y créese todavía, aunque sin fundamento, que no se han exhumado todas las armas escondidas bajo de tierra entonces. El año 1830 el general Madrid se apoderó de un tesoro de trein-

---

157 Frase vulgar tomada del modo de lavar de la plebe golpeando la ropa; quiere decir que todavía faltan muchas dificultades que vencer. *N. del A.*

158 Pueblos de abajo, Buenos Aires; de arriba, Tucumán, etc. *N. del A.*

ta mil pesos pertenecientes a Quiroga, y muy luego fue denunciado otro de quince. Quiroga le escribía después haciéndose cargo de 93 mil pesos que, según su dicho, contenían aquellos dos entierros, que sin duda entre otros había dejado en La Rioja desde antes de la batalla de Oncativo, al mismo tiempo que daba muerte y tormento a tantos ciudadanos a fin de arrancarles dinero para la guerra. En cuanto a las verdaderas cantidades escondidas, el General Madrid ha sospechado después, que la aserción de Quiroga fuese exacta, por cuanto habiendo caído prisionero el descubridor, ofreció diez mil pesos por su libertad, y no habiéndola obtenido, se quitó la vida degollándose. Estos acontecimientos son demasiado ilustrativos, para que me excuse de referirlos.

El interior tenía, pues, un jefe; y el derrotado de Oncativo, a quien no se habían confiado otras tropas en Buenos Aires, que unos centenares de presidiarios, podía ahora mirarse como el segundo, si no el primero, en poder. Para hacer más sensible la escisión de la República en dos fracciones, las provincias litorales del Plata habían celebrado un convenio o federación, por la cual se garantían mutuamente su independencia y libertad; verdad es que el federalismo feudal existía allí fuertemente constituido en López, de Santa Fe, Ferré, Rosas, jefes natos de los pueblos que dominaban; porque Rosas empezaba ya a influir como árbitro en los negocios públicos. Con el vencimiento de Lavalle, había sido llamado al Gobierno de Buenos Aires, desempeñándolo hasta 1832 con la regularidad que podría haberlo hecho otro cualquiera. No debo omitir un hecho, sin embargo, que es un antecedente necesario. Rosas solicitó desde los principios ser investido de *facultades extraordinarias;* y no es posible detallar las resistencias que sus partidarios de la *ciudad* le oponían. Obtúvolas, empero, a fuerza de ruegos y de seducciones, para mientras tanto durase la guerra de Córdoba, concluida la cual, empezaron de nuevo las exigencias de hacerle desnudarse de aquel poder ilimitado. La ciudad de Buenos Aires no concebía, por entonces, cualesquiera que fuesen las ideas de partido que dividiesen a sus políticos, cómo podía existir un gobierno absoluto. Rosas, empero, resistía blandamente, mañosamente. "No es para hacer uso de ellas", decía, "sino porque, como dice mi secretario García Zúñiga, es preciso como el maestro de escuela estar con el *chicote* en la mano para que respeten la autoridad." La comparación ésta le había parecido irreprochable y la repetía sin cesar. Los ciudadanos, niños, el gobernador, el hombre, el maestro. El ex-gobernador no descendía, empero, a confundirse con los ciudadanos; la obra de tantos años de paciencia y de acción estaba a punto de terminarse; el período legal en que había ejercido el mando le había enseñado todos los secretos de la ciudadela; conocía sus avenidas, sus puntos mal fortificados, y si salía del gobierno, era sólo para poder tomarlo desde afuera por asalto, sin restricciones constitucionales, sin trabas ni responsabilidad. Dejaba el bastón, pero se armaba de la espada, para venir con ella más tarde, y dejar uno y otro por el hacha y las varas, antigua insignia de los reyes romanos.

Una poderosa expedición de que él se había nombrado jefe, se había organizado durante el último período de su gobierno, para asegurar y ensanchar los límites de la provincia hacia el Sud, teatro de las frecuentes incursiones de los salvajes. Debía hacerse una batida general bajo un plan grandioso; un ejército compuesto de tres divisiones obraría sobre un frente de cuatrocientas leguas, desde Buenos Aires hasta Mendoza. Quiroga debía mandar las fuerzas del interior, mientras que Rosas seguiría la costa del Atlántico con su división. Lo colosal y lo útil de la empresa ocultaba a los ojos del vulgo el pensamiento puramente político que bajo el velo tan especioso se disimulaba. Efectivamente, ¿qué cosa más bella que asegurar la frontera de la República hacia el Sud, escogiendo un gran río[159] por límite con los indios, y resguardándola con una cadena de fuertes, propósito en manera alguna impracticable, y que en el Viaje de Cruz[160] desde Concepción a Buenos Aires había sido luminosamente desenvuelto? Pero Rosas estaba muy distante de ocuparse de empresas que sólo al bienestar de la República propendiesen. Su ejército hizo un paseo marcial hasta el Río Colorado, marchando con lentitud, y haciendo observaciones sobre el terreno, clima y demás circunstancias del país que recorrería. Algunos toldos de indios fueron desbaratados, alguna chusma hecha prisionera; a esto limitáronse los resultados de aquella pomposa expedición, que dejó la frontera indefensa como estaba antes y como se conserva hasta el día de hoy. Las divisiones de Mendoza y San Luis tuvieron resultados menos felices aún, y regresaron después de una estéril incursión en los desiertos del Sud. Rosas enarboló entonces por la primera vez su bandera colorada, semejante en todo a la de Argel o a la del Japón, y se hizo dar el título de Héroe del desierto, que venía en corroboración del que ya había obtenido de Ilustre Restaurador de las Leyes, de esas mismas leyes que se proponía abrogar por su base[161].

159 el Río Negro

160 probablemente se refiera al General chileno don José María de la Cruz y Prieto (1799-1873) quien fuera Minístro de Guerra y Marina e Intendente de Concepción y Valparaíso, ya que es improbable que el tema de los fuertes haya sido tratado por Luis de la Cruz, Alcalde mayor provincial del Cabildo de la Concepción de Chile, quien documentó su viaje realizado en 1806 desde Concepción hasta Buenos Aires

161 :Estancieros del sur de Buenos Aires me han asegurado, después que la expedición aseguró la frontera, alejando a los bárbaros indómitos y sometiendo muchas tribus, que han formado una barrera que pone a cubierto las estancias de las incursiones de aquéllos, y que, a merced de estas ventajas obtenidas, la población ha podido extenderse hacia el sur. La geografía hizo también importantes conquistas, descubriendo territorios desconocidos hasta entonces y aclarando muchas dudas. El general Pacheco hizo un reconocimiento del Río Negro, donde Rosas se hizo adjudicar la isla de Choelechel y la división de Mendoza descubrió todo el curso del río Salado hasta su desagüe en la laguna de Yauquenes. Pero un gobierno inteligente habría asegurado de esta vez, para siempre, las fronteras del sur de Buenos Aires. El Río Colorado, navegable desde poco más abajo de Cobu-Sebu, cuarenta leguas distante de Concepción, donde lo atravesó el general Cruz, ofrece en todo su curso, desde la cordillera de los Andes hasta el Atlántico, una frontera, a poca costa, impasable para los indios. Por lo que hace a la provincia de Buenos Aires, un fuerte establecido, en la laguna del Monte, en que desagua el arroyo Guaminí, sostenido por otro, a las

Facundo, demasiado penetrante para dejarse alucinar sobre el objeto de la grande expedición, permaneció en San Juan hasta el regreso de las divisiones del interior. La de Huidobro, que había entrado al desierto por frente de San Luis, salió en derechura de Córdoba, y a su aproximación fue sofocada una revolución capitaneada por los Castillo, que tenía por objeto quitar del Gobierno a los Reinafés, que obedecían a la influencia de López. Esta revolución se hacía por los intereses y bajo la inspiración de Facundo; los primeros cabecillas fueron desde San Juan, residencia de Quiroga, y todos sus fautores, Arredondo, Camargo, etc., eran sus decididos partidarios. Los periódicos de la época no dijeron nada, empero, sobre las conexiones de Facundo con aquel movimiento; y cuando Huidobro se retiró a sus acantonamientos, y Arredondo y otros caudillos fueron fusilados, nada quedó por hacerse ni decirse sobre aquellos movimientos; porque la guerra que debían hacerse entre sí las dos fracciones de la República, los dos caudillos que se disputaban sordamente el mando, debía serlo sólo de emboscadas, de lazos y de traiciones. Es un combate mudo, en que no se miden fuerzas, sino audacia de parte del uno y astucia y amaños por parte del otro. Esta lucha entre Quiroga y Rosas es poco conocida, no obstante que abraza un período de cinco años. Ambos se detestan, se desprecian, no se pierden de vista un momento; porque cada uno de ellos siente que su vida y su porvenir dependen del resultado de este juego terrible.

inmediaciones de la laguna de las Salinas hacia el sur, otro en la sierra de la Ventana, hasta apoyarse en el Fuerte Argentino, en Bahía Blanca, habrían permitido la población del espacio de territorio inmenso que media entre este último punto y el Fuerte de la Independencia, en la sierra del Tandil, límite de la población de Buenos Aires al sur. Para completar este sistema de ocupación, requeríase, además, establecer colonias agrícolas en Bahía Blanca y en la embocadura del Río Colorado, de manera que sirviesen de mercado para la exportación de los productos de los países circunvecinos; pues, careciendo de puertos, toda la costa intermediaria hasta Buenos Aires, los productos de las estancias más avanzadas al sur se pierden, no pudiendo transportárselas lanas, sebos, cueros, astas, etc., sin perder su valor en los fletes. La navegación y población del Río Colorado adentro traería, a más de los productos que puede hacer nacer, la ventaja de desalojar a los salvajes, poco numerosos, que quedarían cortados hacia el Norte, haciéndolos buscar el territorio al sur del Colorado.

Lejos de haberse asegurado de una manera permanente las fronteras, los bárbaros han invadido, desde la época de la expedición al sur, y despoblado toda la campaña de Córdoba y de San Luis; la primera, hasta la margen misma del Río Tercero y la segunda hasta San José del Morro, que está en la misma latitud que la ciudad. Ambas provincias viven, desde entonces, en continua alarma, con tropas constantemente sobre las armas, lo que, con el sistema de depredación de los gobernantes, hace una plaga más ruinosa que las incursiones de los salvajes. La cría de ganados está casi extinguida, y los estancieros apresuran su extinción para librarse, al fin, de las exacciones de los gobernantes, por un lado, y de las depredaciones de los indios, por otro.

Por un sistema de política inexplicable, Rosas prohíbe, a los gobiernos de la frontera, emprender expedición alguna contra los indios, dejando que invadan periódicamente el país y asolen más de doscientas leguas de frontera. Eso es lo que Rosas no hizo, como debió hacerlo, en la tan decantada expedición al sur, cuyos resultados fueron efímeros, dejando subsistente el mal, que ha tomado, después, mayor agravación que antes. (N. del E. en la edición de 1851)

Creo oportuno hacer sensible por un cuadro la geografía política de la
República desde 1832 adelante, para que el lector comprenda mejor los movimientos que empiezan a operarse:

REPÚBLICA ARGENTINA

REGIÓN DE LOS ANDES UNIDAD *bajo la influencia de Quiroga*	LITORAL DEL PLATA FEDERACIÓN *bajo el pacto de la Liga Litoral*
Jujuy	Corrientes — Ferré.
Salta	
Tucumán	Entre Ríos ⎫
Catamarca	Santa Fe ⎬ López
Rioja	Córdoba ⎭
San Juan	
Mendoza	Buenos Aires — Rosas
San Luis	

FRACCIÓN FEUDAL
SANTIAGO DEL ESTERO
bajo la dominación de Ibarra

López de Santa Fe extendía su influencia sobre Entre Ríos por medio de
Echagüe, santafecino y criatura suya, y sobre Córdoba, por los Reinafés. Ferré, hombre de espíritu independiente, provincialista, mantuvo a Corrientes
fuera de la lucha hasta 1839; bajo el gobierno de Berón de Astrada volvió las
armas de aquella provincia contra Rosas, que con su acrecentamiento de poder había hecho ilusorio el pacto de la Liga. Ese mismo Ferré, por ese espíritu de provincialismo estrecho, declaró desertor, en 1840 a Lavalle por haber
pasado el Paraná con el ejército correntino; y después de la batalla de Caaguazú quitó al general Paz el ejército victorioso, haciendo, así malograr las
ventajas decisivas que pudo producir aquel triunfo.

Ferré en estos procedimientos como en la Liga Litoral que en años atrás
había promovido, estaba inspirado por el espíritu provincial de independencia y aislamiento que había despertado en todos los ánimos la revolución de la
independencia. Así, pues, el mismo sentimiento que había echado a Corrientes en la oposición a la Constitución unitaria de 1826 le hacía desde 1838, echarse en la oposición a Rosas que centralizaba el poder. De aquí nacen los desaciertos de aquel caudillo, y los desastres que se siguieron a la batalla de
Caaguazú, estéril no sólo para la república en general, sino para la provincia
misma de Corrientes, pues centralizado el resto de la nación por Rosas, mal

podría ella conservar su independencia feudal y federal.

Terminada la expedición al Sud, o por mejor decir, desbaratada porque no tenía verdadero plan ni fin real, Facundo se marchó a Buenos Aires acompañado de su escolta y de Barcala, y entra en la ciudad sin haberse tomado la molestia de anunciar a nadie su llegada. Estos procedimientos subversivos de toda forma recibida podrían dar lugar a muy largos comentarios, si no fueran sistemáticos y característicos. ¿Qué objeto llevaba a Quiroga esta vez a Buenos Aires? ¿Es otra invasión que como la de Mendoza hace sobre el centro del poder de su rival? ¿El espectáculo de la civilización ha dominado al fin su rudeza selvática, y quiere vivir en el seno del lujo y de las comodidades? Yo creo que todas estas causas reunidas aconsejaron a Facundo su mal aconsejado viaje a Buenos Aires. El poder educa, y Quiroga tenía todas las altas dotes de espíritu que permiten a un hombre corresponder siempre a su nueva posición, por encumbrada que sea. Facundo se establece en Buenos Aires, y bien pronto se ve rodeado de los hombres más notables: compra seiscientos mil pesos de fondos públicos, juega a la alta y baja; habla con desprecio de Rosas; declárase unitario entre los unitarios, y la palabra Constitución no abandona sus labios. Su vida pasada, sus actos de barbarie, poco conocidos en Buenos Aires, son explicados entonces y justificados por la necesidad de vencer, por la de su propia conservación. Su conducta es mesurada, su aire noble e imponente, no obstante que lleva *chaqueta,* el poncho terciado, y la barba y el pelo enormemente abultados.

Quiroga, durante su residencia en Buenos Aires, hace algunos ensayos de su poder personal. Un hombre con cuchillo en mano, no quería entregarse a un sereno. Acierta a pasar Quiroga por el lugar de la escena, embozado en su poncho como siempre; párase a ver, y súbitamente arroja el poncho, lo abraza e inmoviliza. Después de desarmado, él mismo lo conduce a la policía, sin haber querido dar su nombre al sereno, como tampoco lo dio en la policía, donde fue sin embargo reconocido por un oficial; los diarios publicaron al día siguiente aquel acto de arrojo. Sabe una vez que cierto boticario ha hablado con desprecio de sus actos de barbarie en el interior. Facundo se dirige a su botica, y lo interroga. El boticario le impone y le dice que allí no está en las provincias para atropellar a nadie impunemente. Este suceso llena de placer a toda la ciudad de Buenos Aires. ¡Pobre Buenos Aires, tan candorosa, tan engreída en sus instituciones! ¡Un año más, y seréis tratada con más brutalidad de la que fue tratado el interior por Quiroga! La policía hace entrar sus satélites a la habitación misma de Quiroga en persecución del huésped de la casa y Facundo, que se ve tratado tan sin miramiento, extiende el brazo, coge el puñal, se endereza en la cama donde está recostado y en seguida vuelve a reclinarse y abandona lentamente el arma homicida. Siente que hay allí otro poder que el suyo, y que pueden meterlo en la cárcel si se hace justicia a sí mismo. Sus hijos están en los mejores colegios, jamás les permite vestir sino frac o levita, y a uno de ellos que intenta dejar sus estudios para abrazar la carrera de las armas, lo pone de tambor en un batallón hasta que se arrepiente de su locura. Cuando algún coronel le habla de enrolar en su cuerpo en clase de oficial a alguno de sus hijos: "Si fuera un regimiento mandado por Lavalle", contesta burlándose, "ya; ¡pero en estos cuerpos!..." Si se habla de escritores, ninguno hay que en su concepto pueda rivalizar con los Varela, que tanto mal han dicho de él. Los únicos hombres honrados que tiene la república son Rivadavia y Paz: ambos tenían las más sanas intenciones. A los unitarios sólo exige un Secretario como el Dr. Ocampo, un político que redacte una Constitución; y con una imprenta, se marchará a San Luis, y desde allí la enseñará a toda la República en la punta de una lanza. Quiroga, pues, se presenta como el centro de una nueva tentativa de organizar la República; y pudiera decirse que conspira abiertamente, si todos estos propósitos, todas aquellas bravatas no careciesen de hechos que viniesen a darles cuerpo. La falta de hábitos de trabajo, la pereza de pastor, la costumbre de esperarlo todo del terror, acaso la novedad del teatro de acción, paralizan su pensamiento, lo mantienen en una expectativa funesta que lo compromete últimamente, y lo entrega maniatado a su astuto rival. No han quedado hechos ningunos que acrediten que Quiroga se proponía obrar inmediatamente si no son sus inteligencias con los gobernadores del interior, y sus indiscretas palabras repetidas por unitarios y federales sin que los primeros se resuelvan a fiar su suerte en manos como las suyas, ni los federales lo rechacen como desertor de sus filas.

Y mientras tanto que se abandona así a una peligrosa indolencia, ve cada día acercarse el boa que ha de sofocarlo en sus redobladas lazadas. El año 1833 Rosas se hallaba ocupado de su fantástica expedición, y tenía su ejército obrando al Sud de Buenos Aires, desde donde observaba al Gobierno de Balcarce. La provincia de Buenos Aires presentó poco después uno de los espectáculos más singulares. Me imagino lo que sucedería en la tierra si un poderoso cometa se acercase a ella; al principio, el malestar general, después rumores sordos, vagos; en seguida las oscilaciones del globo atraído fuera de su órbita; hasta que al fin los sacudimientos convulsivos, el desplome de las montañas, el cataclismo traerían el caos que precede a cada una de las creaciones sucesivas de que nuestro globo ha sido testigo. Tal era la influencia que Rosas ejercía en 1834. El Gobierno de Buenos Aires se sentía cada vez más circunscrito en su acción, más embarazado en su marcha, más dependiente del Héroe del Desierto. Cada comunicación de éste era un reproche dirigido a su gobierno, una cantidad exorbitante exigida por el ejército, alguna demanda inusitada; luego la campaña no obedecía a la ciudad; y era preciso poner a Rosas la queja de este desacato de sus adictos; más tarde la desobediencia entraba en la ciudad misma; últimamente, hombres armados recorrían las calles a caballo disparando tiros, que daban muerte a algunos transeúntes. Esta desorganización de la sociedad iba de día en día aumentándose como un cáncer, y avanzando hasta el corazón, si bien podía discernirse el camino que traía desde la tienda de Rosas a la campaña; de la campaña a un barrio de la ciudad; de allí a cierta clase de hombres, los carniceros, que eran los principales instigadores. El Gobierno de Balcarce había sucumbido en 1833, al empuje de este desbordamiento de la campaña sobre la ciudad. El partido de Rosas trabajaba con ardor para abrir un largo y despejado camino al Héroe del Desierto, que se aproximaba a recibir la ovación merecida, el gobierno; pero el partido federal de la *ciudad* burla todavía sus esfuerzos y quiere hacer frente. La Junta de Representantes se reúne en medio del conflicto que trae la acefalía del gobierno y el general Viamonte, a su llamado, se presenta con la prisa en traje de casa y se atreve aun a hacerse cargo del gobierno. Por un momento parece que el orden se restablece, y la pobre ciudad respira; pero luego principia la misma agitación, los mismos manejos, los grupos de hombres que recorren las calles, que distribuyen latigazos a los paseantes. Es indecible el estado de alarma en que vivió un pueblo entero durante dos años con este extraño y sistemático desquiciamiento. De repente se veían las gentes disparando por las calles, y el ruido de las puertas que se cerraban iba repitiéndose de manzana en manzana, de calle en calle. ¿De qué huían? ¿Por qué se encerraban a la mitad del día? ¡Quién sabe! alguno había dicho que venían... que se divisaba un grupo... que se había oído el tropel lejano de caballos.

Una de estas veces marchaba Facundo Quiroga por una calle seguido de un ayudante, y al ver a estos hombres con frac que corren por las veredas, a las señoras que huyen sin saber de qué, Quiroga se detiene, pasea una mirada de desdén sobre aquellos grupos y dice a su edecán: "¡Este pueblo se ha enloquecido!" Facundo había llegado a Buenos Aires poco después de la caída de Balcarce. "Otra cosa hubiera sucedido, decía, si yo hubiese estado aquí." "¿Y qué habría hecho, general?", le replicaba uno de los que escuchándole había:" S. E. no tiene influencia sobre esta plebe de Buenos Aires." Entonces Quiroga levantando la cabeza, sacudiendo su negra melena y despidiendo rayos de sus ojos, le dice con voz breve y seca:

—¡Mire usted! Habría salido a la calle, y al primer hombre que hubiera encontrado, le habría dicho: ¡Sígame! y ese hombre me habría seguido!... Tal era la avasalladora energía de las palabras de Quiroga, tan imponente su fisonomía, que el incrédulo bajó la vista aterrado y por largo tiempo nadie se atrevió a despegar los labios.

El general Viamonte renuncia al fin, porque ve que no se puede gobernar, que hay una mano poderosa que detiene las ruedas de la administración. Búscase alguien que quiera reemplazarlo; se pide por favor a los más animosos que se hagan cargo del bastón y nadie quiere; todos se encogen de hombros y ganan sus casas amedrentados. Al fin se coloca a la cabeza del gobierno el Dr. Maza, el maestro, el mentor y amigo de Rosas, y creen haber puesto remedio al mal que los aqueja. ¡Vana esperanza! El malestar crece lejos de disminuir. Anchorena se presenta al gobierno pidiendo que reprima los desórde-nes, y sabe que no hay medio alguno a su alcance, que la fuerza de la policía no obedece, que hay órdenes de afuera. El general Guido, el Dr. Alcorta, de-jan oír todavía en la Junta de Representantes algunas protestas enérgicas con-tra aquella agitación convulsiva en que se tiene a la ciudad; pero el mal sigue, y, para agravarlo, Rosas reprocha al Gobierno desde su campamento los de-sórdenes que él mismo fomenta. ¿Qué es lo que quiere este hombre? ¿ Gober-nar? Una Comisión de la Sala va a ofrecerle el gobierno: le dice que sólo él puede poner término a aquella angustia, a aquella agonía de dos años. Pero Rosas no quiere gobernar y nuevas comisiones, nuevos ruegos. Al fin halla me-dio de conciliarlo todo. Les hará el favor de gobernar, si los tres años que abra-za el período legal se prolongan a cinco, y se le entrega la suma del poder pú-blico, palabra nueva cuyo alcance sólo él comprende.

En estas transacciones se hallaba la ciudad de Buenos Aires y Rosas, cuando llega la noticia de un desavenimiento entre los gobiernos de Salta, Tu-cumán y Santiago del Estero, que podía hacer estallar la guerra. Cinco años van corridos desde que los unitarios han desaparecido de la escena política, y dos desde que los federales de la ciudad, los *lomos negros*[162], han perdido to-da influencia en el gobierno; cuando más tienen valor para exigir algunas con-diciones que hagan tolerable la capitulación. Rosas, entretanto que la *ciudad* se rinde a discreción, con sus instituciones, sus garantías individuales, con sus responsabilidades impuestas al gobierno, agita fuera de Buenos Aires otra máquina no menos complicada. Sus relaciones con López de Santa Fe son ac-tivas, y tiene además una entrevista en que conferencian ambos caudillos; el gobierno de Córdoba está bajo la influencia de López, que ha puesto a su ca-beza a los Reinafé. Invítase a Facundo a ir a interponer su influencia para apa-gar las chispas que se han levantado en el Norte de la República; nadie sino él está llamado para desempeñar esta misión de paz. Facundo resiste, vacila; pero se decide al fin. El 18 de Diciembre de 1835 sale de Buenos Aires, y al subir a la galera, dirige en presencia de varios amigos, sus adioses a la ciu-dad: Si salgo bien, dice, agitando la mano, te volveré a ver; si no; ¡adiós para siempre! ¿Qué siniestros pensamientos vienen a asomar en aquel momento a su faz lívida en el ánimo de este hombre impávido? ¿No recuerda el lector algo parecido a lo que manifestaba Napoleón al partir de las Tullerías para la campaña que debía terminar en Waterloo?

Apenas ha andado media jornada, encuentra un arroyo fangoso que de-tiene la galera. El vecino maestre de posta acude solícito a pasarla; se ponen nuevos caballos, se apuran todos los esfuerzos, y la galera no avanza. Quiroga se enfurece, y hace uncir a las varas al mismo maestre de posta. La brutalidad y el terror vuelven a aparecer desde que se halla en el campo, en medio de aquella naturaleza y de aquella sociedad semi–bárbara. Vencido aquel primer obstáculo, la galera sigue cruzando la pampa como una exhalación; camina to-

---

162 *Lomos negros*: grupo federal partidario de Balcarce, perseguidos a partir de 1832 junto con los unitarios por la Sociedad Popular Restauradora (cuyo símbolo era la mazorca de maiz)

dos los días hasta las dos de la mañana, y se pone en marcha de nuevo a las cuatro. Acompáñanle el Dr. Ortiz, su secretario, y un joven conocido, a quien a su salida encontró inhabilitado de ir adelante por la fractura de las ruedas de su vehículo. En cada posta a que llega hace preguntar inmediatamente: "¿A qué hora ha pasado un chasque de Buenos Aires?" "Hace una hora."

—¡Caballos sin pérdida de momento!–, grita Quiroga. Y la marcha continúa. Para hacer más penosa la situación, parecía que las cataratas del cielo se habían abierto; durante tres días la lluvia no cesa un momento, y el camino se ha convertido en un torrente. Al entrar en la jurisdicción de Santa Fe la inquietud de Quiroga se aumenta, y se torna en visible angustia cuando en la posta de Pavón sabe que no hay caballos, y que el maestre de posta está ausente. El tiempo que pasa antes de procurarse nuevos tiros es una agonía mortal para Facundo, que grita a cada momento: "¡Caballos! ¡Caballos!" Sus compañeros de viaje nada comprenden de este extraño sobresalto, asombrados de ver a este hombre, el terror de los pueblos, asustadizo ahora y lleno de temores al parecer quiméricos. Cuando la galera logra ponerse en marcha, murmura en voz baja, como si hablara consigo mismo: "Si salgo del territorio de Santa Fe, no hay cuidado por lo demás." En el paso del Río 3° acuden los gauchos de la vecindad a ver al famoso Quiroga, y pasan la galera punto menos que a hombros. Ultimamente, llega a la ciudad de Córdoba a las nueve y media de la noche, y una hora después del arribo del chasque de Buenos Aires, a quien ha venido pisando desde su salida. Uno de los Reinafés acude a la posta donde Facundo está aún en la galera pidiendo caballos, que no hay en aquel momento; salúdalo con respeto y efusión: suplícale que pase la noche en la ciudad, donde el gobierno se prepara a hospedarlos dignamente. "¡Caballos necesito!" es la breve respuesta que da Quiroga; "¡caballos!" replica a cada nueva manifestación de interés o solicitud de parte de Reinafé, que se retira al fin humillado, y Facundo parte para su destino a las doce de la noche.

La ciudad de Córdoba, entretanto, estaba agitada por los más extraños rumores: los amigos del joven que ha venido por casualidad, en compañía de Quiroga, y que se queda en Córdoba, su patria, van en tropel a visitarlo. Se admiran de verlo vivo, y le hablan del peligro inminente de que se ha salvado. Quiroga debía ser asesinado en tal punto; los asesinos son N. y N.; las pistolas han sido compradas en tal almacén; han sido vistos N. y N. para encargarse de la ejecución, y se han negado. Quiroga los ha sorprendido con la asombrosa rapidez de su marcha, pues no bien llega el chasque que anuncia su próximo arribo, cuando se presenta él mismo y hace abortar todos los preparativos. Jamás se ha premeditado un atentado con más descaro; toda Córdoba está instruida de los más mínimos detalles del crimen que el gobierno intenta; y la muerte de Quiroga es el asunto de todas las conversaciones.

Quiroga en tanto llega a su destino, arregla las diferencias entre los gobernantes hostiles, y regresa por Córdoba a despecho de las reiteradas instancias de los gobernadores de Santiago y Tucumán, que le ofrecen una gruesa escolta para su custodia, aconsejándole tomar el camino de Cuyo para regresar. ¿Qué genio vengativo cierra su corazón y sus oídos y le hace obstinarse en volver a desafiar a sus enemigos, sin escolta, sin medios adecuados de defensa? ¿Por qué no toma el camino de Cuyo, desentierra sus inmensos depósitos de armas a su paso por La Rioja, y arma las ocho provincias que están bajo su influencia? Quiroga lo sabe todo, aviso tras de aviso ha recibido en Santiago del Estero; sabe el peligro de que su diligencia lo ha salvado, sabe el nuevo y más inminente que le aguarda, porque no han desistido sus enemigos del concebido designio. "¡A Córdoba!", grita a los postillones al ponerse en marcha, como si Córdoba fuese el término de su viaje [163].

Antes de llegar a la posta del Ojo de Agua, un joven sale del bosque y se dirige hacia la galera, requiriendo al postillón que se detenga. Quiroga asoma la cabeza por la portezuela, y le pregunta lo que se le ofrece. "Quiero hablar al Dr. Ortiz." Desciende éste, y sabe lo siguiente: "En las inmediaciones del lugar llamado Barranca–Yaco está apostado Santos Pérez con una partida; al arribo de la galera deben hacerle fuego de ambos lados, y matar en seguida de postillones arriba; nadie debe escapar; ésta es la orden." El joven, que ha sido en otro tiempo favorecido por el Dr. Ortiz, ha venido a salvarlo; tiénele caballo allí mismo para que monte y se escape con él; su hacienda está inmediata. El secretario asustado pone en conocimiento de Facundo lo que acaba de saber, y le insta para que se ponga en seguridad. Facundo interroga de nuevo al joven Sandivaras, le da las gracias por su buena acción, pero lo tranquiliza sobre los temores que abriga. "No ha nacido todavía, le dice en voz enérgica, el hombre que ha de matar a Facundo Quiroga. A un grito mío, esa partida mañana se pondrá a mis órdenes y me servirá de escolta hasta Córdoba. Vaya usted, amigo, sin cuidado."

Estas palabras de Quiroga, de que yo no he tenido noticias hasta este momento, explican la causa de su extraña obstinación en ir a desafiar la muerte. El orgullo y el terrorismo, los dos grandes móviles de su elevación, lo llevan maniatado a la sangrienta catástrofe que debe terminar su vida. Tiene a menos evitar el peligro, y cuenta con el terror de su nombre para hacer caer las cuchillas levantadas sobre su cabeza. Esta explicación me la daba a mí mismo antes de saber que sus propias palabras la habían hecho inútil.

La noche que pasaron los viajeros de la posta del Ojo de Agua es de tal manera angustiosa para el infeliz secretario, que va a una muerte cierta e ine-

---

163 En la causa criminal seguida contra los cómplices en la muerte de Quiroga, el reo Cabanillas declaró en un momento de efusión, de rodillas en presencia del Dr. Maza (degollado por los agentes de Rosas) que él no se había propuesto salvar a Quiroga; que el 24 de Diciembre había escrito a un amigo de éste, un francés, que le hiciese decir a Quiroga que no pasase por el monte de San Pedro, donde él estaba aguardándolo con veinticinco hombres para asesinarlo por orden de su gobierno. Que Toribio Junco, un gaucho de quien Santos Pérez decía: hay otro más valiente que yo, es Toribio Junco, había dicho al mismo Cabanillas, que observando cierto desorden en la conducta de Santos Pérez, empezó a acecharlo, hasta que un día lo encontró, arrodillado en la capilla de la Virgen de Tulumba, con los ojos arrasados de lágrimas: que preguntándole la causa de su quebranto, le dijo: estoy pidiendo a la Virgen me ilumine, sobre si debo matar a Quiroga según me lo ordenan, pues me presentan este acto como convenido entre los gobernadores López (de Santa Fe) y Rosas de Buenos Aires, único medio de salvar la República. *N. del A.*

vitable, y que carece del valor y de la temeridad que anima a Quiroga, que creo no deber omitir ninguno de sus detalles, tanto más, cuanto que siendo por fortuna sus pormenores tan auténticos, sería criminal descuido no conservarlos; porque si alguna vez un hombre ha apurado todas las heces [164] de la agonía; si alguna vez la muerte ha debido parecer horrible, es aquella en que un triste deber, el de acompañar a un amigo temerario, nos la impone, cuando no hay infamia ni deshonor en evitarla. [165]

El Dr. Ortiz llama aparte al maestre de posta, y lo interroga encarecidamente sobre lo que sabe acerca de los extraños avisos que han recibido, asegurándole no abusar de su confianza. ¡Qué pormenores va a oír! Santos Pérez ha estado allí con su partida de treinta hombres una hora antes de su arribo; van todos armados de tercerola y sable; están ya apostados en el lugar designado; deben morir todos los que acompañan a Quiroga, así lo ha dicho Santos Pérez al mismo maestre de posta. Esta confirmación de la noticia recibida de antemano no altera en nada la determinación de Quiroga, que después de tomar una taza de chocolate, según su costumbre, se duerme profundamente. El doctor Ortiz gana también la cama, no para dormir, sino para acordarse de su esposa, de sus hijos, a quienes no volverá a ver más. Y todo ¿por qué? Por no arrostrar el enojo de un temible amigo; por no incurrir en la tacha de desleal. A medianoche la inquietud de la agonía le hace insoportable la cama; levántase, y va a buscar a su confidente: "¿Duerme, amigo?", le pregunta en voz baja. "¡Quién ha de dormir, señor, con esta cosa tan horrible!" "¿Conque no hay duda? ¡Qué suplicio el mío!" "¡Imagínese, señor, cómo estaré yo, que tengo que mandar dos postillones, que deben ser muertos también! Esto me mata. Aquí hay un niño que es sobrino del sargento de la partida, y pienso mandarlo; pero el otro... ¡a quien mandaré, a hacerlo morir inocentemente!" El doctor Ortiz hace un último esfuerzo por salvar su vida y la del compañero; despierta a Quiroga, y le instruye de los pavorosos detalles que acaba de adquirir, significándole que él no le acompaña si se obstina en hacerse matar inútilmente. Facundo con gesto airado y palabras groseramente enérgicas, le hace entender que hay mayor peligro en contrariarlo allí, que el que le aguarda en Barranca–Yaco, y fuerza es someterse sin más réplica. Quiroga manda a su asistente, que es un valiente negro, que limpie algunas armas de fuego que vienen en la galera, y las cargue: a esto se reducen todas sus precauciones.

Llega el día por fin, y la galera se pone en camino. Acompáñale a más del postillón que va en el tiro, el niño aquel, dos correos que se han reunido por casualidad y el negro que va a caballo. Llega al punto fatal, y dos descargas traspasan la galera por ambos lados, pero sin herir a nadie; los soldados se echan sobre ella con los brazos desnudos y en un momento inutilizan los caballos, y descuartizan al postillón, correos y asistente. Quiroga entonces asoma la cabeza, y hace por el momento vacilar a aquella turba. Pregunta por el Comandante de la partida, le manda acercarse, y a la cuestión de Quiroga ¿qué

---

164 *Heces*: residuo (borra) de un líquido

165 Tuve estos detalles del malogrado Dr. Piñero, muerto en 1846 en Chile, pariente del Sr. Ortiz, y compañero de viaje de Quiroga desde Buenos Aires hasta Córdoba. Es triste necesidad sin duda no poder citar sino los muertos en apoyo de la verdad *N. del A.*

significa esto? recibe por toda contestación un balazo en un ojo que le deja muerto. Entonces Santos Pérez atraviesa repetidas veces con su espada al malaventurado Ministro, y manda, concluida la ejecución, tirar hacia el bosque la galera llena de cadáveres, con los caballos hechos pedazos y el postillón que con la cabeza abierta se mantiene aún a caballo. "¿Qué muchacho es éste?", pregunta, viendo al niño de posta, único que queda vivo. "Este es un sobrino mío", contesta el sargento de la partida; "y respondo de él con mi vida." Santos Pérez se acerca al sargento, le atraviesa el corazón de un balazo, y en seguida desmontándose, toma de un brazo al niño, lo tiende en el suelo y lo degüella, a pesar de sus gemidos de niño que se ve amenazado de un peligro. Este último gemido del niño es, sin embargo, el único suplicio que martiriza a Santos Pérez; después, huyendo de las partidas que lo persiguen, oculto en las breñas[166] de las rocas o en los bosques enmarañados, el viento le trae al oído el gemido del niño. Si a la vacilante claridad de las estrellas se aventura a salir de su guarida, sus miradas inquietas se hunden en la oscuridad de los árboles sombríos para cerciorarse de que no se divisa en ninguna parte el bultito blanquecino del niño; y cuando llega al lugar donde hacen encrucijada dos caminos, lo arredra ver venir por el que él deja al niño animando su caballo. Facundo decía también que un solo remordimiento lo aquejaba: ¡la muerte de los veintiséis oficiales fusilados en Mendoza!

¿Quién es, mientras tanto, este Santos Pérez? Es el gaucho malo de la campaña de Córdoba, célebre en la sierra y en la ciudad por sus numerosas muertes, por su arrojo extraordinario, por sus aventuras inauditas. Mientras permaneció el General Paz en Córdoba, acaudilló las montoneras más obstinadas e intangibles de la Sierra, y por largo tiempo, el *Pago* de Santa Catalina fue una republiqueta adonde los veteranos del ejército no pudieron penetrar. Con miras más elevadas habría sido el digno rival de Quiroga; con sus vicios sólo alcanzó a ser su asesino. Era alto de talle, hermoso de cara, de color pálido y barba negra y rizada. Largo tiempo fue después perseguido por la justicia, y nada menos que cuatrocientos hombres andaban en su busca. Al principio los Reinafés lo llamaron, y en la casa de Gobierno fue recibido amigablemente. Al salir de la entrevista, empezó a sentir una extraña descompostura de estómago, que le sugirió la idea de consultar a un médico amigo suyo, quien informado por él de haber tomado una copa de licor que se le brindó, le dio un elixir que le hizo arrojar oportunamente el arsénico que el licor disimulaba. Más tarde, y en lo más recio de la persecución, el Comandante Casanova, su antiguo amigo, le hizo significar que tenía algo de importancia que comunicarle. Una tarde, mientras que el escuadrón de que el Comandante Casanova era jefe hacía el ejercicio al frente de su casa, Santos Pérez se desmonta en la puerta y le dice: "Aquí estoy; ¿qué quería decirme?" "¡Hombre! Santos Pérez, pase por acá; siéntese." "¡No! ¿Para qué me ha hecho llamar?" El comandante, sorprendido así, vacila y no sabe qué decir en el momento. Su as-

---

166 *Breñas*: tierra quebrada entre peñas y poblada de malezas

tuto y osado interlocutor lo comprende, y arrojándole una mirada de desdén y volviéndole la espalda, le dice: "¡Estaba seguro de que quería agarrarme por traición! He venido para convencerme no más." Cuando se dio orden al escuadrón de perseguirlo, Santos había desaparecido. Al fin, una noche lo cogieron dentro de la ciudad de Córdoba, por una venganza femenil. Había dado de golpes a la querida con quien dormía: ésta, sintiéndolo profundamente dormido, se levanta con precaución, le toma las pistolas y el sable, sale a la calle y lo denuncia a una patrulla. Cuando despierta, rodeado de fusiles apuntados a su pecho, echa mano a las pistolas, y no encontrándolas: "Estoy rendido", dice con serenidad, "¡me han quitado las pistolas!" El día que lo entraron a Buenos Aires, una muchedumbre inmensa se había reunido en la puerta de la casa de Gobierno. A su vista gritaba el populacho: ¡Muera Santos Pérez!, y él, meneando desdeñosamente la cabeza y paseando sus miradas por aquella multitud, murmuraba tan sólo estas palabras: "¡Tuviera aquí mi cuchillo!" Al bajar del carro que lo conducía a la cárcel, gritó repetidas veces: "¡Muera el tirano!" y al encaminarse al patíbulo, su talla gigantesca como la de Danton dominaba la muchedumbre, y sus miradas se fijaban de vez en cuando en el cadalso como en un andamio de arquitectos.

El Gobierno de Buenos Aires dio un aparato solemne a la ejecución de los asesinos de Juan Facundo Quiroga, la galera ensangrentada y acribillada de balazos estuvo largo tiempo al examen del pueblo; y el retrato de Quiroga como la vista del patíbulo y de los ajusticiados fueron litografiados y distribuidos por millares, como también extractos del proceso que se dio a luz en un volumen en folio. La historia imparcial espera todavía datos y revelaciones para señalar con su dedo al instigador de los asesinos.

PARTE TERCERA

Capítulo XIV

GOBIERNO UNITARIO

"No se sabe bien por qué es que quiere gobernar. Una sola cosa ha podido averiguarse y es que está poseído de una furia que lo atormenta: ¡ quiere gobernar ! Es un oso que ha roto las rejas de su jaula, y desde que tenga en sus manos su gobierno pondrá en fuga a todo el mundo. ¡Ay de aquel que caiga en sus manos! No lo largará hasta que expire bajo su gobierno. Es una sanguijuela que no se desprende hasta que está repleta de sangre."
Lamartine

He dicho en la introducción de estos ligeros apuntes, que para mi entender, Facundo Quiroga es el núcleo de la guerra civil de la República Argentina, y la expresión más franca y candorosa de una de las fuerzas que han luchado con diversos nombres durante treinta años. La muerte de Quiroga no es un hecho aislado ni sin consecuencias; antecedentes sociales que he desenvuelto antes, la hacían casi inevitable: era un desenlace político, como el que podría haber dado una guerra. El gobierno de Córdoba, que se encargó de consumar el atentado, era demasiado subalterno entre los que se habían establecido para que osase acometer la empresa con tanto descaro, si no se hubiese creído apoyado de los que iban a cosechar los resultados. El asesinato de Quiroga es, pues, un acto *oficial*, largamente discutido entre varios Gobiernos, preparado con anticipación, y llevado a cabo con tenacidad, como una medida de Estado. Por lo que con su muerte no queda terminada una serie de hechos que me he propuesto coordinar, y para no dejarla trunca e incompleta, necesito continuar un poco más adelante en el camino que llevo, para examinar los resultados que produce en la política interior de la República, hasta que el número de cadáveres que cubren el sendero sea ya tan grande, que me sea forzoso detenerme, hasta esperar que el tiempo y la intemperie los destruyan, para que desembaracen la marcha. Por la puerta que deja abierta al asesinato de Barranco–Yaco entrará el lector conmigo en un teatro donde todavía no se ha terminado el drama sangriento.

Facundo muere asesinado el 18 de febrero; la noticia de su muerte llega a Buenos Aires el 24, y a principios de marzo ya estaban arregladas todas las bases del gobierno necesario e inevitable del Comandante General de Campaña, que desde 1833 ha tenido en tortura a la ciudad, fatigándola, angustiándola, desesperándola, hasta que la ha arrancado al fin entre sollozos y gemidos la SUMA DEL PODER PUBLICO: porque Rosas no se ha contentado esta vez con exigir la dictadura, las facultades extraordinarias, etc. No; lo que pide es lo que la frase expresa, tradiciones, costumbres, formas, garantías, leyes, culto, ideas, conciencia, vidas, haciendas, preocupaciones; sumad todo lo que tiene poder sobre la sociedad y lo que resulte será la suma del pder público pedida. El 5 de abril la Junta de Representantes, en cumplimiento de lo estipulado, elige gobernador de Buenos Aires por cinco años al General don Juan Manuel Rosas, Héroe del Desierto, Ilustre Restaurador de las Leyes, depositario de la Suma del Poder público.

Pero no le satisface la elección hecha por la Junta de Representantes; lo que medita es tan grande, tan nuevo, tan nunca visto, que es preciso tomarse antes todas las seguridades imaginables, no sea que más tarde se diga que el pueblo de Buenos Aires no le ha delegado la SUMA DEL PODER PUBLICO. Rosas Gobernador propone a las msas electorales esta cuestión: ¿Convienen en que D. J. M. Rosas sea gobernador por cinco años, con la suma del poder público? Y debo decirlo en obsequio de la verdad histórica, nunca hubo gobierno más popular, más deseado ni más bien sostenido por la opinión. Los unitarios que en nada habían tomado parte, lo recibían al menos con indiferencia; los federales *lomos negros,* con desdén, pero sin oposición; los ciudadanos pacíficos lo esperaban como una bendición y un término a las crueles oscilaciones de dos largos años; la campaña, en fin, como el símbolo de su poder y la humillación de los *cajetillas* de la CIUDAD. Bajo tan felices disposiciones, principiáronse las elecciones o ratificaciones en todas las Parroquias, y la votación fue unánime, excepto tres votos que se opusieron a la delegación de la Suma del Poder Público. ¿Concíbese cómo ha podido suceder que en una provincia de cuatrocientos mil habitantes, según lo asegura la *Gaceta,* sólo hubiese tres votos contrarios al Gobierno? ¿Sería acaso que los disidentes no votaron? ¡Nada de eso! No se tiene aún noticia de ciudadano alguno que no fuese a votar; los enfermos se levantaron de la cama a ir a dar su asentimiento, temerosos de que sus nombres fuesen inscritos en algún negro registro; porque así se había insinuado.

El terror estaba ya en la atmósfera, y aunque el trueno no había estallado aún, todos veían la nube negra y torva que venía cubriendo el cielo dos años hacía. La votación aquella es única en los anales de los pueblos civilizados, y los nombres de los tres locos, más bien que animosos opositores, se han conservado en la tradición del pueblo de Buenos Aires.

Hay un momento fatal en la historia de todos los pueblos y es aquél en que, cansados los partidos de luchar, piden antes de todo el reposo de que por largos años han carecido, aun a expensas de la libertad o de los fines que ambicionaban; éste es el momento en que se alzan los tiranos que fundan dinastías e imperios. Roma, cansada de las luchas de Mario y de Sila, de patricios y plebeyos, se entregó con delicia a la dulce tiranía de Augusto, el primero que encabeza la lista execrable de los emperadores romanos. La Francia después del Terror, después de la impotencia y desmoralización del Directorio, se entregó a Napoleón que por un camino sembrado de laureles, la devolvió a los aliados que la devolvieron a los Borbones. Rosas tuvo la habilidad de acelerar aquel cansancio, de crearlo a fuerza de hacer imposible el reposo. Dueño una vez del poder absoluto, ¿quién se lo pedirá más tarde?, ¿quién se atreverá a disputarle sus títulos a la dominación? Los romanos daban la dictadura en casos raros y por término corto y fijo; y aun así el uso de la Dictadura temporal autorizó la perpetua que destruyó la República y trajo todo el desenfreno del Imperio. Cuando el término del gobierno de Rosas expira, anuncia su determinación decidida de retirarse a la vida privada; la muerte de su cara esposa, la de su padre, han ulcerado su corazón; necesita ir lejos del tumulto de los negocios públicos a llorar a sus anchas pérdidas tan amargas. El lector debe recordar al oír este lenguaje en la boca de Rosas, que no veía a su padre desde su juventud, y a cuya esposa había dado días tan amargos, algo parecido a las hipócritas protestas de Tiberio ante el Senado Romano. La Sala de Buenos Aires le ruega, le suplica que continúe haciendo sacrificios por la patria; Rosas se deja persuadir, continúa tan sólo por seis meses más; pasan los seis meses y se abandona la farsa de la elección. Y en efecto, ¿qué necesidad tiene de ser electo un jefe que ha arraigado el poder en su persona? ¿Quién le pide cuenta temblando del terror que les ha inspirado a todos?

Cuando la aristocracia veneciana hubo sofocado la conspiración de Tiépolo, en 1300, nombró en su seno diez individuos que, investidos de facultades discrecionales, debían perseguir y castigar a los conjurados, pero limitando la duración de su autoridad a sólo diez días. Oigamos al conde de Daru, en su célebre Historia de Venecia, referir el suceso:

> *"Tan inminente se creyó el peligro*, dice, *que se creó una autoridad dictatorial después de la victoria. Un consejo de diez miembros fue nombrado para velar por la conservación del Estado. Se le armó de todos los medios; librósele de todas las formas, de todas las responsabilidades, quedáronle sometidas todas las cabezas."*
>
> *"Verdad es que su duración no debía pasar de diez días; fue necesario sin embargo prorrogarla por diez más, después por veinte, en seguida por dos meses; pero al fin fue prolongada seis veces seguidas por este último término. A la vuelta de un año de existencia se hizo continuar por cinco. Entonces se*

encontró demasiado fuerte para prorrogarse a sí mismo durante diez años
más, hasta que fue aquel terrible tribunal declarado perpetuo."

"Lo que había hecho por prolongar su duración lo hizo por extender sus atri-
buciones. Instituido solamente para conocer en los crímenes de Estado, este
tribunal se había apoderado de la administración. So pretexto de velar por la
seguridad de la República, se entrometió en la paz y en la guerra, dispuso de
las rentas, y concluyó por otorgarse el poder soberano."

En la República Argentina no es un Consejo el que se ha apoderado así
de la autoridad suprema, es un hombre y un hombre bien indigno. Encargado temporalmente de las Relaciones Exteriores, depone, fusila, asesina a los
Gobernadores de las provincias que le hicieron el encargo. Revestido de la suma del poder público en 1835, por sólo cinco años, en 1845 está revestido aún
de aquel poder. Y nadie sería hoy tan candoroso para esperar que lo deje, ni
que el pueblo se atreva a pedírselo. Su gobierno es de por vida, y si la Providencia hubiese de consentir que muriese pacíficamente, como el Dr. Francia, largos años de dolores y miserias aguardan aquellos desgraciados pueblos,
víctimas hoy del cansancio de un momento.

El 13 de abril de 1835 se recibió Rosas del gobierno, y su talante desembarazado y su aplomo en la ceremonia no dejó de sorprender a los ilusos que
habían creído tener un rato de diversión al ver el desmaño y *gaucherie* [167] del
gaucho. Presentóse de casaca de general desabotonada, que dejaba ver un chaleco amarillo de cotonía [168]. Perdónenme los que no comprendan el espíritu
de esta singular *toilette,* el que recuerde aquella circunstancia.

En fin, ya tiene el gobierno en sus manos. Facundo ha muerto un mes antes; la ciudad se ha entregado a su discreción; el pueblo ha confirmado del modo más auténtico esta entrega de toda garantía y de toda institución. Es el Estado una tabla rasa en que él va a escribir una cosa nueva, original; él es un poeta,
un Platón que va a realizar su República ideal, según él ha concebido; es éste
un trabajo que ha meditado veinte años, y que al fin puede dar a luz sin que
vengan a estorbar su realización tradiciones envejecidas, preocupaciones de la
época, plagios hechos a la Europa, garantías individuales, instituciones vigen-
tes. Es un genio en fin que ha estado lamentando los errores de su siglo y pre-
parándose para destruirlos de un golpe. Todo va a ser nuevo, obra de su ingenio: vamos a ver este portento.

De la Sala de Representantes a donde ha ido a recibir el bastón, se retira en un coche colorado, mandado pintar ex profeso para el acto, al que están atados cordones de seda *colorados* y a los que se uncen aquellos hombres
que desde 1833 han tenido la ciudad en continua alarma por sus atentados y
su impunidad; llámanle la Sociedad Popular, y llevan el *puñal* a la cintura,
chaleco *colorado* y una cinta *colorada* en la que se lee: "Mueran los unitarios."
En la puerta de su casa le hacen guardia de honor estos mismos hombres; después acuden los ciudadanos, después los generales, porque es necesario hacer

167 *Gaucherie*: (fr. fam.) torpeza, falta de habilidad
168 *Cotonía*: tela de hilo de algodón labrada, generalmente blanca

aquella manifestación de adhesión sin límites a la *persona* del Restaurador.

Al día siguiente aparece una proclama y una lista de proscripción, en la que entra uno de sus concuñados, el Dr. Alsina. La proclama aquella, que es uno de los pocos escritos de Rosas, es un documento precioso que siento no tener a mano. Era un programa de su gobierno sin disfraz, sin rodeos:

EL QUE NO ESTA CONMIGO ES MI ENEMIGO

Tal era el axioma de política consagrado en ella. Se anuncia que va a correr sangre, y tan sólo promete no atentar contra las propiedades. ¡Ay de los que provoquen su cólera!

Cuatro días después la parroquia de San Francisco anuncia su intención de celebrar una misa y *Te Deum* en acción de gracias al Todopoderoso, etc., invitando al vecindario a solemnizar con su presencia el acto. Las calles circunvecinas están empavesadas, alfombradas, tapizadas, decoradas. Es aquello un bazar oriental en que ostentan tejidos de damasco, púrpura, oro y pedrerías, en decoraciones caprichosas. El pueblo llena las calles, los jóvenes acuden a la novedad, las señoras hacen de la Parroquia su paseo de la tarde. El *Te Deum* se posterga de un día a otro, y la agitación de la ciudad, el ir y venir, la excitación, la interrupción de todo trabajo dura cuatro, cinco días consecutivos. La *Gaceta* repite los más mínimos detalles de la espléndida función. Ocho días después otra Parroquia anuncia su *Te Deum*: los vecinos se proponen rivalizar en entusiasmo, y oscurecer la pasada fiesta. ¡Qué lujo de decoraciones, qué ostentación de riquezas y adornos! El retrato del Restaurador está en la calle en un dosel en que los terciopelos *colorados* se mezclan con los galones y las cordonaduras de oro. Igual movimiento por más días aún; se vive en la calle, en la Parroquia privilegiada. Pocos días después, otra Parroquia, otra fiesta en otro barrio. Pero ¿hasta cuándo fiestas? ¿Qué, no se cansa este pueblo de espectáculos? ¿Qué entusiasmo es aquél que no se resfría en un mes? ¿Por qué no hacen todas las Parroquias su función a un tiempo? No: es el entusiasmo sistemático, ordenado, administrado poco a poco. Un año después todavía no han concluido las Parroquias de dar su fiesta; el vértigo *oficial* pasa de la ciudad a la campaña, y es cosa de nunca acabar. La *Gaceta* de la época está ahí ocupada año y medio en describir fiestas federales. El RETRATO se mezcla en todas ellas, tirado en un carro hecho para él por los generales, las señoras, los federales *netos*. "Et le peuple, enchanté d'un tel spectacle, enthousiasmé du *Te Deum,* chanté moult bien a Nôtre–Dame, le peuple oublia qu'il payait fort cher tout, et se retirait fort joyeux."

De las fiestas sale, al fin de año y medio el color *colorado* como insignia de adhesión *a la causa;* el retrato de Rosas, colocado en los altares primero, pasa después a ser parte del equipo de cada hombre, que debe llevarlo en el pecho, en señal de *amor intenso* a la *persona* del Restaurador. Por último, de entre estas fiestas se desprende al fin la terrible Mazorca, cuerpo de policía entusiasta, federal, que tiene por encargo y oficio echar lavativas de ají y aguarrás a los descontentos primero, y después, no bastando este tratamiento flogístico[169], degollar a aquellos que se les indique.

La América entera se ha burlado de aquellas famosas fiestas de Buenos Aires, y mirádolas como el colmo de la degradación de un pueblo; pero yo no veo en ellas sino un designio político, el más fecundo en resultados. ¿Cómo encarnar en una República que no conoció reyes jamás, la idea de la *personalidad* de gobierno? La cinta colorada es una materialización del terror, que os acompaña a todas partes, en la calle, en el seno de la familia; es preciso pensar en ella al vestirse, al desnudarse; y las ideas se nos graban siempre por asociación: La vista de un árbol en el campo nos recuerda lo que íbamos conversando diez años antes al pasar por cerca de él; figuraos las ideas que trae consigo asociadas la cinta colorada, y las impresiones indelebles que ha debido dejar unidas a la imagen de Rosas. Así en una comunicación de un alto funcionario de Rosas he leído en estos días "que es un signo que su Gobierno ha mandado llevar a sus empleados en señal de conciliación y de paz". Las palabras *Mueran los salvajes, asquerosos, inmundos unitarios,* son por cierto muy conciliadoras, tanto que sólo en el destierro o en el sepulcro habrá quienes se atrevan a negar su eficacia. La Mazorca ha sido un instrumento poderoso de conciliación y de paz; y si no id a ver los resultados, y buscad en la tierra ciudad más conciliada y pacífica que la de Buenos Aires. A la muerte de su esposa, que una chanza brutal de su parte ha precipitado, manda que se le tributen honores de Capitán General, y ordena un luto de dos años a la ciudad y campaña de la provincia, que consiste en un ancho crespón atado al sombrero con una cinta colorada. ¡Imaginaos una ciudad culta, hombres y niños vestidos a la europea, *uniformados* dos años enteros con un ribete colorado en el sombrero! ¿Os parece ridículo? ¡No! nada hay ridículo cuando todos sin excepción participan de la extravagancia, y sobre todo cuando el azote o las lavativas de ají están ahí para poneros serios como estatuas si os viene la tentación de reíros. Los serenos cantan a cada cuarto de hora: ¡Viva el ilustre Restaurador! ¡Viva doña Encarnación Ezcurra! ¡Mueran los impíos unitarios! El sargento primero al pasar lista a su compañía repite las mismas palabras; el niño al levantarse de la cama saluda al día con la frase sacramental. No hace un mes que una madre argentina alojada en una fonda de Chile, decía a uno de sus hijos que despertaba repitiendo en voz alta: ¡Vivan los federales! ¡mueran los salvajes, asquerosos unitarios! ¡Cállate hijo, no digas eso aquí, que no se usa; ya no digas más!, ¡no sea que te oigan! ¡Su temor era fundado, le oyeron! ¿Qué político ha producido la Europa que haya tenido el alcance para comprender el medio de crear la idea de la *personalidad* del jefe del Gobierno, ni la tenacidad prolija de incubarla quince años, ni que haya tocado medios más variados ni más conducentes al objeto? Podemos en esto

---

169 *Flogístico*: (metáf.) ardiente; relativo al *flogisto*, principio imaginado en el Siglo XVII por Georg Ernest Stahl (1660-1734) para poder explicar la combustión. Cuanto más flogisto tuviese un cuerpo, mejor combustible era.

sin embargo consolarnos de que la Europa haya suministrado un modelo al genio americano. La Mazorca, con los mismos caracteres, compuesta de los mismos hombres, ha existido en la Edad Media en Francia, en tiempo de las guerras entre los partidos de los Armagnac y del duque de Borgoña. En la *Historia de París* escrita por G. Fouchare La Fosse, encuentro estos singulares detalles: "Estos instigadores del asesinato, a fin de reconocer por todas partes a los Borgoñeses, habían ya ordenado que llevasen en el vestido la cruz de San Andrés, principal atributo del escudo de Borgoña, y para estrechar más los brazos del partido, imaginaron en seguida formar una hermandad bajo la invocación del mismo San Andrés. Cada cofrade debía llevar por signo distintivo a más de la cruz, una corona de rosas... ¡Horrible confusión! ¡el símbolo de inocencia y de ternura sobre la cabeza de los degolladores!... ¡rosas y sangre!... La sociedad odiosa de los *Cabochiens;* es decir, la horda de carniceros y desolladores fue soltada por la ciudad, como una tropa de tigres hambrientos, y estos verdugos sin número se bañaron en sangre humana".

Poned, en lugar de la cruz de San Andrés, la cinta colorada; en lugar de las rosas coloradas, el chaleco colorado; en lugar de Cabochiens, mazorqueros; en lugar de 1418 fecha de aquella sociedad, 1835 fecha de esta otra; en lugar de París, Buenos Aires; en lugar del Duque de Borgoña, Rosas, y tendréis el plagio hecho en nuestros días. La Mazorca, como los *Cabochiens* se compuso en su origen de los carniceros y desolladores de Buenos Aires. ¡Qué instructiva es la Historia! ¡Cómo se repite a cada rato!...

Otra creación de aquella época fue el *censo de las opiniones.* Esta es una institución verdaderamente original. Rosas mandó levantar en la ciudad y la campaña por medio de los jueces de paz un registro, en el que se anotó el nombre de cada vecino, clasificándolo de unitario, indiferente, federal o federal neto. En los colegios se encargó a los Rectores, y en todas partes se hizo con la más severa escrupulosidad, comprobándolo después y admitiendo los reclamos que la inexactitud podía originar. ¡Estos registros reunidos después en la oficina de Gobierno han servido para suministrar gargantas a la cuchilla infatigable de la Mazorca durante siete años!

Sin duda que pasma la osadía del pensamiento de formar la estadística de las opiniones de un pueblo entero, caracterizarlas según su importancia, y con el registro a la vista seguir durante diez años la tarea de desembarazarse de todas las cifras adversas destruyendo en la *persona* el germen de la hostilidad. Nada igual me presenta la historia, sino las clasificaciones de la Inquisición, que distinguía las opiniones heréticas en malsonantes, ofensivas de oídos piadosos, casi herejía, herejía, herejía perniciosa, etc. Pero al fin la Inquisición no hizo el catastro de la España para exterminarla en las generaciones, en el individuo antes de ser denunciado al Santo Tribunal.

Como mi ánimo es sólo mostrar el nuevo orden de instituciones que suplantan a las que estamos copiando de la Europa, necesito acumular las principales, sin atender a las fechas. La ejecución que llamamos *fusilar* queda desde luego sustituida por la de *degollar.* Verdad es que se fusila en una mañana cuarenta y cuatro indios en una plaza de la ciudad, para dejar yertos a todos con estas matanzas, que aunque de salvajes, eran al fin hombres; pero, poco a poco se abandona y el *cuchillo* se hace el instrumento de la justicia.

¿De dónde ha tomado tan peregrinas ideas de Gobierno este hombre horriblemente extravagante? Yo voy a consignar algunos datos. Rosas desciende de una familia perseguida por *goda* durante la revolución de la Independencia. Su educación doméstica se resiente de la dureza y terquedad de las antiguas costumbres señoriales. Ya he dicho que su madre, de un carácter duro, tétrico, se ha hecho servir de rodillas hasta estos últimos años; el silencio lo ha rodeado durante su infancia y el espectáculo de la autoridad y de la servidumbre han debido dejarle impresiones duraderas. Algo de extravagante ha habido en el carácter de la madre y esto se ha reproducido en D. Juan Manuel y dos de sus hermanas. Apenas llegado a la pubertad, se hace insoportable a su familia, y su padre lo destierra a una estancia. Rosas con cortos intervalos ha residido en la campaña de Buenos Aires cerca de treinta años; y ya el año 24 era una autoridad que las sociedades industriales ganaderas consultaban, en materia de arreglos de estancias. Es el primer jinete de la República Argentina, y cuando digo de la República Argentina, sospecho que de toda la tierra; porque ni un equitador, ni un árabe, tiene que habérselas con el potro salvaje de la Pampa. Es un prodigio de actividad; sufre accesos nerviosos en que la vida predomina tanto que necesita saltar sobre un caballo, echarse a correr por la Pampa, lanzar gritos descompasados, rodar, hasta que al fin extenuado el caballo, sudando a mares, vuelve a las habitaciones, fresco ya y dispuesto para el trabajo. Napoleón y Lord Byron padecían de estos arrebatos, de estos furores causados por el exceso de la vida.

Rosas se distingue desde temprano en la campaña por las vastas empresas de leguas de siembras de trigo que acomete y lleva a cabo con suceso, y sobre todo por la administración severa, por la disciplina de hierro que introduce en sus estancias. Esta es su obra maestra, su tipo de Gobierno, que ensayará más tarde para la *ciudad* misma. Es preciso conocer al gaucho argentino y sus propensiones innatas, sus hábitos inveterados. Si andando en la Pampa le vais proponiendo darle una estancia con ganados que lo hagan rico propietario; si corre en busca de la médica de los alrededores para que salve a su madre, a su esposa querida que deja agonizando, y se atraviesa un avestruz por su paso, echará a correr detrás de él olvidando la fortuna que le ofrecéis, la esposa o la madre moribunda; y no es él sólo que está dominado de este instinto; el caballo mismo relincha, sacude la cabeza y tasca el freno de impaciencia por volar detrás del avestruz. Si a distancia de diez leguas de su habitación el gaucho echa de menos su cuchillo, se vuelve a tomarlo, aunque esté a una cuadra del lugar a donde iba; porque el cuchillo es para él lo que la respiración, la vida misma. Pues bien, Rosas ha conseguido que en sus estancias, que se unen con diversos nombres desde los *Cerrillos* hasta el arroyo Cachagualefú, anduviesen las avestruces en rebaños, y dejasen al fin de huir a la aproximación del gaucho, tan seguros y tranquilos pacen en las posesiones de Rosas; y esto mientras que han sido ya extinguidos en todas las adyacentes campañas. En cuanto al cuchillo, ninguno de sus peones lo cargó jamás, no obstante que la mayor parte de ellos eran asesinos perseguidos por la justicia. Una vez, él por olvido se ha puesto el puñal a la cintura, y el mayordomo se lo hace notar; Rosas se baja los calzones y manda que se le den los doscientos azotes que es la pena impuesta en su estancia al que lleva cuchillo. Habrá gentes que duden de este hecho, confesado y publicado por él mismo; pero es auténtico, como lo son las extravagancias y rarezas sangrientas que el mundo civilizado se ha negado obstinadamente a creer durante diez años. La autoridad ante todo: el respeto a lo mandado, aunque sea ridículo o absurdo; diez años estará en Buenos Aires y en toda la República haciendo azotar y degollar hasta que la cinta colorada sea una parte de la existencia del individuo, como el corazón mismo. Repetirá en presencia del mundo entero, sin contemporizar jamás, en cada comunicación oficial: ¡Mueran los asquerosos, salvajes, inmundos unitarios! hasta que el mundo entero se eduque y se habitúe a oír este grito sanguinario, sin escándalo, sin réplica, y ya hemos visto a un magistrado de Chile tributar su homenaje y aquiescencia a este hecho, que al fin a nadie interesa.

¿Dónde pues ha estudiado este hombre el plan de innovaciones que introduce en su *Gobierno,* en desprecio del sentido común, de la tradición, de la conciencia, y de la práctica inmemorial de los pueblos civilizados? Dios me perdone si me equivoco; pero esta idea me domina hace tiempo: en la ESTANCIA DE GANADOS, en que ha pasado toda su vida, y en la *Inquisición* en cuya tradición ha sido educado. Las fiestas de las parroquias son una imitación de la *hierra* del ganado, a que acuden todos los vecinos; la *cinta* colorada que clava a cada hombre, mujer o niño, es la *marca* con que el propietario reconoce su ganado; el degüello, a cuchillo, erigido en medio de ejecución pública, viene de la costumbre de *degollar* las reses que tiene todo hombre en la campaña; la prisión sucesiva de centenares de ciudadanos sin motivo conocido y por años enteros, es el rodeo con que se dociliza el ganado, encerrándolo diariamente en el corral; los azotes por las calles, la mazorca, las matanzas ordenadas son otros tantos medios de *domar* a la *ciudad,* dejarla al fin como el ganado más manso y ordenado que se conoce. Esta prolijidad y arreglo ha distinguido en su vida privada a D. Juan Manuel de Rosas, cuyas estancias eran citadas como el modelo de la disciplina de los peones, y la mansedumbre del ganado. Si esta explicación parece monstruosa y absurda, denme otra; muéstrenme la razón por qué coinciden de un modo tan espantoso su manejo de una estancia, sus prácticas y administración, con el Gobierno, prácticas y administración de Rosas: hasta su respeto de entonces por la propiedad es efecto de que ¡el gaucho Gobernador es *propietario*! Facundo respetaba más la propiedad que la vida. Rosas ha perseguido a los ladrones de ganado con igual obstinación que a los unitarios. Implacable se ha mostrado su Gobierno contra los cuereadores de la campaña y centenares han sido degollados. Esto es laudable sin duda; yo sólo explico el origen de la antipatía.

Pero hay otra parte de la sociedad que es preciso moralizar, y enseñar a obedecer, a entusiasmarse cuando *deba* entusiasmarse, a aplaudir, cuando *deba* aplaudir, a callar cuando *deba* callar. Con la posesión de la *Suma del Poder Público,* la Sala de Representantes queda inútil, puesto que la ley emana directamente de la *persona* del jefe de la República. Sin embargo, conserva la forma, y durante quince años son reelectos unos treinta individuos que están al corriente de los negocios. Pero la tradición tiene asignado otro papel a la Sala; allí Alcorta, Guido y otros han hecho oír en tiempo de Balcarce y Viamonte acentos de libertad, y reproches al instigador de los desórdenes; necesita pues quebrantar esta tradición, y dar una lección severa para el porvenir. El Dr. don Vicente Maza, presidente de la Sala y de la Cámara de Justicia, consejero de Rosas, y el qué más ha contribuido a elevarlo, ve un día que su retrato ha sido quitado de la sala del Tribunal, por un destacamento de la Mazorca; en la noche rompen los vidrios de las ventanas de su casa donde ha ido a asilarse; al día siguiente escribe a Rosas, en otro tiempo su protegido, su ahijado político, mostrándole la extrañeza de aquellos procedimientos, y su inocencia de todo crimen. A la noche del tercer día se dirige a la Sala, y estaba dictando al escribiente su renuncia, cuando el cuchillo que corta su garganta interrumpe el dictado. Los representantes empiezan a llegar; la alfombra está cubierta de sangr; el cadáver del Presidente yace tendido aún. El señor Irigoyen propone que al día siguiente se reúna el mayor número posible de rodados para acompañar debidamente al cementerio a la ilustre víctima. D. Baldomero García dice: "Me parece bien, pero... no muchos coches... ¿para qué?" Entra el general Guido, y le comunica la idea, a que contesta, clavándoles unos ojos tamaños y mirándolos de hito en hito: "¿Coches? ¿acompañamiento?... Que traigan el carro de la policía y se lo lleven ahora mismo." "Eso decía yo, continuaba García, ¡para qué coches!" La *Gaceta* del día siguiente anunció que los impíos unitarios habían asesinado a Maza. Un Gobernador del interior decía aterrado al saber esta catástrofe: "¡Es imposible que sea Rosas el que lo ha hecho matar!" A lo que su secretario añadió: "Y si él lo ha hecho, razón ha de haber tenido", en lo que convinieron todos los circunstantes.

Efectivamente, razón tenía. Su hijo el Coronel Maza tenía tramada una conspiración en que entraba todo el ejército, y después Rosas decía que había muerto al anciano padre, por no darle el pesar de ver morir a su querido hijo.

Pero aún me falta entrar en el vasto campo de la política general de Rosas con respecto a la República entera. Tiene ya *su Gobierno*; Facundo ha muerto dejando ocho provincias huérfanas, unitarizadas bajo su influencia. La República marcha visiblemente a la unidad de gobierno, a que su superficie llana, su puerto único la condena. Se ha dicho que es federal, llámasele Confederación Argentina, pero todo va encaminándose a la unidad más absoluta; desde 1831 viene fundiéndose desde el interior en formas, prácticas e influencias. No bien se recibe Rosas del Gobierno en 1835, cuando declara por una proclamación que los IMPIOS UNITARIOS han asesinado alevosamente al ilustre general Quiroga, y que él se propone castigar atentado tan espantoso, que ha privado a la Federación de su columna más poderosa. ¡Qué!... decían abriendo un palmo de boca los pobres unitarios al leer la proclama. ¡Qué!... ¿los Reinafés son unitarios? ¿No son hechura de López, no entraron en Córdoba persiguiendo el ejército de Paz, no están en activa y amigable correspondencia con Rosas? ¿No salió de Buenos Aires Quiroga por solicitud de Rosas? ¿No iba un chasque delante de él, que anunciaba a los Reinafés su próxima llegada? ¿No tenían los Reinafés preparada de antemano la partida que debía asesinarlo?... Nada; los impíos unitarios han sido los asesinos; ¡y desgraciado el que dude de ello!... Rosas manda a Córdoba a pedir los preciosos restos de Quiroga, la galera en que fue muerto, y se le hacen en Buenos Aires las exequias más suntuosas que hasta entonces se habían visto; se manda cargar luto a la *ciudad entera*. Al mismo tiempo dirige una circular a todos los Gobiernos en la que les pide que lo nombren a *él*, juez árbitro, para seguir la causa y juzgar a los impíos unitarios que han asesinado a Quiroga; les indica la forma en que han de autorizarlo, y por cartas particulares les encarece la importancia de la medida, los halaga, seduce y ruega. La autorización es unánime, y los Reinafés son depuestos, y presos todos los que han tenido parte, noticia, o atingencia con el crimen, y conducidos a Buenos Aires: un Reinafé se escapa y es alcanzado en el territorio de Bolivia; otro pasa el Paraná y más tarde cae en manos de Rosas, después de haber escapado en Montevideo, de ser robado por un capitán de buque. Rosas y el Dr. Maza siguen la causa de noche, a puertas cerradas. El doctor Gamboa que se toma alguna libertad en la defensa de un reo subalterno, es declarado impío unitario por un decreto de Rosas. En fin, son ajusticiados todos los criminales que se han aprehendido, y un voluminoso extracto de la causa ve la luz pública. Dos años después había muerto López en Santa Fe de enfermedad natural, si bien el médico mandado por Rosas a asistirlo, recibió más tarde una casa de la Municipalidad por recompensa de sus servicios al Gobierno. Cullen, el secretario de López en la época de la muerte de Quiroga, y que a la de López queda de Gobernador de Santa Fe por disposición testamentaria del finado, es depuesto por Rosas, y sacado al fin de Santiago del Estero donde se ha asilado, y a cuyo Gobernador manda Rosas una talega de onzas o la declaración de guerra, si el amigo no entrega a su amigo. El Gobernador prefiere las onzas, Cullen es entregado a Rosas, y al pisar la frontera de Buenos Aires encuenta una partida y un oficial que le hace desmontarse del caballo y lo fusila. La *Gaceta* de Buenos Aires publicaba después una carta de Cullen a Rosas en que había indicios claros de la complicación del Gobierno de Santa Fe en el asesinato de Quiroga, y como el finado López, decía la *Gaceta,* tenía plena confianza en su secretario, ignoraba el atroz crimen que éste estaba preparando. Nadie podía replicar entonces que si López lo ignoraba, Rosas no, porque a él era dirigida la carta. Ultimamente, el Dr. D. Vicente Maza, el secretario de Rosas y procesador de los reos, murió también degollado en la Sala de sesiones; de manera que Quiroga, sus asesinos, los jueces de los asesinos y los instigadores del crimen, todos tuvieron en dos años la mordaza que la tumba pone a las revelaciones indiscretas. Id ahora a preguntar quién mandó matar a Quiroga, ¿López? No se sabe. Un mayor Muslera de Auxiliares decía una vez en presencia de muchas personas, en Montevideo: "Hasta ahora he podido descubrir por qué me ha tenido preso e incomunicado el general Rosas durante dos años y cinco meses. La noche anterior a mi prisión estuve en su casa. Su hermana y yo estábamos en un sofá, mientras que él se paseaba a lo largo de la sala con muestras visibles de descontento. ¿A que no adivina, me dijo la señora, por qué está así Juan Manuel? Es porque me está viendo este ramito *verde* que tengo en las manos. Ahora verá, añadió tirándolo al suelo. Efectivamente, D. Juan Manuel se detuvo a poco andar, se acercó a nosotros y me dijo en tono familiar, ¿y qué se dice en San Luis de la muerte de Quiroga? —Dicen, señor, que S. E. es quien lo ha hecho matar. —¿Sí? —Así se corre... Continuó paseándose, me despedí después, y al día siguiente fui preso, y he permanecido hasta el día que llegó la noticia de la victoria de Yungay, en que con doscientos más fui puesto en libertad."

El mayor Muslera murió también combatiendo contra Rosas, lo que no ha estorbado que se continúe hasta el día de hoy diciendo lo mismo que había oído aquél.

Pero el vulgo no ha visto en la muerte de Quiroga y el enjuiciamiento de sus asesinos más que un crimen horrible: la historia verá otra cosa: en lo primero la fusión de la República en una unidad compacta, y en el enjuiciamiento de los Reinafés, Gobernadores de una provincia, el *hecho* que constituye a Rosas jefe del Gobierno unitario absoluto, que desde aquel día y por aquel acto se constituye en la República Argentina. Rosas investido del poder de juzgar a otro Gobernador, establece en las conciencias de los demás la idea de la autoridad suprema de que está investido. Juzga a los Reinafés por un crimen averiguado; pero en seguida manda fusilar sin juicio previo a Rodríguez, gobernador de Córdoba que sucedió a los Reinafés por no haber obedecido a todas sus instrucciones; fusila en seguida a Cullen, Gobernador de Santa Fe, por razones que él solo conoce, y últimamente expide un decreto por el cual declara que ningún Gobierno de las demás provincias será reconocido válido mientras no obtenga su *exequatur.* Si aún se duda que ha asumido el mando supremo, y que los demás Gobernadores son simples Bajaes, a quienes puede mandar el cordón morado cada vez que no cumplan con sus órdenes, expedirá otro en el que deroga todas las leyes existentes de la República desde el año 1810 en adelante, aunque hayan sido dictadas por los Congresos Generales, o cualquiera otra autoridad competente; declarando además írrito y de ningún valor todo lo que a consecuencia y en cumplimiento de esas leyes se hubiese obrado hasta entonces. Yo pregunto ¿qué legislador, qué Moisés o Licurgo llevó más adelante el intento de refundir una sociedad bajo un plan nuevo? La revolución de 1810 queda por este decreto derogada: ley ni arreglo ninguno queda vigente: el campo para las innovaciones limpio como la palma de la mano, y la República entera sometida sin dar una batalla siquiera y sin consultar a los caudillos. La *Suma del Poder Público* de que se había investido para Buenos Aires sólo, la extiende a toda la República, porque no sólo no se dice que es el sistema unitario el que se ha establecido, del que la persona de Rosas es el centro, sino que con mayor tesón que nunca se grita: ¡Viva la federación; mueran los unitarios! El epíteto unitario deja de ser el distintivo de un partido, y pasa a expresar todo lo que es execrado: los asesinos de Quiroga son *unitarios;* Rodríguez es *unitario;* Cullen *unitario;* Santa Cruz que trata de establecer la Confederación Perú boliviana, *unitario.* Es admirable la paciencia que ha mostrado Rosas en fijar el sentido de ciertas palabras y el tesón de repetirlas. En diez años se habrá visto escrito en la República Argentina treinta millones de veces: ¡Viva la Confederación! ¡Viva el ilustre *Restaurador* ! ¡Mueran los salvajes unitarios! y nunca el cristianismo ni el mahometismo multiplicaron tanto sus símbolos respectivos, la cruz y el creciente, para estereotipar la creencia moral en exterioridades materiales y tangibles. Todavía era preciso afinar aquel dicterio de *unitario;* fue primero lisa y llanamente *unitarios;* más tarde, los *impíos* unitarios, favoreciendo con eso las preocupaciones del partido ultra–católico que secundó su elevación. Cuando se emancipó de ese pobre partido y el cuchillo alcanzó también a la garganta de curas y canónigos, fue preciso abandonar la denominación de impíos: la casualidad suministró una coyuntura. Los diarios de Montevideo empezaron a llamar *salvaje* a Rosas; un día, la *Gaceta* de Buenos Aires apareció con esta agregación al tema ordinario: mueran los *salvajes* unitarios; repitiólo la Mazorca, repitiéronlo todas las comunicaciones oficiales, repitiéronlo los Gobernadores del interior y quedó consumada la adopción. "Repita usted la palabra *salvaje,* escribía Rosas a López, hasta la saciedad, hasta aburrir, hasta cansar. Yo sé lo que le digo, amigo." Más tarde se le agregó *inmundos;* más tarde *asquerosos;* más tarde en fin D. Baldomero García decía en una comunicación al Gobierno de Chile, que sirvió de cabeza de proceso a Bedoya, que era aquel emblema y aquel letrero una señal de conciliación, y de paz porque todo el sistema se reduce a burlarse del sentido común. La unidad de la República se realiza a fuerza de negarla; y desde que todos dicen federación, claro está que hay unidad. Rosas se llama encargado de las relaciones exteriores de la República, y sólo cuando la fusión está consumada y ha pasado a tradición, a los diez años después D. Baldomero García en Chile cambia aquel título por el de Director Supremo de los asuntos de la República.

He aquí pues la República unitarizada, sometida toda ella al arbitrio de Rosas; la antigua cuestión de los partidos de ciudad desnaturalizada; cambiado el sentido de las palabras, e introducido el régimen de la estancia de ganados en la administración de la República más guerrera, más entusiasta por la libertad y que más sacrificios hizo para conseguirla. La muerte de López le entregaba a Santa Fe; la de los Reinafés a Córdoba; la de Facundo las ocho provincias de la falda de los Andes. Para tomar posesión de todas ellas bastáronle algunos obsequios personales, algunas cartas amistosas y algunas erogaciones del erario. Los Auxiliares acantonados en San Luis recibieron un magnífico vestuario, y sus sueldos empezaron a pagarse de las cajas de Buenos Aires. El Padre Aldao, a más de una suma de dinero, empezó a recibir su sueldo de general de manos de Rosas; y el general Heredia de Tucumán, que con motivo de la muerte de Quiroga, escribía a un amigo suyo: "¡Ay, amigo! ¡No sabe lo que ha perdido la República con la muerte de Quiroga! ¡Qué porvenir, qué pensamiento tan grande de hombre; quería constituir la República y llamar a todos los emigrados para que contribuyesen con sus luces y saber a esta grande obra!". El general Heredia recibió un armamento y dinero para preparar la guerra contra el *impío unitario* Santa Cruz, y se olvidó bien pronto del cuadro grandioso que Facundo había desenvuelto a su vista en las conferencias que con él tuvo antes de su muerte.

Una medida administrativa que influía sobre toda la nación, vino a servir de ensayo y manifestación de esta fusión unitaria y dependencia absoluta de Rosas. Rivadavia había establecido correos que de ocho en ocho días llevaban y traían la correspondencia de las provincias a Buenos Aires, y uno, mensual a Chile y Bolivia que daban el nombre a las dos líneas generales de comunicación establecidas en la República. Los Gobiernos civilizados del mundo ponen hoy toda solicitud en aumentar a costa de gastos inmensos los correos, no sólo de ciudad a ciudad, día por día y hora por hora, sino en el seno mismo de las grandes ciudades, estableciendo estafetas de barrio, y entre todos los puntos de la tierra por medio de las líneas de vapores que atraviesan el Atlántico, o costean el Mediterráneo; porque la riqueza de los pueblos, la seguridad de las especulaciones de comercio, todo depende de la facilidad de adquirir noticias. En Chile vemos todos los días, o los reclamos de los pueblos para que se aumenten los correos, o bien la solicitud del Gobierno para multiplicarlos por mar o por tierra. En medio de este movimiento general del mundo para acelerar las comunicaciones de los pueblos, D. Juan Manuel Rosas, para mejor gobernar sus provincias, suprime los correos, que no existen en toda la República hace catorce años. En su lugar establece chasques de Gobierno que despacha él, cuando hay una orden o una noticia que comunicar a sus subalternos. Esta medida horrible y ruinosa ha producido sin embargo para su sistema las consecuencias más útiles. La expectación, la duda, la incertidumbre se mantienen en el interior; los Gobernadores mismos se pasan tres y cuatro meses sin recibir un despacho, sin saber sino de oídas lo que en Buenos Aires ocurre. Cuando un conflicto ha pasado, cuando una ventaja se ha obtenido, entonces parten los chasques al interior conduciendo cargas de *Gacetas,* partes y boletines, con una carta al amigo, al compañero y Gobernador, anunciándole que los salvajes unitarios han sido derrotados; que la Divina Providencia vela por la conservación de la República.

Ha sucedido en 1843, que en Buenos Aires las harinas tenían un precio exorbitante y las provincias del interior lo ignoraban; algunos que tuvieron noticias privadas de sus corresponsales, mandaron cargamentos que les dejaron pingües utilidades. Entonces las provincias de San Juan y Mendoza en masa se movieron a especular sobre las harinas. Millares de cargas atraviesan la Pampa, llegan a Buenos Aires y encuentran... que hacía dos meses que habían bajado de precio, hasta no costear ni los fletes. Más tarde se corre en San Juan que las harinas han tomado valor en Buenos Aires, los cosecheros suben el precio; suben las propuestas; se compra el trigo por cantidades exorbitantes, se acumula en varias manos; hasta que al fin una árrea que llega descubre que no ha habido alteración ninguna en la plaza, que ella deja su carga de harina porque no hay ni compradores. ¡Imaginaos, si podéis, pueblos colocados a inmensas distancias ser gobernados de este modo!

Todavía en estos últimos años las consecuencias de sus tropelías le han servido para consumar su obra unitaria. El Gobierno de Chile, despreciado en sus reclamaciones sobre males inferidos a sus súbditos, creyó oportuno cortar las relaciones comerciales con las provincias de Cuyo. Rosas aplaudió la medida y se calló la boca. Chile le proporcionaba lo que él no se había atrevido a intentar, que era cerrar todas las vías de comercio que no dependiesen de Buenos Aires. Mendoza y San Juan, La Rioja y Tucumán, que proveían de ganados, harina, jabón y otros ramos valiosos a las provincias del norte de Chile han abandonado este tráfico. Un enviado ha venido a Chile, que esperó seis meses en Mendoza, hasta que se cerrase la cordillera, y que hasta aquí hace tres que no ha hablado una palabra hasta ahora de abrir el comercio.

Organizada la República bajo un plan de combinaciones tan fecundas en resultados, contrájose Rosas a la organización de su poder en Buenos Aires, echándole bases duraderas. La campaña lo había empujado sobre la ciudad; pero abandonando él la estancia por el Fuerte, necesitando moralizar esa misma campaña como propietario, y borrar el camino por donde otros comandantes de campaña podían seguir sus huellas, se consagró a levantar un ejército, que se engrosaba de día en día, y que debía servir a contener la República en la obediencia y a llevar el estandarte de la santa causa a todos los pueblos vecinos.

No era sólo el ejército la fuerza que había sustituido a la adhesión de la campaña y a la opinión pública de la *ciudad*. Dos pueblos distintos de razas diversas vinieron en su apoyo. Existe en Buenos Aires una multitud de negros, de los millares quitados por los corsarios durante la guerra del Brasil. Forman asociaciones según los pueblos africanos a que pertenecen, tienen reuniones públicas, caja municipal, y un fuerte espíritu de cuerpo que los sostiene en medio de los blancos. Los africanos son conocidos por todos los viajeros como una raza guerrera, llena de imaginación y de fuego, y aunque feroces cuando están excitados, dóciles, fieles y adictos al amo o al que los ocupa. Los europeos que penetran en el interior del Africa toman negros a su servicio, que los defienden de los otros negros, y se exponen por ellos a los mayores peligros.

Rosas se formó una opinión pública, un pueblo adicto en la población negra de Buenos Aires, y confió a su hija Doña Manuelita, esta parte de su gobierno. La influencia de las negras para con ella, su favor para con el Gobierno han sido siempre sin límites. Un joven sanjuanino estaba en Buenos Aires cuando Lavalle se acercaba en 1840; había pena de la vida para el que saliese del recinto de la ciudad. Una negra vieja que en otro tiempo había pertenecido a su familia y había sido vendida en Buenos Aires lo reconoce; sabe que está detenido. "Amito, le dice, ¿cómo no me había avisado?; en el momento voy a conseguirle pasaporte." "¿Tú?" "Yo, amito, la señorita Manuelita no me lo negará." Un cuarto de hora después la negra volvía con el pasaporte firmado por Rosas con orden a las partidas de dejarlo salir libremente.

Los negros ganados así para el Gobierno, ponían en manos de Rosas un celoso espionaje en el seno de cada familia, por los sirvientes y esclavos, proporcionándole además excelentes e incorruptibles soldados de otro idioma y de una raza salvaje. Cuando Lavalle se acercó a Buenos Aires, el Fuerte y Santos Lugares estaban llenos, a falta de soldados, de negras entusiastas vestidas de hombres para engrosar las fuerzas. La adhesión de los negros dio al poder de Rosas una base indestructible. Felizmente las continuas guerras han exterminado ya la parte masculina de esta población, que encontraba su patria y su manera de gobernar en el amo a quien servía. Para intimidar la campaña, atrajo a los fuertes del Sud algunas tribus salvajes cuyos caciques estaban a sus órdenes.

Asegurados estos puntos principales, el tiempo irá consolidando la obra de organización unitaria que el crimen había iniciado, y sostenían la decepción y la astucia. La República así reconstruida, sofocado el federalismo de las provincias, y por persuasión, conveniencia o temor, obedeciendo todos sus gobiernos a la impulsión que se les da desde Buenos Aires, Rosas necesita salir de los límites de su Estado para ostentar afuera, para exhibir a la luz pública la obra de su ingenio. ¿De qué le había servido absorberse las provincias, si al fin había de permanecer como el Dr. Francia, sin brillo en el exterior, sin contacto ni influencia sobre los pueblos vecinos? La fuerte unidad dada a la República sólo es la base firme que necesita para lanzarse y producirse en un teatro más elevado, porque Rosas tiene conciencia de su valer y espera una nombradía imperecedera.

Invitado por el Gobierno de Chile, toma parte en la guerra que este Estado hace a Santa Cruz. ¿Qué motivos le hacen abrazar con tanto ardor una guerra lejana y sin antecedente para él? Una idea fija que lo domina desde mucho antes de ejercer el Gobierno Supremo de la República, a saber: la reconstrucción del antiguo virreinato de Buenos Aires. No es que por entonces conciba apoderarse de Bolivia, sino que habiendo cuestiones pendientes sobre límites, reclama la provincia de Tarija: lo demás lo darán el tiempo y las circunstancias. A la otra orilla del Plata también hay una desmembración del virreinato, la República Oriental. Allí Rosas halla medios de establecer su influencia con el gobierno de Oribe, y si no obtiene que no lo ataque, la prensa consigue al menos que el pacífico Rivadavia, los Agüero, Varelas y otros unitarios de nota sean expulsados del territorio Oriental. Desde entonces la influencia de Rosas se encarna más y más en aquella República, hasta que al fin el exPresidente Oribe se constituye en general de Rosas, y los emigrados argentinos se confunden con los nacionales en la resistencia que oponen a esta conquista disfrazada con nombres especiosos. Más tarde y cuando el Dr. Francia muere, Rosas se niega a reconocer la independencia del Paraguay, siempre preocupado de su idea favorita: la reconstrucción del antiguo virreinato.

Pero todas estas manifestaciones de la Confederación Argentina no bastan a mostrarlo en toda su luz; necesítase un campo más vasto, antagonistas más poderosos, cuestiones de más brillo, una potencia europea en fin con quien habérselas y mostrarle lo que es un Gobierno americano original; y la fortuna no se esquiva, esta vez, para ofrecérsela.

La Francia mantenía en Buenos Aires, en calidad de agente consular, un joven de corazón y capaz de simpatías ardientes por la civilización y la libertad. M. Roger está relacionado con la juventud literata de Buenos Aires, y mira con la indignación de un corazón joven y francés, los actos de inmoralidad, la subversión de todo principio de justicia, y la esclavitud de un pueblo que estima altamente. Yo no quiero entrar en la apreciación de los motivos ostensibles que motivaron el bloqueo de Francia, sino en las causas que venían preparando una coalición entre Rosas y los agentes de los poderes europeos. Los franceses sobre todo se habían distinguido ya desde 1828 por su decisión entusiasta por la causa que sostenían los antiguos unitarios. M. Guizot ha dicho en pleno Parlamento que sus conciudadanos son muy entrometidos: yo no pondré en duda autoridad tan competente; lo único que aseguraré es, que entre nosotros, los franceses residentes se mostraron siempre franceses, europeos y hombres de corazón: si después en Montevideo se han mostrado lo que en 1828, eso probará que en todos tiempos son entrometidos, o bien que hay algo en las cuestiones políticas del Plata que les toca muy de cerca. Sin embargo, yo no comprendo cómo concibe M. Guizot que en un país cristiano, en que los franceses residentes tienen sus hijos y su fortuna, y esperan hacer de él su patria definitiva, han de mirar con indiferencia el que se levante y afiance un sistema de Gobierno que destruye todas las garantías de las sociedades civilizadas, y abjura todas las tradiciones, doctrinas y principios que ligan aquel país a la gran familia europea. Si la escena fuese en Turquía o en Persia, comprendo muy bien que serían entrometidos por demás los extranjeros que se mezclasen en las querellas de los habitantes: entre nosotros, y cuando las cuestiones son de la clase de las que allí se ventilan, hallo muy difícil creer que el mismo M. Guizot conservase cachaza[170] suficiente para no desear siquiera el triunfo de aquella causa, que más de acuerdo está con su educación, hábitos e ideas europeas. Sea de ello lo que fuere, lo cierto es que los europeos de cualquier nación que sean han abrazado con calor un partido, y para que esto suceda, causas sociales muy profundas deben militar para vencer el egoísmo natural al hombre extranjero; más indiferentes se han mostrado siempre los americanos mismos. La *Gaceta* de Rosas se queja hasta hoy de la hostilidad puramente personal de Purvis[171] y otros agentes europeos que favorecen a los enemigos de Rosas aun contra las órdenes expresas de sus gobiernos. Estas antipatías personales de europeos civilizados, más que la muerte de Bacle[172], prepararon el bloqueo. El joven Roger [173] quiso poner el peso de la Francia en la balanza en que no alcanzaba a pesar bastante el partido europeo civilizado que destruía Rosas, y M. Martigny[174] tan apasionado como él, lo secundó en aquella obra más digna de esa Francia ideal que nos ha hecho amar la literatura francesa que de la verdadera Francia, que anda arrastrándose hoy día tras de todas las cuestiones de hechos mezquinos y sin elevación de ideas.

Una desavenencia con la Francia era para Rosas el bello ideal de su Gobierno, y no sería dado saber quién agriaba más la discusión, si M. Roger con sus reclamos y su deseo de hacer caer aquel tirano bárbaro, o Rosas animado de su ojeriza contra los extranjeros y sus instituciones, trajes, costumbres e ideas de gobierno. "Este bloqueo, decía Rosas frotándose las manos de contento y entusiasmo, va a llevar mi nombre por todo el mundo, y la América me mirará como el Defensor de su independencia." Sus anticipaciones han ido más allá de

---

170 *Cachaza*: paciencia para hacer un trabajo. Lentitud premeditada en una tarea

171 *Purvis*: John Brett (1787–1857) alto oficial naval británico a cargo de la estación naval de su país en Montevideo, quien presionó hasta neutralizar los efectos del primer bloqueo argentino, forzando a Brown a desalojar sus posiciones

172 *Bacle*: César Hipólito (1794-1838) Litógrafo francés llegado al Río de la Plata en 1828 donde instaló un importante establecimiento litográfico. También abrió con su esposa, en 1831, el Colegio de Señoritas que antes había dirigido Madame Curel, bajo el nombre de "Ateneo Argentino" al que concurrieron las hijas de las mejores familias de Buenos Aires. Cuando Rosas dictó el decreto de 1832, por el que se obligaba a los editores o administradores de periódicos de origen extranjero a renunciar a su nacionalidad o a hacerse argentinos, Bacle pidió al gobierno que lo relevara de esa obligación, pero la respuesta fue negativa. Detenido por Rosas a causa de presuntas vinculaciones con Rivadavia en su defensa intervino el cónsul de Francia. Tras seis meses, y cuando el preso casi había perdido la razón, se lo dejó en libertad sin explicación alguna. Su prisión y posterior muerte fue una de las causas que motivaron la intervención anglo-francesa en el Río de la Plata.

173 *Roger*: Aimé, vicecónsul francés en Buenos Aires

174 *Martigny*: Henri Buchet de, cónsul francés en Montevideo

lo que él podía prometerse, y sin duda que Mehemet Alí ni Abdel Kader gozan hoy en la tierra de una nombradía más sonada que la suya. En cuanto a Defensor de la Independencia Americana, título que él se ha arrogado, los hombres ilustrados de América empiezan hoy a disputárselo, y acaso los hechos vengan tristemente a mostrar que sólo Rosas podía echar a la Europa sobre la América, y forzarla a intervenir en las cuestiones que de este lado del Atlántico se agitan. La triple intervención que se anuncia es la primera que ha tenido lugar en los nuevos Estados americanos.

El bloqueo francés fue la vía pública por la cual llegó a manifestarse sin embozo el sentimiento llamado propiamente AMERICANISMO. Todo lo que de bárbaros tenemos, todo lo que nos separa de la Europa culta, se mostró desde entonces en la República Argentina organizado en sistema y dispuesto a formar de nosotros una entidad aparte de los pueblos de procedencia europea. A la par de la destrucción de todas las instituciones que nos esforzamos por todas partes en copiar a la Europa, iba la persecución al fraque, a la moda, a las patillas, a los peales del calzón, a la forma del cuello del chaleco y al peinado que traía el figurín: y a estas exterioridades europeas se sustituía el pantalón ancho y suelto, el chaleco colorado, la chaqueta corta, el poncho, como trajes nacionales, eminentemente americanos, y este mismo D. Baldomero García que hoy nos trae a Chile el "Mueran los salvajes asquerosos inmundos unitarios", como "signo de conciliación y de paz", fue botado a empujones del Fuerte un día en que como magistrado acudía a un besamanos, por tener el salvajismo asqueroso e inmundo de presentarse con frac.

Desde entonces, la *Gaceta* cultiva, ensancha, agita y desenvuelve en el ánimo de sus lectores el odio a los europeos, el desprecio de los cuerpos que quieren conquistarnos. A los franceses los llama titiriteros, tiñosos; a Luis Felipe guarda chanchos, unitario, y a la política europea, bárbara, asquerosa, brutal, sanguinaria, cruel, inhumana. El bloqueo principia y Rosas escoge medios de resistirlo dignos de una guerra entre él y la Francia. Quita a los catedráticos de la universidad sus rentas, a las escuelas primarias de hombres y de mujeres las dotaciones cuantiosas que Rivadavia les había asignado; cierra todos los establecimientos filantrópicos: los locos son arrojados a las calles, y los vecinos se encargan de encerrar en sus casas a aquellos peligrosos desgraciados. ¿No hay una exquisita penetración en estas medidas? ¿No se hace la verdadera guerra a la Francia, que en luces está a la cabeza de la Europa, atacándola en la educación pública? El Mensaje de Rosas anuncia todos los años que el celo de los ciudadanos mantiene los establecimientos públicos. ¡Bárbaro! ¡Es la *ciudad* que trata de salvarse de no ser convertida en Pampa, si abandona la educación que la liga al mundo civilizado! Efectivamente, el Dr. Alcorta y otros jóvenes dan lecciones gratis en la Universidad durante muchos años, a fin de que no se cierren los cursos; los maestros de escuela continúan enseñando y piden a los padres de familia una limosna para vivir, porque quieren continuar dando lecciones. La Sociedad de Beneficencia recorre secretamente las casas en busca de suscripciones, improvisa recursos para mantener a las heroicas maestras que con tal que no se mueran de hambre, han jurado no cerrar sus escuelas; y el 25 de mayo presentan sus millares de alumnos todos los años, vestidos de blanco, a mostrar su aprovechamiento en los exámenes públicos... ¡Ah! ¡Corazones de piedra! ¡Nos preguntaréis todavía por qué combatimos!

Diera con lo que precede por terminada la vida de Facundo Quiroga y las consecuencias que de ella se han derivado en los hechos históricos y en la política de la República Argentina, si por conclusión de estos apuntes aún no me quedara por apreciar las consecuencias morales que ha traído la lucha de las campañas pastoras con las ciudades, y los resultados ya favorables, ya adversos, que ha dado para el porvenir de la República.

Capítulo XV

Presente y porvenir

Après avoir été conquérant, après s'être déployé tout entier, il s'épuise, il a fait son temps, il est conquis lui–même; ce jour–là il quitte la scène du monde, parce qu'alors il est devenu inutile à l'humanité.

Cousin

Después de haber sido conquistador, de haberse desplegado por entero, se agota, termina su época y queda él mismo conquistado; ese día deja la escena del mundo, porque entonces se ha vuelto inútil para la humanidad.

El bloqueo de la Francia duraba dos años había, y el Gobierno *americano* animado del espíritu *americano*, hacía frente a la Francia, al principio europeo, a las pretensiones europeas. El bloqueo francés, empero, había sido fecundo en resultados sociales para la República Argentina, y servía a manifestar en toda su desnudez la situación de los espíritus y los nuevos elementos de lucha que debían encender la guerra encarnizada que sólo puede terminar con la caída de aquel Gobierno monstruoso. El Gobierno personal de Rosas continuaba sus estragos en Buenos Aires, su fusión unitaria en el interior, al paso que en el exterior se presentaba haciendo frente gloriosamente a las pretensiones de una potencia europea, y reivindicando el poder americano contra toda tentativa de invasión. Rosas ha probado, se decía por toda la América y aún se dice hoy, que la Europa es demasiado débil para conquistar un Estado americano que quiere sostener sus derechos. Sin negar esta verdad incuestionable, yo creo que lo que Rosas puso de manifiesto es la supina ignorancia en que viven en Europa, sobre los intereses europeos en América y los verdaderos medios de hacerlos prosperar, sin menoscabo de la independencia americana. A Rosas además debe la República Argentina en estos últimos años haber llenado de su nombre, de sus luchas y de la discusión de sus intereses el mundo civilizado, y puéstola en contacto más inmediato con la Europa, forzando a sus sabios y a sus políticos contraerse a estudiar este mundo trasatlántico, que tan importante papel está llamado a figurar en el mundo futuro. Yo no digo que hoy estén mucho más avanzados en conocimientos, sino que ya están en vías de experimento, y que al fin la verdad ha de ser conocida. Mirado el bloqueo francés bajo su aspecto material, es un hecho oscuro que a ningún resultado histórico conduce; Rosas cede de sus pretensiones, la Francia deja pudrirse sus buques en las aguas del Plata; he aquí toda la historia del bloqueo.

La aplicación del nuevo sistema de Rosas había traído un resultado singular; a saber: que la población de Buenos Aires se había fugado y reunídose en Montevideo. Quedaban es verdad en la orilla izquierda del Plata las mujeres, los hombres materiales, "*aquellos que pacen su pan bajo la férula de cualquier tirano*"; los hombres en fin para quienes el interés de la libertad, la civilización y la dignidad de la patria es posterior al de comer y dormir; pero toda aquella escasa porción de nuestras sociedades y de todas las sociedades humanas, para la cual entra por algo en los negocios de la vida el vivir bajo un gobierno racional y preparar sus destinos futuros, se hallaba reunida en Montevideo, adonde por otra parte con el bloqueo y la falta de seguridad individual, se había trasladado el comercio de Buenos Aires y las principales casas extranjeras.

Hallábanse pues en Montevideo los antiguos unitarios con todo el personal de la administración de Rivadavia, sus mantenedores, dieciocho generales de la República, sus escritores, los ex–congresales, etc.: estaban ahí además los federales de la *ciudad,* emigrados de 1833 adelante; es decir, todas las notabilidades hostiles a la Constitución de 1826, expulsados por Rosas con el apodo de *lomos negros.* Venían después los fautores de Rosas, que no habían podido ver sin horror la obra de sus manos, o que sintiendo aproximarse a ellos el cuchillo exterminador, habían como Tallien[175] y los termidorianos [176], intentado salvar sus vidas y la patria, destruyendo lo mismo que ellos habían creado. Ultimamente había llegado a reunirse en Montevideo un cuarto elemento que no era ni unitario, ni federal, ni exrosista, y que ninguna afinidad tenía con aquéllos, compuesto de la nueva generación que había llegado a la virilidad en medio de la destrucción del orden antiguo y la planteación del nuevo. Como Rosas ha tenido buen cuidado y tanto tesón de hacer creer al mundo que sus enemigos son hoy los unitarios del año 26, creo oportuno entrar en algunos detalles sobre esta última faz de las ideas que han agitado la República.

La numerosa juventud que el Colegio de Ciencias Morales fundado por Rivadavia había reunido de todas las provincias, la que la Universidad, el Seminario y los muchos establecimientos de educación que pululaban en aque-

---

175 *Tallien*: Jean Lambert (1767-1820) revolucionario francés impresor del periódico Jacobino, Ami des citoyens. Nombrado secretario de la Comuna de Paris persiguió con saña a los contrarrevolucionarios hasta que se enamoró de Theresa Cabarrus, divorciada del marqués de Fontenay. Denunciado por Robespierre contraatacó liderando el golpe del 9 Thermidor

176 *Termidorianos*: participantes del golpe del 9 Thermidor (mes 11 del calendario revolucionario francés que computaba desde el 22 de 1792, primer equinoccio de otoño posterior a la proclamación de la República, 27 de Julio de 1794). Básicamente contra Robespierre el golpe significó el fin del Terror y el acceso al poder de miembros de la burguesía y nuevos enriquecidos con la especulación y la inflación. Desembocó en el establecimiento del Directorio en 1795

lla ciudad que tuvo un día el candor de llamarse la Atenas americana, habían preparado para la vida pública, se encontraba sin foro, sin prensa, sin tribuna, sin esa vida pública, sin teatro en fin en que ensayar las fuerzas de una inteligencia juvenil y llena de actividad. Por otra parte, el contacto inmediato que con la Europa habían establecido la revolución de la Independencia, el comercio y la administración de Rivadavia tan eminentemente europea, había echado a la juventud argentina en el estudio del movimiento político y literario de la Europa y de la Francia sobre todo. El romanticismo, el eclecticismo, el socialismo, todos aquellos diversos sistemas de ideas tenían acalorados adeptos, y el estudio de las teorías sociales se hacía a la sombra del despotismo más hostil a todo desenvolvimiento de ideas. El Dr. Alsina, dando lección en la Universidad sobre legislación, después de explicar lo que era el despotismo, añadía esta frase final: "En suma, señores, ¿quieren ustedes tener una idea cabal de lo que es el despotismo? Ahí tienen ustedes el Gobierno de D. Juan Manuel Rosas con facultades extraordinarias." Una lluvia de aplausos siniestros y amenazadores ahogaba la voz del osado catedrático.

Al fin esa juventud que se esconde con sus libros europeos a estudiar en secreto, con su Sismondi, su Lerminier, su Tocqueville, sus revistas Británica, de Ambos Mundos, Enciclopédica, su Jouffroy, su Cousin, su Guizot, etc., etc., se interroga, se agita, se comunica, y al fin se asocia indeliberadamente sin saber fijamente para qué, llevada de una impulsión que cree puramente literaria, como si las letras corrieran peligro de perderse en aquel mundo bárbaro, o como si la buena doctrina perseguida en la superficie, necesitase ir a esconderse en el asilo subterráneo de las Catacumbas, para salir de allí compacta y robustecida a luchar con el poder.

El Salón Literario de Buenos Aires fue la primera manifestación de este espíritu nuevo. Algunas publicaciones periódicas, algunos opúsculos en que las doctrinas europeas aparecían mal digeridas aún fueron sus primeros ensayos. Hasta entonces nada de política, nada de partidos; aún había muchos jóvenes que preocupados con las doctrinas históricas francesas, creyeron que Rosas, su Gobierno, su sistema original, su reacción contra la Europa, eran una manifestación nacional americana, una civilización en fin con sus caracteres y formas peculiares. No entraré a apreciar ni la importancia real de estos estudios ni las fases incompletas, presuntuosas y aun ridículas que presentaba aquel movimiento literario: eran ensayos de fuerzas inexpertas y juveniles que no merecerían recuerdo si no fuesen precursores de un movimiento más fecundo en resultados. Del seno del Salón Literario se desprendió un grupo de cabezas inteligentes, que asociándose secretamente, proponíase formar un carbonarismo[177] que debía echar en toda la República las bases de una reacción civilizada contra el Gobierno bárbaro que había triunfado.

Tengo por fortuna el acta original de esta asociación a la vista, y puedo con satisfacción contar los nombres que la suscribieron. Los que los llevan es-

---

177 *Carbonarismo*: ideología y acción de los Carbonarios, sociedad existente en el siglo XVI en Francia e Italia. Su auge en el siglo XIX fue en París, donde eran tan poderosos como los masones. Su símbolo era el carbón, supuestamente para "Purificar el aire y alejar de las habitaciones las bestias feroces". Luchaban contra los absolutismos, tanto civiles como eclesiásticos y terminaron enfrentados con los masones

tán hoy diseminados por Europa y América, excepto algunos que han pagado a la patria su tributo con una muerte gloriosa en los campos de batalla. Casi todos los que sobreviven son hoy literatos distinguidos, y si un día los poderes intelectuales han de tener parte en la dirección de los negocios de la
República Argentina, muchos y muy completos instrumentos hallarán en esta acogida pléyade largamente preparada por el talento, el estudio, los viajes,
la desgracia y el espectáculo de los errores y desaciertos que han presenciado
o cometido ellos mismos.

> *En nombre de Dios,* dice el acta, *de la Patria, de los Héroes y Mártires de
> la Independencia Americana, en nombre de la sangre y de las lágrimas inú-
> tilmente derramadas en nuestra guerra civil, todos y cada uno de los Miem-
> bros de la asociación de la joven generación argentina:*
> *CREYENDO*
> *Que todos los hombres son iguales;*
> *Que todos son libres, que todos son hermanos, iguales en derechos y deberes;*
> *Libres en el ejercicio de sus facultades para el bien de todos;*
> *Hermanos para marchar a la conquista de aquel bien y al lleno de los desti-
> nos humanos:*
> *CREYENDO*
> *En el progreso de la humanidad; teniendo fe en el porvenir;*
> *Convencidos de que la unión constituye la fuerza;*
> *Que no puede existir fraternidad ni unión sin el vínculo de los principios;*
> *Y deseando consagrar sus esfuerzos a LA LIBERTAD Y FELICIDAD DE
> SU PATRIA, y a la regeneración completa de la sociedad argentina:*
> *JURAN:*
> *1º Concurrir con su inteligenda, sus bienes y sus brazos a la realización de
> los principios formulados en las palabras simbólicas que forman las bases del
> pacto de alianza;*
> *2º JURAN no desistir de la empresa, sean cuales fueren los peligros que ama-
> guen a cada uno de los Miembros sociales;*
> *3º JURAN sostenerlos a todo trance y usar de todos los medios que tengan en
> sus manos, para difundirlos y propagarlos;*
> *4º JURAN fraternidad recíproca, unión estrecha y perpetuo silencio sobre lo
> que pueda comprometer la existencia de la Asociación.*

Las *palabras simbólicas,* no obstante la oscuridad emblemática del título,
eran sólo el credo político que reconoce y confiesa el mundo cristiano, con la
sola agregación de la prescindencia de los asociados de las ideas e intereses
que antes habían dividido a unitarios y federales, con quienes podían ahora
armonizar, puesto que la común desgracia los había unido en el destierro.

Mientras estos nuevos apóstoles de la República y de la civilización europea se preparaban a poner a prueba sus juramentos, la persecución de Ro-

sas llegaba ya hasta ellos, jóvenes sin antecedentes políticos, después de haber pasado por sus partidarios mismos, por los federales lomos negros, y por los antiguos unitarios. Fueles preciso, pues, salvar con sus vidas las doctrinas que tan sensatamente habían formulado, y Montevideo vio venir unos en pos de otros centenares de jóvenes que abandonaban su familia, sus estudios y sus negocios para ir a buscar a la ribera oriental del Plata un punto de apoyo, para desplomar si podían aquel poder sombrío que se hacía un parapeto de cadáveres, y tenía de avanzada una horda de asesinos legalmente constituida.

He necesitado entrar en estos pormenores para caracterizar un gran movimiento que se operaba por entonces en Montevideo, y que ha escandalizado a la América dando a Rosas una poderosa arma moral para robustecer su Gobierno y su principio *americano.* Hablo de la alianza de los enemigos de Rosas con los franceses que bloqueaban a Buenos Aires, que Rosas ha echado en cara eternamente como un baldón a los unitarios. Pero en honor de la verdad histórica y de la justicia, debo declarar, ya que la ocasión se presenta, que los verdaderos unitarios, los hombres que figuraron hasta 1829 no son responsables de aquella alianza; los que cometieron aquel delito de leso *americanismo;* los que se echaron en brazos de la Francia para salvar la civilización europea, sus instituciones, hábitos e ideas en las orillas del Plata, fueron los jóvenes; en unas palabras, ¡fuimos NOSOTROS! Sé muy bien que en los Estados americanos halla eco Rosas, aun entre hombres liberales y eminentemente civilizados, sobre este delicado punto, y que para muchos es todavía un error afrentoso el haberse asociado los argentinos a los *extranjeros* para derrocar a un tirano. Pero cada uno debe reposar en sus convicciones, y no descender a justificarse de lo que cree firmemente y sostiene de palabra y de obra. Así, pues, diré en despecho de quienquiera que sea, que la gloria de haber comprendido que había alianza íntima entre los enemigos de Rosas y los poderes civilizados de Europa, nos perteneció toda entera a nosotros. Los unitarios más eminentes, como los americanos, como Rosas y sus satélites, estaban demasiado preocupados de esa idea de la nacionalidad, que es patrimonio del hombre desde la tribu salvaje, y que le hace mirar con horror al extranjero. En los pueblos castellanos este sentimiento ha ido hasta convertirse en una pasión brutal capaz de suicidio. La juventud de Buenos Aires llevaba consigo esta idea fecunda de la fraternidad de intereses con la Francia y la Inglaterra; llevaba el amor a los pueblos europeos asociado al amor a la civilización, a las instituciones y a las letras que la Europa nos había legado, y que Rosas destruía en nombre de la América, sustituyendo otro vestido al vestido europeo, otras leyes a las leyes europeas, otro gobierno al gobierno europeo. Esta juventud, impregnada de las ideas civilizadoras de la literatura europea, iba a buscar en los europeos enemigos de Rosas sus antecesores, sus padres, sus modelos, apoyo contra la América tal como la presentaba Rosas, bárbara como el Asia, despótica y sanguinaria como la Turquía, persiguiendo y despreciando la inteligencia como el mahometismo. Si los resultados no han correspondido a sus expectativas, suya no fue la culpa; ni los que les afean aquella alianza pueden tampoco vanagloriarse de haber acertado mejor; pues si los franceses pactaron al fin con el tirano, no por eso intentaron nada contra la Independencia Argentina, y si por un momento ocuparon la isla de Martín García, llamaron luego un jefe argentino que se hiciese cargo de ella. Los argentinos antes de asociarse a los franceses habían exigido declaraciones públicas de parte de los bloqueadores de respetar el territorio argentino, y las habían obtenido solemnes.

En tanto, la idea que tanto combatieron los unitarios al principio, y que llamaban una traición a la Patria, se generalizó, y los dominó y sometió a ellos mismos; y cunde hoy por toda la América y se arraiga en los ánimos.

En Montevideo, pues, se asociaron la Francia y la República Argentina europea para derrocar el monstruo del *americanismo* hijo de la Pampa: desgraciadamente dos años se perdieron en debates y cuando la alianza se firmó, la cuestión de Oriente[178] requirió las fuerzas navales de Francia y los aliados argentinos quedaron solos en la brecha[179]. Por otra parte, las preocupaciones unitarias estorbaron que se adoptasen los verdaderos medios militares y revolucionarios para obrar contra el tirano, yendo a estrellarse los esfuerzos intentados contra elementos que se habían dejado ser más poderosos. M. Martigny, uno de los pocos franceses que, habiendo vivido largo tiempo entre los americanos, sabía comprender sus intereses y los de Francia en América; francés de corazón que deploraba todos los días los extravíos, preocupaciones y errores de esos mismos argentinos a quienes quería salvar, decía de los antiguos unitarios: "Son los emigrados franceses de 1789: no han olvidado nada, ni aprendido nada." Y efectivamente; vencidos en 1829 por la MONTONERA, creían que todavía la montonera era un elemento de guerra, y no querían formar ejército de línea; dominados entonces por las campañas pastoras creían ahora inútil apoderarse de Buenos Aires; con preocupaciones invencibles contra los *gauchos,* los miraban aún como sus enemigos natos, parodiando sin embargo su táctica guerrera, sus hordas de caballería y hasta su traje en los ejércitos.

Una revolución radical empero se había estado operando en la República, y el haberla comprendido a tiempo habría bastado para salvarla. Rosas, elevado por la campaña y apenas asegurado del gobierno, se había consagrado a quitarle todo su poder. Por el veneno, por la traición, por el cuchillo había dado muerte a

---

178 El 15 de julio de 1840 Inglaterra, Rusia, Prusia, Austria y Turquía suscribieron en Londres, sin la participación de Francia, una convención de ayuda al sultán turco contra el gobernante egipcio Mohamed Alí, al que apoyaba Francia. La firma de esta convención creó un peligro de guerra entre Francia y la coalición de las potencias europeas

179 la cuestión concluyó con el tratado del 29 de octubre de 1840, firmado por el canciller Arana y el barón de Mackau estableciendo el cumplimiento de los objetivos que habían estimulado el bloqueo francés: indemnización a los residentes franceses en el Río de la Plata, y para Francia trato de nación más favorecida. Estas concesiones equivalían a otorgar a los residentes franceses en Buenos Aires todos los privilegios de los que ya gozaban los británicos, incluyendo la exención de toda obligación militar. En las cláusulas referidas a los aliados de Francia en el Río de la Plata la vaguedad era tal que en esencia el gobierno francés se desentendía de ellos. En consecuencia, el tratado reflejó un claro triunfo de Rosas sobre sus enemigos internos.

todos los comandantes de campaña que habían ayudado a su elevación, y sustituido en su lugar hombres sin capacidad, sin reputación, armados sin embargo
del poder de matar sin responsabilidad. Las atrocidades de que era teatro sangriento Buenos Aires habían por otra parte hecho huir a la campaña a una inmensa multitud de ciudadanos, que mezclándose con los gauchos iban obrando lentamente una fusión radical entre los hombres del campo y los de la
ciudad,; la común desgracia los reunía; unos y otros execraban aquel monstruo
sediento de sangre y de crímenes, ligándolos para siempre en un voto común.
La campaña, pues, había dejado de pertenecer a Rosas, y su poder, faltándole
aquella base y la de la opinión pública, había ido a apoyarse en una horda de
asesinos disciplinados, en un ejército de línea. Rosas, más perspicaz que los unitarios, se había apoderado del arma que ellos gratuitamente abandonaban, la
infantería y el cañón. Desde 1835 disciplinaba rigurosamente sus soldados y cada día se desmontaba un escuadrón para engrosar los batallones.

No por eso Rosas contaba con el espíritu de sus tropas, como no contaba
con la campaña, ni los ciudadanos. Las conspiraciones cruzaban diariamente
sus hilos que venían de diversos focos, y la unanimidad del designio hacía por
la exuberancia misma de los medios, casi imposible llevar nada a cabo. Ultimamente la mayor parte de sus jefes y todos los cuerpos de línea estaban im-
plicados en una conjuración, que encabezaba el joven coronel Maza, quien
teniendo en sus manos la suerte de Rosas durante cuatro meses, perdía un
tiempo precioso en comunicarse con Montevideo y revelar sus planes. Al fin
sucedió lo que había de suceder, la conspiración fue descubierta y Maza murió llevándose consigo el secreto de la complicidad de la mayor parte de los jefes que continúan hoy al servicio de Rosas. Más tarde no obstante este con-
traste, estalló la sublevación en masa de la campaña, encabezada por el coronel
Cramer, Castelli y centenares de hacendados pacíficos. Pero aun esta revolución tuvo mal éxito, y setecientos gauchos pasaron por la angustia de abandonar su Pampa y su parejero y embarcarse para ir a continuar en otra parte la
guerra. Todos estos inmensos elementos estaban en poder de los unitarios; pero sus preocupaciones no les dejaban aprovecharlos; pedían ante todo que
aquellas fuerzas nuevas, actuales, se subordinasen a nombres antiguos y pasados. No concebían la revolución sino bajo las órdenes de Soler, Alvear, Lavalle u otro de reputación de gloria clásica; y mientras tanto sucedía en Buenos
Aires lo que en Francia había sucedido en 1830, a saber, que todos los generales querían la revolución, pero les faltaba corazón y entrañas; estaban gasta-
dos, como esos centenares de generales franceses que en los días de Julio cose-
charon los resultados del valor del pueblo a quien no quisieron prestar su
espada para triunfar. Faltáronnos los jóvenes de la Escuela Politécnica para
que encabezasen a una ciudad que sólo pedía una voz de mando para salir a
las calles, y desbaratar la Mazorca y desalojar el caníbal. La Mazorca, malo-
gradas esas tentativas, se encargó de la fácil tarea de inundar las calles de san-

gre y de helar el ánimo de los que sobrevivían a fuerza de crímenes.

El Gobierno francés al fin mandó a Mr. Mackau a terminar a *todo trance* el bloqueo, y con los conocimientos de Mr. Mackau sobre las cuestiones americanas se firmó un tratado que dejaba a merced de Rosas el ejército de Lavalle que llegaba en aquellos momentos mismos a las goteras de Buenos Aires, y malograba para la Francia las simpatías profundas de los argentinos por ella y de los franceses por los argentinos; porque la fraternidad galo–argentina estaba cimentada en una afección profunda de pueblo a pueblo y en tal comunidad de intereses e ideas que aún hoy, después de los desbarros de la política francesa, no ha podido en tres años despegar de las murallas de Montevideo a los heroicos extranjeros que se han aferrado a ellas como al último atrincheramiento que a la civilización europea queda en las márgenes del Plata. Quizá esta ceguedad del ministerio francés ha sido útil a la República Argentina; era preciso que desencantamiento semejante nos hubiese hecho conocer la Francia poder, la Francia gobierno, muy distinta de esa Francia ideal y bella, generosa y cosmopolita, que tanta sangre ha derramado por la libertad, y que sus libros, sus filósofos, sus revistas nos hacían amar desde 1810. La política que al Gobierno francés trazan todos sus publicistas, Considerant, Damiron y otros, simpática por el progreso, la libertad y la civilización podría haberse puesto en ejercicio en el Río de la Plata, sin que por eso bamboleasе el trono de Luis Felipe, que han creído acuñar con la esclavitud de la Italia, de la Polonia y de la Bélgica; y la Francia habría cosechado en influendas y simpatías lo que no le dio su pobre tratado Mackau, que afianzaba un poder hostil por naturaleza a los intereses europeos, que no pueden medrar en América sino bajo la sombra de instituciones civilizadoras y libres. Digo lo mismo con respecto a la Inglaterra, cuya política en el Río de la Plata haría sospechar que tiene el secreto designio de dejar debilitarse bajo el despotismo de Rosas, aquel espíritu que la rechazó en 1806 para volver a probar fortuna cuando una guerra europea u otro gran movimiento deje la tierra abandonada al pillaje, y añadir esta posesión a las concesiones necesarias para firmar un tratado, como el definitivo de Viena en que se hizo conceder Malta, El Cabo y otros territorios adquiridos por un golpe de mano. Porque ¿cómo sería posible concebir de otro modo si la ignorancia en que viven en Europa de la situación de América no lo disculpase? ¿cómo sería posible concebir, digo, que la Inglaterra, tan solícita en formarse mercados para sus manufacturas, haya estado durante veinte años viendo tranquilamente, si no coadyuvando en secreto a la aniquilación de todo principio civilizador en las orillas del Plata, y dando la mano para que se levante cada vez que le ha visto bambolearse al tiranuelo ignorante que ha puesto una barra al río para que la Europa no pueda penetrar hasta el corazón de la América a sacar las riquezas que encierra y que nuestra inhabilidad desperdicia? ¿Cómo tolerar al enemigo implacable de los *extranjeros,* que con su inmigración a la sombra de un gobierno simpático a los europeos y protector de la seguridad individual, habrían poblado en estos últimos veinte años, las costas de nuestros inmensos ríos, y realizado los mismos prodigios que en menos tiempo se han consumado en las riberas del Mississippi? ¿Quiere la Inglaterra consumidores, cualquiera que el Gobierno de un país sea? ¿Pero qué han de consumir seiscientos mil gauchos, pobres, sin industria como sin necesidades, bajo un Gobierno que extinguiendo las costumbres y gustos europeos, disminuye necesariamente el consumo de productos europeos? ¿Habremos de creer que la Inglaterra desconoce hasta este punto sus intereses en América? ¿Ha querido poner su mano poderosa para que no se levante en el sur de la América un Estado como el que ella engendró en el Norte? ¡Qué ilusión! Ese Estado se levantará en despecho suyo, aunque sieguen sus retoños cada año, porque la grandeza del Estado está en la Pampa pastosa, en las producciones tropicales del Norte y en el gran sistema de ríos navegables cuya aorta es el Plata. Por otra parte, los españoles no somos ni navegantes ni industriosos, y la Europa nos proveerá por largos siglos de sus artefactos en cambio de nuestras materias primeras; y ella y nosotros ganaremos en el cambio; la Europa nos pondrá el remo en la mano y nos remolcará río arriba, hasta que hayamos adquirido el gusto de la navegación.

Se ha repetido de orden de Rosas en todas las prensas europeas que él es el único capaz de gobernar en los pueblos semibárbaros de la América. No es tanto de la América tan ultrajada que me lastimo, sino de las pobres manos que se han dejado guiar para estampar esas palabras. Es muy curioso que sólo sea capaz de gobernar aquél que no ha podido obtener un día de reposo, y que después de haber destrozado, envilecido y ensangrentado su patria se encuentra que cuando creía cosechar el triunfo de tantos crímenes, está enredado con tres Estados americanos, con el Uruguay, el Paraguay y el Brasil; y que aún le quedan a su retaguardia Chile y Bolivia, con quienes tiene todas las exterioridades del Estado de guerra; porque por más precauciones que el Gobierno de Chile tome para no malquistarse con el monstruo, la malquerencia está en el modo de ser íntimo de ambos pueblos, en las instituciones que los rigen, las tendencias diversas de su política. Para saber lo que Rosas pretenderá de Chile, basta tomar la Constitución del Estado; pues bien, ahí está la guerra; entregadle la Constitución, ya sea directa o indirectamente, y la paz vendrá en pos; esto es, estaréis conquistados para el Gobierno *americano*.

La Europa que ha estado diez años alejándose del contacto con la República Argentina, se ve llamada hoy por el Brasil, para que lo proteja contra el malestar que le hace sufrir la proximidad de Rosas. ¿No acudirá a este llamado? Acudirá más tarde, no haya miedo; acudirá cuando la República misma salga del aturdimiento en que la han dejado los millares de asesinatos con que la han amedrentado, porque los asesinatos no constituyen un Estado; acudirá cuando el Uruguay y Paraguay pidan que se haga respetar el tratado hecho entre el león y el cordero; acudirá cuando la mitad de la América del Sud se halle trastornada por el desquiciamiento que trae la subversión de todo principio de moral y de justicia. La República Argentina está organizada hoy en una máquina de guerra que no puede dejar de obrar, sin anular el poder que ha absorbido todos los intereses sociales. Concluida en el interior la guerra, ha salido ya al exterior; el Uruguay no sospechaba ahora diez años que él tuviese que habérselas con Rosas; el Paraguay no se lo imaginaba ahora cinco; el Brasil no lo temía ahora dos; Chile no lo sospecha todavía; Bolivia lo miraría como ridículo; pero ello vendrá por la naturaleza de las cosas, porque esto no depende de la voluntad de los pueblos ni de los Gobiernos, sino de las condiciones inherentes a toda faz social. Los que esperan que el mismo hombre ha de ser primero el azote de su pueblo y el reparador de sus males después, el destructor de las instituciones que traen la sanción de la humanidad civilizada y el organizador de la sociedad, conocen muy poco la historia. Dios no procede así, un hombre, una época para cada faz, para cada revolución, para cada progreso.

No es mi ánimo trazar la historia de este reinado del terror, que dura desde 1832 hasta 1845, circunstancia que lo hace único en la historia del mundo. El detalle de todos sus espantosos excesos no entra en el plan de mi trabajo. La historia de las desgracias humanas y de los extravíos a que puede entregarse un hombre cuando goza del poder sin freno, se engrosará en Buenos Aires de horribles y raros datos. Sólo he querido pintar el origen de este Gobierno y ligarlo a los antecedentes, caracteres, hábitos y accidentes nacionales que ya desde 1810 venían pugnando por abrirse paso y apoderarse de la sociedad. He querido además mostrar los resultados que ha traído, y las consecuencias de aquella espantosa subversión de todos los principios en que reposan las sociedades humanas. Hay un vacío en el gobierno de Rosas que por ahora no me es dado sondar, pero que el vértigo que ha enloquecido a la sociedad ha ocultado hasta aquí. Rosas no *administra,* no gobierna en el sentido oficial de la palabra. Encerrado meses en su casa, sin dejarse ver de nadie, él solo dirige la guerra, las intrigas, el espionaje, la mazorca, todos los diversos resortes de su tenebrosa política; todo lo que no es útil para la guerra, todo lo que no perjudica a sus enemigos, no forma parte del Gobierno, no entra en la administración.

Pero no se vaya a creer que Rosas no ha conseguido hacer progresar la República que despedaza, no: es un grande y poderoso instrumento de la Providencia, que realiza todo lo que al porvenir de la patria interesa. Ved cómo. Existía antes de él y de Quiroga el espíritu federal en las provincias, en las ciudades, en los federales y en los unitarios mismos; él lo extingue, y organiza en provecho suyo el sistema unitario que Rivadavia quería en provecho de todos. Hoy, todos esos caudillejos del interior, degradados, envilecidos, tiemblan de desagradarlo, y no respiran sin su consentimiento. La idea de los unitarios es-

tá realizada, sólo está de más el tirano; el día que un buen Gobierno se establez-
ca, hallará las resistencias locales vencidas y todo dispuesto para la UNION.

La guerra civil ha llevado a los porteños al interior, y a los provincianos
de unas provincias a otras. Los pueblos se han conocido, se han estudiado y
se han acercado más de lo que el tirano quería, de ahí viene su cuidado de qui-
tarles los correos, de violar las correspondencia y vigilarlos a todos. La
UNION es íntima.

Existían, antes, dos sociedades diversas, las CIUDADES y las campañas;
echándose las campañas sobre las *ciudades* se han hecho ciudadanos los gauchos y simpatizado con la causa de las ciudades. La montonera ha desaparecido con la despoblación de La Rioja, San Luis, Santa Fe y Entre Ríos, sus
focos antiguos, y hoy los *gauchos* de las tres primeras corretean los llanos y la
Pampa, en sostén de los enemigos de Rosas. ¿Aborrece Rosas a los extranjeros? Los extranjeros toman parte en favor de la civilización americana, y durante tres años, burlan en Montevideo su poder y muestran a toda la República, que no es invencible Rosas y que aún puede lucharse contra él.
Corrientes vuelve a armarse y bajo las órdenes del más hábil y más europeo
general que la República tiene[180], se está preparando ahora a principiar la
lucha *en forma,* porque todos los errores pasados son otras tantas lecciones para lo venidero. Lo que ha hecho Corrientes lo han de hacer más hoy, más mañana todas las provincias, porque les va en ello la vida y el porvenir.

¿Ha privado a sus conciudadanos de todos los derechos y desnudádolos
de toda garantía? Pues bien; no pudiendo hacer lo mismo con los extranjeros, éstos son los únicos que se pasean con seguridad en Buenos Aires. Cada
contrato que un hijo del país necesita celebrar, lo hace bajo la firma de un
extranjero, y no hay sociedad, no hay negocio en que los extranjeros no tengan parte. De manera que el derecho y las garantías existen en Buenos Aires
bajo el despotismo más horrible. "¡Qué buen sirviente parece este irlandés!",
decía a su patrón un transeúnte en Buenos Aires. "Sí –contestaba aquél–; lo
he tomado por eso; porque estoy seguro de no ser espiado por mis criados, y
porque me presta su firma para todos mis contratos. Aquí sólo estos sirvientes tienen segura su vida y sus propiedades."

¿Los gauchos, la plebe y los compadritos lo elevaron? Pues él los extinguirá: sus ejércitos los devorarán. Hoy no hay lechero, sirviente, panadero,
peón gañán, ni cuidador de ganado que no sea alemán, inglés, vasco, italiano, español; porque es tal el consumo de hombres que ha hecho en diez años:
tanta carne humana necesita el *americanismo,* que al cabo la población americana se agota y va toda a enregimentarse en los cuadros que la metralla ra-
lea desde que el sol sale hasta que anochece. Cuerpo hay al frente de Montevideo que no conserva hoy un soldado y sólo dos oficiales de los que lo
compusieron al principio. La población argentina desaparece y la extranjera
ocupa su lugar, en medio de los gritos de la Mazorca y de la *Gaceta* : *¡Mueran*

180 el General José María Paz (ver nota 142, p. 105)

los extranjeros! como la *Unidad* se realiza gritando: ¡*Mueran los Unitarios!* como la Federación ha muerto gritando: ¡*Viva la Federación!*

¿No quiere Rosas que se naveguen los ríos? Pues bien, el Paraguay toma las armas para que se le permita navegarlos libremente; se asocia a los enemigos de Rosas, al Uruguay, a la Inglaterra y a la Francia que todos desean que se deje el tránsito libre para que se exploten las inmensas riquezas del corazón de la América. Bolivia se asociará, quiera que no, a este movimiento, y Santa Fe, Córdoba, Entre Ríos, Corrientes, Jujuy, Salta y Tucumán, lo secundarán desde que comprendan que todo su interés, todo su engrandecimiento futuro depende de que esos ríos a cuyas riberas duermen hoy en lugar de vivir, lleven y traigan las riquezas del comercio que hoy sólo explota Rosas con el puerto cuya posesión le da millones para empobrecer a las provincias. La cuestión de la libre navegación de los ríos que desembocan en el Plata es hoy una cuestión europea, americana y argentina a la vez, y Rosas tiene en ella guerra interior y exterior hasta que caiga y los ríos sean navegados libremente. Así lo que no se consiguió por la importancia que los unitarios daban a la navegación de los ríos se consigue hoy por la torpeza del gaucho de la Pampa.

¿Ha perseguido Rosas la educación pública y hostilizado y cerrado los colegios, la Universidad y expulsado a los jesuitas?

No importa, centenares de alumnos argentinos cuentan en su seno los colegios de Francia, Chile, Brasil, Norte–América, Inglaterra y aun España. Ellos volverán luego a realizar en su patria las instituciones que ven brillar en todos esos Estados libres; y pondrán su hombro para derrocar al tirano semi–bárbaro. ¿Tiene una antipatía mortal a los poderes europeos? Pues bien, los poderes europeos necesitan estar bien armados, bien fuertes en el Río de la Plata, y mientras Chile y los demás Estados libres de América no tienen sino un cónsul y un buque de guerra extranjero en sus costas, Buenos Aires tiene que hospedar enviados de segundo orden, y escuadras extranjeras, que están a la mira de sus intereses y para contener las demasías del potro indómito y sin freno que está a la cabeza del Estado.

¿Degüella, castra, descuartiza a sus enemigos para acabar de un solo golpe y con una batalla la guerra? Pues bien, ha dado ya veinte batallas, ha muerto veinte mil hombres, ha cubierto de sangre y de crímenes espantosos toda la República, ha despoblado la campaña y la ciudad para engrosar sus sicarios, y al fin de diez años de triunfo su posición precaria es la misma. Si sus ejércitos no toman a Montevideo, sucumbe; si la toman, quédale el General Paz con ejércitos frescos, quédale el Paraguay virgen, quédale el Imperio del Brasil; quédanle Chile y Bolivia que han de estallar al fin, quédale Europa, que lo ha de enfrenar; quédanle por último diez años de guerra, de despoblación y pobreza para la República, o sucumbir, no hay remedio. ¿Triunfará? pero todos sus adictos habrán perecido, y otra población y otros hombres reemplazarán el vacío que ellos dejen. Volverán los emigrados a cosechar los frutos de su triunfo.

¿Ha encadenado la prensa, y puesto una mordaza al pensamiento, para que no discuta los intereses de la patria, para que no se ilustre e instruya, para que no revele los crímenes horrendos que ha cometido, y que nadie quiere creer a fuerza de ser espantosos e inauditos? ¡insensato! ¿Qué es lo que has hecho? Los gritos que quieres ahogar cortando la garganta, para que por la herida se escape la voz y no lleguen a los labios, resuenan hoy por toda la redondez de la tierra. Las prensas de Europa y América te llaman a porfía el execrable Nerón, el tirano brutal. Todos tus crímenes han sido contados; tus víctimas hallan partidarios y simpatías por todas partes, y gritos vengadores llegan hasta tus oídos. Toda la prensa europea discute hoy los intereses argentinos como si fueran los suyos propios, y el nombre argentino anda en tu deshonra en boca de todos los pueblos civilizados. La discusión de la prensa está hoy en todas partes, y para oponer la verdad a tu infame *Gaceta* están cien diarios que desde París y Londres, desde el Brasil y Chile, desde Montevideo y Bolivia, te combaten y publican tus maldades. Has logrado la fama a que aspirabas, sin duda; pero en las miserias del destierro, en la oscuridad de la vida privada no cambiarán tus proscriptos una sola hora de sus ocios por las que te da tu celebridad espantosa; por las punzadas que de todas partes recibes; por los reproches que te haces a ti mismo de haber hecho tanto mal inútilmente. El *americano,* el enemigo de los europeos, condenado a gritar en francés, en inglés y en castellano: ¡Mueran los extranjeros! ¡Mueran los Unitarios! ¡Eh! ¿eres tú, miserable, el que te sientes morir, y maldices en los idiomas de esos extranjeros, y por la prensa que es el arma de esos unitarios? ¡Qué Estado americano, se ha visto condenado como Rosas a redactar en tres idiomas, sus disculpas oficiales para responder a la prensa de todas las naciones americanas y europeas a un tiempo! Pero ¿adónde llegarán tus diatribas infames que el execrable lema:

¡Mueran los salvajes, asquerosos, inmundos unitarios! no esté revelando la mano sangrienta e inmoral que las escribe?

De manera que lo que habría sido una discusión oscura y sólo interesante para la República Argentina, lo es ahora para la América entera y la Europa. Es una cuestión del mundo cristiano.

¿Ha perseguido Rosas a los políticos, a los escritores y a los literatos? Pues ved lo que ha sucedido. Las doctrinas políticas de que los unitarios se habían alimentado hasta 1829 eran incompletas e insuficientes para establecer el Gobierno, y la libertad; bastó que agitase la Pampa para echar por tierra su edificio basado sobre arena. Esta inexperiencia y esta falta de ideas prácticas remediólas Rosas en todos los espíritus, con las lecciones crueles e instructivas que les daba su despotismo espantoso; nuevas generaciones se han levantado, educadas en aquella escuela práctica, que sabrían tapar las avenidas por donde un día amenazaría desbordarse de nuevo el desenfreno de los genios como el de Rosas; las palabras tiranía, despotismo, tan desacreditadas en la prensa por el abuso que de ellas se hace, tienen en la República Argentina un sentido preciso, despiertan en el ánimo un recuerdo doloroso; harían sangrar cuando llegasen a pronunciarse, todas las heridas que han hecho en quince años de espantosa recordación. Día vendrá que el nombre de Rosas sea un medio de hacer callar al niño que llora, de hacer temblar al viajero en la oscuridad de la noche. Su cinta colorada, con la que hoy ha llevado el terror y la idea de las matanzas hasta el corazón de sus vasallos, servirá más tarde de curiosidad nacional que enseñaremos a los que de países remotos visiten nuestras playas.

Los jóvenes estudiosos que Rosas ha perseguido se han desparramado por toda la América, examinando las diversas costumbres, penetrado en la vida íntima de los pueblos, estudiado sus Gobiernos, y visto los resortes que en unas partes mantienen el orden sin detrimento de la libertad y del progreso, notado en otras, los obstáculos que se oponen a una buena organización. Los unos han viajado por Europa estudiando el derecho y el gobierno; los otros han residido en el Brasil; cuales en Bolivia, cuales en Chile, y cuales otros en fin, han recorrido la mitad de la Europa y la mitad de la América y traen un tesoro inmenso de conocimientos prácticos, de experiencia y datos preciosos que pondrán un día al servicio de la patria, que reúna en su seno esos millares de proscriptos que andan hoy diseminados por el mundo, esperando que suene la hora de la caída del Gobierno absurdo e insostenible que aún no cede al empuje de tantas fuerzas como las que han de traer necesariamente su destrucción.

Que en cuanto a literatura, la República Argentina es hoy mil veces más rica que lo fue jamás en escritores capaces de ilustrar a un Estado americano. Si quedara duda con todo lo que he expuesto de que la lucha actual de la República Argentina lo es sólo de civilización y barbarie, bastaría a probarlo, el no hallarse del lado de Rosas un solo escritor, un solo poeta, de los muchos que posee aquella joven nación. Montevideo ha presenciado, durante tres años consecutivos, las justas literarias del 25 de mayo, día en que veintenas de poetas inspirados por la pasión de la Patria se han disputado un laurel. ¿Por qué la poesía ha abandonado a Rosas? ¿por qué ni rapsodias produce hoy el suelo de Buenos Aires, en otro tiempo tan fecundo en cantares y rimas? Cuatro o cinco asociaciones existen en el extranjero de escritores que han emprendido compilar datos para escribir la historia de la República, tan llena de acontecimientos, y es verdaderamente asombroso el cúmulo de materiales que han reunido de todos los puntos de América, manuscritos, impresos, documentos, crónicas antiguas, diarios, viajes, etcétera. La Europa se asombrará un día cuando tan ricos materiales vean la luz pública, y vayan a engrosar la voluminosa colección de que Angelis no ha publicado sino una pequeña parte.

¡Cuántos resultados no van, pues, a cosechar esos pueblos argentinos desde el día no remoto ya en que la sangre derramada ahogue al tirano! ¡Cuántas lecciones! ¡Cuánta experiencia adquirida! ¡Nuestra educación política está consumada! Todas las cuestiones sociales, ventiladas: Federación, Unidad, libertad de cultos, inmigración, navegación de los ríos, poderes políticos, libertad, tiranía, todo se ha dicho entre nosotros, todo nos ha costado torrentes de sangre. El sentimiento de la autoridad está en todos los corazones al mismo tiempo que la necesidad de contener la arbitrariedad de los poderes, la ha inculcado hondamente Rosas, con sus atrocidades. Ahora no nos queda que hacer sino lo que él no ha hecho, y reparar lo que él ha destruido.

Porque *él* durante quince años no ha tomado una medida administrativa para favorecer el comercio interior y la industria naciente de nuestras provincias; los pueblos se entregarán con ahínco a desenvolver sus medios de riqueza, sus vías de comunicación, y el NUEVO GOBIERNO se consagrará a restablecer los correos, y asegurar los caminos que la naturaleza tiene abiertos para toda la extensión de la República.

Porque en quince años no ha querido asegurar las fronteras del Sud y del Norte por medio de una línea de fuertes, porque este trabajo y este bien hecho a la República no le daba ventaja alguna contra sus enemigos, el NUEVO GOBIERNO situará al ejército permanente al Sud, y asegurará territorios y ríos para establecer colonias militares que en cincuenta años serán ciudades y provincias florecientes.

Porque *él* ha perseguido el nombre europeo, y hostilizado la inmigración de extranjeros, el NUEVO GOBIERNO establecerá grandes asociaciones para introducir población y distribuirla en territorios feraces a orillas de los inmensos ríos, y en veinte años sucederá lo que en Norte América ha sucedido en igual tiempo que se han levantado como por encanto ciudades, provincias y estados en los desiertos en que poco antes pacían manadas de bisontes salvajes; porque la República Argentina se halla hoy en la situación del Senado Romano que por un decreto mandaba levantar de una vez quinientas ciudades y las ciudades se levantaban a su voz.

Porque *él* ha puesto a nuestros ríos interiores una barrera insuperable para que sean libremente navegados; el NUEVO GOBIERNO fomentará de preferencia la navegación fluvial; millares de naves remontarán los ríos, e irán a extraer las riquezas que hoy no tienen salida ni valor hasta Bolivia y el Paraguay enriqueciendo en su tránsito a Jujuy, Tucumán y Salta, Corrientes, Entre Ríos y Santa Fe, que se tornarán en ricas y hermosas ciudades como Montevideo, como Buenos Aires. Porque *él* ha malbaratado las rentas pingües del puerto de Buenos Aires y gastado en quince años cuarenta millones de pesos fuertes que ha producido, en llevar adelante sus locuras, sus crímenes y sus venganzas horribles; el Puerto será declarado propiedad nacional para que sus rentas sean consagradas a promover el bien en toda la República que tiene derecho a ese puerto de que es tributaria.

Porque *él* ha destruido los colegios y quitado las rentas a las escuelas, el NUEVO GOBIERNO organizará la educación pública en toda la República con rentas adecuadas y con Ministerio especial como en Europa, como en Chile, Bolivia y todos los países civilizados; porque el saber es riqueza, y un pueblo que vegeta en la ignorancia es pobre y bárbaro, como lo son los de la costa de Africa o los salvajes de nuestras Pampas.

Porque *él* ha encadenado la prensa, no permitiendo que haya otros diarios que los que tiene destinados para vomitar sangre, amenazas y mueras, el NUEVO GOBIERNO extenderá por toda la República el beneficio de la prensa y veremos pulular libros de instrucción y publicaciones que se consagren a la Industria y a la Literatura, a las Artes y a todos los trabajos de la inteligencia.

Porque *él* ha perseguido de muerte a todos los hombres ilustrados, no admitiendo para gobernar sino su capricho, su locura y su sed de sangre, el NUEVO GOBIERNO se rodeará de todos los grandes hombres que posee la República y que hoy andan desparramados por toda la tierra, y con el concurso de todas las luces de todos hará el bien de todos en general. La inteligencia, el talento y el saber serán llamados de nuevo a dirigir los destinos públicos como en todos los países civilizados.

Porque *él* ha destruido las garantías que en los pueblos cristianos aseguran la vida y la propiedad de los ciudadanos, el NUEVO GOBIERNO restablecerá las formas representativas y asegurará para siempre los derechos que todo hombre tiene de no ser perturbado en el libre ejercicio de sus facultades intelectuales y de su actividad.

Porque *él* ha hecho del crimen, del asesinato, de la castración, y del degüello un sistema de Gobierno; porque *él* ha desenvuelto todos los malos instintos de la naturaleza humana para crearse cómplices y partidarios, el NUEVO GOBIERNO hará de la justicia, de las formas recibidas en los pueblos civilizados el medio de corregir los delitos públicos y trabajará por estimular las pasiones nobles y virtuosas que ha puesto Dios en el corazón del hombre, para su dicha en la tierra, haciendo de ellas el escalón para elevarse e influir en los negocios públicos.

Porque *él* ha profanado los altares, poniendo en ellos su infame retrato; porque *él* ha degollado sacerdotes, vejádolos o hécholes abandonar su Patria, el NUEVO GOBIERNO dará al culto la dignidad que le corresponde, y elevará la religión y sus ministros a la altura que se necesita para que moralice a los pueblos.

Porque *él* ha gritado durante quince años Mueran los salvajes unitarios, haciendo creer que un Gobierno tiene derecho de matar a los que no piensen como él, marcando a toda una nación con un letrero y una cinta para que se crea que el que lleva la MARCA piensa como le mandan a azotes pensar, el NUEVO GOBIERNO respetará las opiniones diversas, porque las opiniones no son hechos ni delitos, y porque Dios nos ha dado una razón que nos distingue de las bestias, libre para juzgar a nuestro libre arbitrio.

Porque *él* ha estado continuamente suscitando querellas a los Gobiernos vecinos y a los europeos; porque *él* nos ha privado del comercio con Chile, ha ensangrentado al Uruguay, malquistándose con el Brasil, atraídose un bloqueo de la Francia, los vejámenes de la marina norte–americana, las hostilidades de la inglesa, y metídose en un laberinto de guerras interminables, y de reclamaciones que no acabarán sino con la despoblación de la República y la muerte de todos sus partidarios; el NUEVO GOBIERNO, amigo de los poderes europeos, simpático para todos los pueblos americanos desatará de un golpe ese enredo de las relaciones extranjeras y establecerá la tranquilidad en el exterior y en el interior, dando a cada uno su derecho y marchando por las mismas vías de conciliación y orden en que marchan todos los pueblos cultos.

Tal es la obra que nos queda por realizar en la República Argentina. Puede ser que tantos bienes no se obtengan de pronto, y que después de una subversión tan radical como la que ha obrado Rosas, cueste todavía un año o más de oscilaciones el hacer entrar la sociedad en sus verdaderos quicios. Pero con la caída de ese monstruo, entraremos por lo menos en el camino que conduce a porvenir tan bello, en lugar de que bajo su funesta impulsión nos alejamos más y más cada día, y vamos a pasos agigantados retrocediendo a la barbarie, a la desmoralización y a la pobreza. El Perú padece sin duda de los efectos de sus convulsiones intestinas; pero al fin sus hijos no han salido a millares y por decenas de años a vagar por los países vecinos; no se ha levantado un monstruo que se rodee de cadáveres, sofoque toda espontaneidad y todo sentimiento de virtud. Lo que la República Argentina necesita antes de todo, lo que Rosas no le dará jamás, porque ya no le es dado darle, es que la vida, la propiedad de los hombres no esté pendiente de una palabra indiscretamente pronunciada, de un capricho del que manda; dadas estas dos bases, seguridad de la vida y de la propiedad, la forma de gobierno, la organización política del Estado la dará el tiempo, los acontecimientos, las circunstancias. Apenas hay un pueblo en América que tenga menos fe que el argentino en un pacto escrito, en una Constitución. Las ilusiones han pasado ya; la Constitución de la República se hará sin sentir de sí misma, sin que nadie se lo haya propuesto. Unitaria, federal, mixta, ella ha de salir de los hechos consumados.

Ni creo imposible que a la caída de Rosas se suceda inmediatamente el orden. Por más que a la distancia parezca no es tan grande la desmoralización que Rosas ha engendrado: los crímenes de que la República ha sido testigo han sido *oficiales,* mandados por el Gobierno; a nadie se ha castrado, degollado ni perseguido sin la *orden* expresa de hacerlo. Por otra parte, los pueblos obran siempre por reacciones; al estado de inquietud y de alarma en que Rosas los ha tenido durante quince años, ha de sucederse la calma necesariamente; por lo mismo que tantos y tan horribles crímenes se han cometido, el pueblo y el Gobierno huirán de cometer uno solo, a fin de que las ominosas palabras *¡mazorca!, ¡Ro-sas!*, no vengan a zumbar en sus oídos, como otras tantas furias vengadoras; por lo mismo que las pretensiones exageradas de libertad que abrigaban los unita-rios han traído resultados tan calamitosos, los políticos serán en adelante pru-dentes en sus propósitos, los partidos medidos en sus exigencias. Por otra parte, es desconocer mucho la naturaleza humana creer que los pueblos se vuelven cri-minales y que los hombres extraviados que asesinan cuando hay un tirano que los impulse a ello, son en el fondo malvados. Todo depende de las preocupacio-nes que dominan en ciertos momentos, y el hombre que hoy se ceba en sangre por fanatismo, era ayer un devoto inocente, y será mañana un buen ciudadano, desde que desaparezca la excitación que lo indujo al crimen. Cuando la nación francesa cayó en 1793 en manos de aquellos implacables terroristas, más de mi-llón y medio de franceses se habían hartado de sangre y de delitos, y después de la caída de Robespierre y del Terror, apenas sesenta insignes malvados fue ne-cesario sacrificar con él, para volver la Francia a sus hábitos de mansedumbre y moral; y esos mismos hombres que tantos horrores habían perpetuado, fueron después ciudadanos útiles y morales. No digo en los partidarios de Rosas, en los mazorqueros mismos hay bajo las exterioridades del crimen, virtudes que un día deberían premiarse. Millares de vidas han sido salvadas por los avisos que los mazorqueros daban secretamente a las víctimas que la *orden* recibida les man-daba inmolar.

Independiente de estos motivos generales de moralidad que pertenecen a la especie humana en todos los tiempos y en todos los países, la República Argentina tiene elementos de orden de que carecen muchos países en el mun-do. Uno de los inconvenientes que estorba aquietar los ánimos en los países convulsionados es la dificultad de llamar la atención pública a objetos nue-vos que la saquen del círculo vicioso de ideas en que vive. La República Ar-gentina tiene por fortuna tanta riqueza que explotar, tanta novedad con que atraer los espíritus después de un Gobierno como el de Rosas, que sería im-posible turbar la tranquilidad necesaria para ir a los nuevos fines. Cuando ha-ya un Gobierno culto y ocupado de los intereses de la nación, ¡qué de empre-sas, qué de movimiento industrial! Los pueblos pastores ocupados de propagar los *merinos* que producen millones y entretienen a toda hora del día a millares de hombres; las provincias de San Juan y Mendoza, consagra-das a la cría del gusano de seda, que con apoyo y protección del Gobierno ca-recerían de brazos en cuatro años para los trabajos agrícolas e industriales que requiere; las provincias del Norte entregadas al cultivo de la caña de azúcar, del añil que se produce espontáneamente; las litorales de los ríos, con la na-vegación libre que daría movimiento y vida a la industria del interior. En me-dio de este movimiento, ¿quién hace la guerra, Para conseguir qué? A no ser que haya un Gobierno tan estúpido como el presente que huelle todos estos intereses, y en lugar de dar trabajo a los hombres, los lleve a los ejércitos a hacer la guerra al Uruguay, al Paraguay, al Brasil, a todas partes en fin.

Pero el elemento principal de orden y moralización que la República Argentina cuenta hoy es la inmigración europea, que de suyo y en despecho de la falta de seguridad que le ofrece, se agolpa de día en día en el Plata, y si hubiera un Gobierno capaz de dirigir su movimiento, bastaría por sí sola a sanar en diez años no más, todas las heridas que han hecho a la Patria los bandidos, desde Facundo hasta Rosas, que la han dominado. Voy a demostrarlo. De Europa emigran anualmente medio millón de hombres al año por lo menos, que poseyendo una industria o un oficio, salen a buscar fortuna y se fijan donde hallan tierra para poseer. Hasta el año 1840 esta inmigración se dirigía principalmente a Norte–América, que se ha cubierto de ciudades magníficas y llenado de una inmensa población a merced de la inmigración. Tal ha sido a veces la manía de emigrar, que poblaciones enteras de Alemania se han transportado a Norte–América, con sus alcaldes, curas, maestros de escuela, etc. Pero al fin ha sucedido que en las ciudades de las costas, el aumento de población ha hecho la vida tan difícil como en Europa, y los emigrados han encontrado allí el malestar y la miseria de que venían huyendo. Desde 1840 se leen avisos en los diarios norte–americanos previniendo los inconvenientes que encuentran los emigrados, y los cónsules de América hacen publicar en los diarios de Alemania, Suiza e Italia avisos iguales para que no emigren más. En 1843 dos buques cargados de hombres tuvieron que regresar a Europa con su carga y en 1844 el Gobierno francés mandó a Argel veintiún mil suizos que iban inútilmente a Norte–América.

Aquella corriente de emigrados que ya no encuentran ventaja en el Norte han empezado a costear la América. Algunos se dirigen a Tejas, otros a Méjico cuyas costas malsanas los rechazan; el inmenso litoral del Brasil no les ofrece grandes ventajas a causa del trabajo de los negros esclavos, que quita el valor a la producción. Tienen, pues, que recalar al Río de la Plata, cuyo clima suave, fertilidad de la tierra y abundancia de medios de subsistir los atrae y fija. Desde 1836 empezaron a llegar a Montevideo millares de emigrados, y mientras Rosas dispersaba la población natural de la República con sus atrocidades, Montevideo se agrandaba en un año hasta hacerse una ciudad floreciente y rica, más bella que Buenos Aires y más llena de movimiento y comercio. Ahora que Rosas ha llevado la destrucción a Montevideo, porque este genio maldito no nació sino para destruir, los emigrados se agolpan a Buenos Aires y ocupan el lugar de la población que el monstruo hace matar diariamente en los ejércitos, y ya en el presente año propuso a la Sala enganchar vascos para reponer sus diezmados cuadros.

El día, pues, que un Gobierno nuevo dirija a objetos de utilidad nacional los millones que hoy se gastan en hacer guerras desastrosas e inútiles y en pagar criminales; el día que por toda Europa se sepa que el horrible monstruo que hoy desola la República, y está gritando diariamente "muerte a los extranjeros", ha desaparecido, ese día la inmigración industriosa de la Europa se dirigirá en masa al Río de la Plata; el NUEVO GOBIERNO se encargará de distribuirla por las provincias: los ingenieros de la República irán a trazar en todos los puntos convenientes los planos de las ciudades y villas que deberán construir para su residencia, y terrenos feraces les serán adjudicados; y en diez años quedarán todas las márgenes de los ríos cubiertas de ciudades, y la República doblará su población con vecinos activos, morales e industriosos. Estas no son quimeras; pues basta quererlo, y que haya un gobierno menos brutal que el presente para conseguirlo. El año 1835 emigraron a Norte–América quinientas mil seiscientas cincuenta almas. ¿Por qué no emigrarían a la República Argentina cien mil por año, si la horrible fama de Rosas no los amedrentase? Pues bien: cien mil por año harían en diez años un millón de europeos industriosos diseminados por toda la República, enseñándonos a trabajar, explotando nuevas riquezas, y enriqueciendo al país con sus propiedades; y con un millón de hombres civilizados la guerra civil es imposible, porque serían menos los que se hallarían en estado de desearla. La Colonia escocesa que Rivadavia fundó al sud de Buenos Aires lo prueba hasta la evidencia; ha sufrido de la guerra, pero ella jamás ha tomado parte, y ningún gaucho alemán ha abandonado su trabajo, su lechería o su fábrica de quesos para ir a corretear por la Pampa.

Creo haber demostrado que la Revolución de la República Argentina está ya terminada y que sólo la existencia del execrable tirano que ella engendró estorba que hoy mismo entre en una carrera no interrumpida de progresos que pudieran envidiarle bien pronto algunos pueblos americanos. La lucha de las campañas con las ciudades se ha acabado; el odio a Rosas ha reunido a estos dos elementos; los antiguos federales y los viejos unitarios, como la nueva generación, han sido perseguidos por él y se han unido. Ultimamente sus mismas brutalidades y su desenfreno lo han llevado a comprometer la República en una guerra exterior en que el Paraguay, el Uruguay, el Brasil lo harían sucumbir necesariamente, si la Europa misma no se viese forzada a venir a desmoronar ese andamio de cadáveres y de sangre que lo sostiene. Los que aún abrigan preocupaciones contra los extranjeros pueden responder a esta pregunta. ¿Cuando un forajido, un furioso o un loco frenético llegase a apoderarse del Gobierno de un pueblo; deben todos los demás Gobiernos tolerarlo y dejarlo que destruya a su salvo, que asesine sin piedad, y que traiga alborotadas diez años a todas las naciones vecinas?

Pero el remedio no nos vendrá sólo del exterior. La Providencia ha querido que al desenlazarse el drama sangriento de nuestra revolución, el partido tantas veces vencido, y un pueblo tan pisoteado, se hallen con las armas en la mano y en aptitud de hacer oír las quejas de las víctimas. La heroica provincia de Corrientes tiene hoy seis mil veteranos que a esta hora habrán entrado en campaña bajo las órdenes del vencedor de la Tablada, Oncativo y Caaguazú, el boleado, el manco Paz como le llama Rosas. ¡Cuántas veces este furibundo que tantos millares de víctimas ha sacrificado inútilmente, se habrá mordido y ensangrentado los labios de cólera al recordar que lo ha tenido preso diez años y no lo ha muerto, a ese mismo manco boleado que hoy se prepara a castigar sus crímenes! La Providencia habrá querido darle este suplicio de condenado, haciéndolo carcelero y guardián del que estaba destinado desde lo alto a vengar la República, la humanidad y la justicia.

¡Proteja Dios tus armas, honrado general Paz! Si salvas la República, nunca hubo gloria como la tuya. Si sucumbes, ninguna maldición te seguirá a la tumba. Los pueblos se asociarán a tu causa, o deplorarán más tarde su ceguedad o su envilecimiento.

APÉNDICE

Agregado a la 2a. edición

Las proclamas que llevan la firma de Juan Facundo Quiroga tienen tales caracteres de autenticidad que hemos creído útil insertarlas aquí como los únicos documentos escritos que quedan de aquel caudillo. Campea en ellas la exageración y ostentación del propio valor, a la par del no disimulado designio de inspirar miedo a los demás. La incorrección del lenguaje, la incoherencia de las ideas, y el empleo de voces que significan otra cosa que lo que se propone expresar con ellas, o muestran la confusión o el estado embrionario de las ideas, revelan en estas proclamas el alma ruda aun, los instintos jactanciosos del hombre del pueblo, y el candor del que no familiarizado con las letras, ni sospecha siquiera que haya incapacidad de su parte para emitir sus ideas por escrito.

¿Qué significa en efecto: "Opresores y conquistadores de la libertad: " — "Ninguna revolución es más poderosa que la invocación de la Patria." — "Vengo a haceros partícipes de los auspicios que os extienden las provincias litorales:" — "Elevad fervorosos sacrificios, dictad leyes análogas al pueblo"? Todo esto es barbarie, confusión de ideas, incapacidad de desenvolver pensamientos por no conocer el sentido de las palabras. Es sin duda ingenuo aquel "libre por principios y por propensión, mi estado natural es la libertad," frase que sería una manifestación de la voluntariedad de su espíritu, si tuviese sentido. En las Gacetas de Buenos–Aires se registra un comunicado virulento, obra suya, escrito contra el gobierno, por haber dictado una providencia sobre fondos públicos que menoscababa el interés de los tenedores, siéndolo él de algunos millones. Más tarde, mejor aconsejado dio una satisfacción al gobierno por otro comunicado. Algunas cartas de Quiroga han visto la luz pública; pero creo que como sus proclamas, no merecen conservarse sino como curiosidades y monumentos de la época de barbarie.

La primera de estas proclamas, sin fecha, pertenece sin duda al año 1829, cuando después de haberse rehecho de la derrota de la Tablada vino a San Juan y Mendoza. La segunda está datada de San Luis, de letra manuscrita, y la traía impresa desde Buenos–Aires para irla esparciendo por los lugares de su tránsito. La tercera precedió a la salida del ejército destinado a combatir al General Madrid en Tucumán, y alude a la reciente muerte de Villafañe.

Al pie de un decreto de la Junta de Representantes de Mendoza, en que se permitía circular en la provincia papel moneda de Buenos–Aires, Facundo Quiroga hizo publicar la siguiente posdata, que tiene todos los caracteres de sus anteriores proclamas, la jactancia, el enredo de la frase, y su prurito de aterrar.

"El Infrascripto," dice, "en vista del proyecto de ley que antecede, protesta por lo más sagrado de los cielos y de la tierra, que el papel moneda no circulará en las provincias del interior, mientras él permanezca en ellas, o partidarios de tan detestable plaga pasen por su cadáver, pues que viendo la justicia de su parte, no conoce peligro que lo arredre, ni lo haga desistir de buscarla, como lo hizo por sí solo y a su cuenta en los años 26 y 27, contra todo el poder del Presidente de la República D. Bernardino Rivadavia, cuando quiso ligar las provincias al carro de su despotismo por medio de los Bancos subalternos de papel moneda, y con el santo fin de abrir un vasto campo a los extranjeros para que atrajesen de ellas el dinero metálico.

———•◦•———

"San Juan, setiembre 20 de 1833, *Juan Facundo Quiroga.*"

Proclama

PUEBLOS DE LA REPUBLICA: Destinado por el General que os dieron los RR. Nacionales, a servir de jefe de la segunda división del ejército de la Nación, ningún sacrificio he omitido por desempeñar tan alta confianza. Los enemigos de las leyes, los asesinos del encargado del poder Nacional, los insurrectos del ejército y sus vendidos secuaces, ningún medio omiten para emponzoñar los corazones y prevenir los incautos que no me conocen. La perfidia y la detracción es la bandera de ellos, mientras la franqueza y el valor es nuestra divisa.

ARGENTINOS: os juro por mi espada que ningún otra aspiración me anima que la de la libertad. A nadie se le oculta que mi fortuna es el patrimonio y el sostén de los bravos que mando, y el día que los pueblos hayan recuperado sus derechos será el mismo de mi silencio y mi retiro. Nada más aspira un hombre que no necesita ni cortejar el poder ni al que manda. Libre por principios y por propensión, mi estado natural es la libertad: por ella verteré mi sangre y mil vidas, y no existirá esclavo, donde las lanzas de la Rioja se presenten.

SOLDADOS DE MI MANDO: El que quiere dejar mis filas puede retirarse, y hacer uso de mi oferta que os hago por tercera vez. Mas el que quiera enristrar la lanza contra los opresores y oprimidos (*sic*) quedad al lado mío. Los enemigos ya saben lo que valéis, y os tiemblan.

Opresores y conquistadores de la libertad: triunfaréis acaso de los bravos riojanos, porque la fortuna es inconstante; pero se legará hasta el fin de los siglos la memoria de mil héroes que no saben recibir heridas por la espalda.

Oprimidos: los que deseéis la libertad o una muerte honrosa, venid a mezclaros con vuestras compatriotas, con vuestros amigos y con vuestro camarada,

JUAN FACUNDO QUIROGA

El General Quiroga

A los habitantes de las Provincias interiores de la República Argentina.

MIS COMPATRIOTAS: Ninguna resolución es más poderosa que la invocación de la Patria anunciando a sus hijos la ocasión de domar el orgullo de los opresores de los pueblos. Había formado la decisión de no volver a aparecer como hombre público; mas mis principios han sofocado tales propósitos. Me tenéis ya en campaña para contribuir a que desaparezcan esos seres funestos que osadamente han despedazado los vínculos entre el PUEBLO Y LAS LEYES.

Las provincias litorales después de un largo sufrimiento de humillaciones muy marcadas en obsequio de la paz y de haber perdido todas esperanzas de una reconciliación fraternal y benéfica que consultase la libre existencia de todas, han puesto en acción sus recursos, para guardar sus libertades, y salvar las vuestras. Fieles consecuentes a la amistad, han jurado, que las armas que han empuñado no las depondrán hasta no dejar salva la Patria, libres y en tranquilidad los pueblo oprimidos de la República Argentina.

Los instantes de crisis que apuntan el término de la existencia de los pérfidos anarquistas del primero de diciembre, que os han sumido en los males que os agobian, se dejan sentir ya manifiestamente.

Ejércitos respetables marchan en diferentes direcciones para combatir y destruir en todos puntos a los anarquizadores. El Exmo. Señor Gobernador de Santa Fe, Brigadier D. ESTANISLAO LOPEZ, es el Jefe que manda las fuerzas combinadas de los Gobiernos litorales aliados en perpetua Federación, y que ya están en campaña. Una división de este Ejército a las órdenes del General D. FELIPE IBARRA, se interna a Santiago a engrosar las fuerzas que operan por esa parte; y el Exmo. Señor Gobernador de la Provincia de Buenos–Aires, General D. JUAN MANUEL DE ROSAS, se halla situado a los confines de su territorio por el Norte con un fuerte ejército de reserva. En fin todo anuncia que ya podéis contaros en el número de los HIJOS DE LA LIBERTAD.

Estoy, pues, en campaña, mis amigos, al frente de una División del Ejército combinado, y a las órdenes del Exmo. Señor General en Jefe, para redimiros del cautiverio. Marcho a protegeros y no a oprimiros. Vengo a haceros partícipes de los auspicios que os extienden las Provincias litorales, para aliviar vuestras desgracias; y a serviros de apoyo contra la crueldad y perfidia de vuestros opresores.

No trato de sorprenderos ni de llamaros en mi auxilio; lo primero sería engañaros, lo segundo un insulto a la decisión con que constantemente se han manifestado las Provincias por la causa de la libertad. Esta verdad se encuentra plenamente comprobada en a hecho mismo de que habéis formado tres ejércitos de hombres puramente voluntarios para sostener los derechos de los pueblos, sin haber tenido enganche que os halagase, ni la más remota esperanza del miserable cebo del saqueo; la moral fue vuestra guía, y la seguisteis hasta la conclusión de los dos últimos ejércitos, que fueron tan desgraciados, como feliz d primero. Si bien que vive vuestro amigo,

JUAN FACUNDO QUIROGA.
San Luis, marzo 22 de 1831.

Proclama

EL GENERAL DE LA DIVISIÓN DE LOS ANDES, A TODOS LOS HABITANTES DE LAS PROVINCIAS DE CUYO.

Ministros del Santuario : elevad al Ser Supremo fervorosos sacrificios, y pedidle con la efusión de vuestros piadosos corazones, que suspenda el azote de la guerra fraticida en que yace la República Argentina.

Honorables R. R. de las Legislaturas provinciales: a vosotros toca el deber sagrado de dictar leyes análogas y benéficas al pueblo que os honró con tan alto cargo. La generosidad de los Gobiernos litorales, de esos padres de la República, que sin reparar en sacrificios os han puesto en plena libertad para ejercer vuestras funciones; no entre el estruendo de las armas, sino en el silencio y reposo de la más perfecta tranquilidad.

Jefes militares: respetad y obedeced la autoridad civil; estad siempre en vigilia para sostenerla contra todo aquel que intente derrocarla; este es vuestro deber.

Ciudadanos todos: respetad la religión de vuestros padres y sus ministros, las leyes que nos rigen y las autoridades constituidas. Si así lo hiciereis, seréis felices, y no tendréis motivos de arrepentimiento.

La división auxiliar de los Andes se retira de vuestro territorio, no al descanso de una vida privada, sino a continuar sus tareas contra los enemigos implacables, de la libertad y de las leyes. Ella marchará el frente, pues no conoce peligro que le arredre; se ha propuesto dar libertad a las tres Provincias oprimidas del Norte, o dejar de existir. Ella os deja libre del poder militar de los asesinos del 1° de diciembre; y en esto mismo ha recibido la más grata recompensa a sus débiles esfuerzos. Que las tres provincias de Cuyo se mantengan en unión indisoluble y se sostengan mutuamente contra toda tentativa de los enemigos de su libertad, es la aspiración y el más ardiente deseo del que os habla.

Enemigos de la libertad nacional. Sabed: Que desde el 23 de mayo del presente año, en que tuve pleno conocimiento que vuestros partidarios cometieron el más horrendo, alevoso y negro crimen de asesinar al benemérito General D. José Benito Villafañe, desenvainé mi espada contra vosotros, protesté que la justicia ocuparía el lugar de la misericordia, convencido que los delitos tolerados mil veces han sacrificado más víctimas que los suplicios ejecutados a su. tiempo.

(Hay una manecilla indicadora). TEMBLAD de cometer el más leve atentado. TEMBLAD, si no respetáis las autoridades y las Leyes. TEMBLAD, si no desistís de ese loco empeño de cautivar la libertad de los pueblos, mientras exista

JUAN FACUNDO QUIROGA.
San Juan, setiembre 7 de 1831.

Thank you for acquiring

Facundo, Civilización y Barbarie en las Pampas Argentinas

This book is part of the
Stockcero Spanish & Latin American Studies Library Program.
It was brought back to print following the request of at least
one hundred interested readers –many belonging to the North
American teaching community– who seek a better insight on
the culture roots of Hispanic America.

To complete the full circle and get a better understanding about
the actual needs of our readers, we would appreciate if you could
be so kind as to spare some time and register your purchase at:
http://www.stockcero.com/bookregister.htm

The Stockcero Mission:
To enhance the understanding of Latin American issues in North
America, while promoting the role of books as culture vectors

The Stockcero Spanish & Latin American Studies Library Goal:
To bring back into print those books that the Teaching Community considers necessary for an in depth understanding of the
Latin American societies and their culture, with special emphasis
on history, economy, politics and literature.

Program mechanics:
- Publishing priorities are assigned through a ranking system,
  based on the number of nominations received by each title
  listed in our databases
- Registered Users may nominate as many titles as they con-
  sider fit
- Reaching 5 votes the title enters a daily updated ranking list
- Upon reaching the 100 votes the title is brought back into print

You may find more information about the Stockcero Programs
by visiting www.stockcero.com.

CPSIA information can be obtained at www.ICGtesting.com

260086BV00001B/57/A